身心潜能理论与激发训练

创新研究

陈亨明◎著

吉林大学出版社

·长春·

图书在版编目（CIP）数据

身心潜能理论与激发训练创新研究 / 陈亨明著. --长春：
吉林大学出版社，2020.8
ISBN 978-7-5692-6876-8

Ⅰ. ①身… Ⅱ. ①陈… Ⅲ. ①体育心理学－研究
Ⅳ. ①G804.8

中国版本图书馆CIP数据核字(2020)第156513号

书　　名：身心潜能理论与激发训练创新研究
SHENXIN QIANNENG LILUN YU JIFA XUNLIAN CHUANGXIN YANJIU

作　　者：陈亨明 著
策划编辑：李伟华
责任编辑：李伟华
责任校对：周婷
装帧设计：中北传媒
出版发行：吉林大学出版社
社　　址：长春市人民大街4059号
邮政编码：130021
发行电话：0431-89580028/29/21
网　　址：http://www.jlup.com.cn
电子邮箱：jdcbs@jlu.edu.cn
印　　刷：天津雅泽印刷有限公司
开　　本：787mm×1092mm　　1/16
印　　张：18
字　　数：235千字
版　　次：2020年8月　第1版
印　　次：2020年8月　第1次
书　　号：ISBN　978-7-5692-6876-8
定　　价：72.00元

前　言

《国家中长期教育改革和发展规划纲要（2010—2020 年）》中明确指出，全面提高高等教育质量水平，深化教育体制改革，关键是更新教育观念，核心是改革人才培养体制，目的是提高人才培养水平。树立全面发展观念，努力造就德智体美全面发展的高素质人才。树立人人成才观念，面向全体学生，促进学生成长成才。树立多样化人才观念，尊重个人选择，鼓励个性发展，不拘一格培养人才。树立终身学习观念，为持续发展奠定基础。树立系统培养观念，推进大中小学有机衔接，教学、科研、实践紧密结合，学校、家庭、社会密切配合，加强学校之间、校企之间、学校与科研机构之间合作以及中外合作等多种联合培养方式，形成体系开放、机制灵活、渠道互通、选择多样的人才培养体制。种种迹象表明，国家全面实施素质教育，培养具有正确的世界观、人生观、价值观、具有创造精神和实践能力的全面发展人才，已成为社会发展的必然。正是由于素质教育的影响，教育改革的步伐加快了，越来越多的人重视学生的身心潜能激发研究，身心潜能教育在激发学生潜能过程中的作用不可忽视。

全书以"身心潜能理论与激发训练创新研究"为题，内容设置为六章：第一章为绪论，内容包括基本概念释义、相关理论工具、潜能开发的研究方法；第二章分析身心发展中的应激与神经质，人格、情绪对身心健康的影响，潜能激发对身心健康发展的促进作用；第三章以暗示与暗示教育理论、潜能开发中存在的问题、自我激发潜能的心理训练方法、潜能开发中暗示教育方法四个方面，诠释潜能暗示与自我激发；第四章基于教学过程中的潜能激发，论述教学管理创新中的潜能激发、课堂的设计与创意中的潜能激发、教师能力培养中的潜能提升、记忆与自信心的潜能激发、体力与意志力潜能的激发、"三走"活动对身心潜能激发作用；第五章研究身心潜能激发的主要训练手段——拓展训练，内容涵盖拓展训练对心理健康教育的意义、拓展训练课程原理与潜能激发的关联性、拓展训练对亚健康的干预研究、拓展训练对社会适应能力作用、拓展训练的案例分析；第六章突出创新性，从超体能大负荷情况下的潜能激发、突发困境中的潜能激发、以弱胜强中的潜能激发、创新思维中的潜力激发意义四个方面展开研究。

　　本书观点新颖，内容丰富、结构严谨、脉络清晰，集理论性、思想性、知识性于一体，通过理论联系实际，具有一定的理论创新性，有较高的指导和参考价值，又适用于相关理论研究者的进一步研究。

　　笔者在撰写本书的过程中，得到了许多专家、学者的帮助和指导，在此表示诚挚的谢意。由于笔者水平有限，加之时间仓促，书中所涉及的内容难免有疏漏之处，希望各位读者多提宝贵意见，以便笔者进一步修改，使之更加完善。

目 录
CONTENTS

第一章　绪论

第二章　身心发展分析

第三章　潜能的暗示与自我激发

第四章　教学过程中的潜能激发

第五章　身心潜能激发的主要训练手段——拓展训练

第六章　潜力激发的创新研究

第一章 绪论

潜能蕴含着经验与真知，学习潜能，不仅仅是为了掌握一门学问，更重要的是充实自己的头脑，开发自己的潜能。本章内容包括基本概念释义、相关理论工具以及潜能开发的研究方法。

第一节 基本概念释义

一、人类潜能的概念

潜能，是人类潜在的能力。潜能表现为感觉能力、当下意识、超感知觉、创造力、脑力活动、精神潜力等。人的一生中，只使用了10%~15%的脑细胞。目前，据相关科学研究表明，人类的潜能只是被开发了很小一部分，且由于中枢神经系统可以帮助人类认识到自身的潜在价值，在一定意义上就为人类机体的进一步发展带来了希望。同时，如果内在潜能一直得不到有效开发，可能就会导致人体机能最终走向毁灭。

生物学的相关理念提出了两种可塑性，即经验期待性可塑性以及经验依赖性可塑性。前者在人体机能长久发展过程中形成，与人体内部结构之间的特性具有高度一致性；后者指个体在社会实践环境中所获得的经验，对于不同个体来说，其所获得的经验是不同的。同时，两种性能之间也与不同的内部神经结构保持着一定联系。前者主要是生物学相关机制中，处于人体早期的发育阶段，以突发接触为主；后者则主要是针对诱发接触，以微小神经的形成为主。以上两种神经性能在一定程度上都与脑部神经结构有一定联系，同时，二者也是个体智力开发的生物依据。

二、人类的差异性与潜能开发

人类之间存在差异是因为没有充分发挥潜力。爱因斯坦是伟大的科学家，但他在中学时代，许多测验考试都不及格；爱迪生是发明家，但学生时代，他的成绩也并不理想。这些伟人学生时代的成绩差，是因为他们所在学校的教育不适合他们，没有充分发挥他们的潜力。人们过去的教育教学较重视学生语言的发展、逻辑思维的发展，重视学生读、写、算能力的提高，并往往以此来划分学生的等级，而学生的智力和潜能是多方面的，每个人至少有七种不同的"智力中心"。在这七个方面，每个人潜力不一样，表现方式也不一样，每个人也都有不同的学习策略和学习类型。学习困难是由于人们没有有效运用学习策略，学习困难的学生有学习策略的知识与操作，只是在学习中没有被激活而已，需要教师给予指导。教育应针对学生的差异，挖掘和开发每个学生的潜能。

三、大脑潜能开发

目前，相关研究所提出的智商高低的说法，在一定程度上只是供人们参考或者娱乐，并不能作为个体真正智力高低的标准。随着历史的不断发展，现代人脑也经历了数十亿年的进化与发展，在该过程中，现代人脑所产生的智慧已今非昔比，且现代人类掌握的智慧和技能也是历史人类所不能比拟的。据相关研究表明，人脑是极为复杂的，其有着繁复的神经网络结构，共计有 1000 亿个神经元共同组成该网络系统，因此，人脑可以支持较为复杂的神经活动，且还有很多关于人脑的奥秘都还未得到科学合理的解释。人脑内部的神经结构是每个个体都具备的，虽然每个人的反应有一定差距，这是由神经回路中信息传递的速度决定的，但是除去天生的神经回路以外，思维能力还可以通过后天努力加以训练得到一定提升。神经元就像是浩瀚宇宙中的星星，人类大脑的智慧目前为止也只是被开发了极小一部分，只占到整个资源的5%左右。

人类的潜能在一定程度上来说是极为巨大的，140亿个脑细胞，其可供1000万亿信息被贮藏，这一数据超越了世界上所有图书馆的图书贮存量，而现在已经开发的大脑潜能最高纪录只有10%，但这仅仅10%的开发量就已经能够支撑人类轻易学会40种语言、将一本字典倒背如流等。

或许，会有人觉得挖掘人类潜能是一件极为棘手的事情，但其实不然。生活中经常会出现以下情况：某一天，人们在工作中发现这项工作做起来得心应手，不仅工作轻松搞定并且还会出现新的创意，这就是因为人类大脑的潜能得到了一定开发，即使被开发的这部分极其微小，但也已经足够人体机能得到一定的超常发展。

同时，如果要保持这一潜能被开发的状态，就会受到社会发展中各种因素的影响，原因在于保持这一状态会推进现状发生一些改变。要想实现人体潜能的大力度开发，就必须打破当前社会发展体系的僵化局面，由此推动万众创新的发展。除此之外，还必须将潜能挖掘活动放到社会发展实况之中，将社会发展与自身潜能开发联系起来，从而实现潜能开发的最大化。

大脑潜能开发，实指下述四个方面的意义。

第一，设法使学习者处于学习的良序状态。只有学习者处于学习有计划、管理井井有条、能够专注、善于记忆、掌握了良好学习方法的状态时，他的大脑才能高效率地"输入"与"输出"。

第二，设法使学习者保持一种良好稳定的心理状态。当人的情绪低落、焦虑、紧张、抑郁、恐惧时，大脑实际上处于"消极怠工"状态，只有人们保持稳定的心态，才能正常或者超长发挥。

第三，设法强化学习者大脑功能，消除大脑的疲劳，许多健脑操和健脑术也正是基于这一目的而设计。

第四，设法引导学习者多动脑、敢动脑、善动脑、爱动脑。这也是一切大脑潜能开发技术的关键和根本所在。

大脑开发的内容并不十分复杂，需要学习者不懈地练习和运作。

第二节　相关理论工具

一、具身认知与身心关系

身心关系一直是哲学和心理学关注的基本理论问题，二者之间的关系极其微妙、复杂，更是与其他影响相关科研的因素之间存在着一定联系。在现代哲学与心理学相关体系中，物理与自然等观点是该体系进一步完善和发展的理论保障，因此在解释与心理相关的概念时，就会产生一定限制。通常情况下，由笛卡尔提出的身心二元论是近代心理学体系的基础理论原则，是很多后续心理学相关研究进一步发展的理论基础。同时，无论是哲学，还是物理学，都对身心发展的相关理论有一定研究，如物理、行为、功能、自然等主义。在社会发展过程中，人们的个体意识逐渐开始觉醒，而在此过程中，认知活动与思维活动之间开始逐步剥离，逐渐衍生为两种不同活动。现代民众的认知观一定程度上就是在否定笛卡尔身心二元论的基础上得到一定的培养和发展，将心智的发展与认知体系的相关理论相结合，但由于该过程只注重外在形式，并未深入研究理论，因此这种通过符号来研究世界的想法是不成熟的。而当前主流的认知理论与符号处理方法不同，其对已有的哲学观点提出了许多质疑，该质疑在语言、科学等领域都有涉及。

具有一定认知观念的机体，对于社会生活中所获取的经验都会有自我合理的解读，将其与象征符号分离开来，从而为自身认知水平提升提供新的发展视角。

（一）身心观与具身认知观

常说的身心关系是心理与物质之间的关系，其研究领域主要涉及精神方面、物质方面、大脑特质等，以上领域的研究集中体现了哲学与心理之间的关系，关于身心之间关系的研究所衍生出的观点和理论，可以被界定为：身心关系的相关研究主要针对精神和物质层面的相关内容，二者在其实质上是对立的，那么就可以说明这一研究实质上是研究如何看待心理和物质之间的关系。身心问题是精神病学、神经科学等领域共同关注的问题。从心理学研究范围来看，身心问题主要表现为心脑问题，譬如心理与生理层面的问题等。

离身认知的基本内涵就是将心理层面的研究与生理层面相分离，将心智发展的内部结构看作抽象的逻辑发展过程，并认为关于生物神经系统的认知在一定程度上与计算机运作结构相似。任何存在个体意识的行为都是按照某一理论进行，这就是机器人仿生的奥秘所在。

与传统的身心观点不同，现代的认知观念是在现实主义的基础上发展起来的，因此其最为突出的就是客观性。譬如，在将机器人的形态与思维还原为人类本身时，就会逐渐抹去人体的主体意识以及意识能动性，取而代之的是支撑人工智能得以发展的信息科学技术。具备一定认知水平的个体，人工智能无论如何发展，都复制不了其思维意识，因此，实现仿生并不能与计算机结构运行画等号。

（二）具身认知观的内涵

具身认知观的理论基础是自然主义观和身体现象学。心智是有机体在适应环境过程中产生的。心智和身体绝非孤立的整体，而是不同维度上分散的经验流。知识总是情境性的、结构不良的，由价值观所决定，思维来源于感官经验和运动神经能力。人类出于对安全感的渴求，倾向于拒绝不确定、变化的因素，易于将一切心理现象解释为非自然主义或离身性的整体、状态或能力。在研究人类的心智——思维、感情、意义、语言、推理、意识等方面，用自然主义观解决身心关系问题，充分关注自然的机体、机体的神经系统、神经系统中的大脑以及大脑皮层。不能把人类归为纯思维的主体，也不能完全还原到生物体，高级的、定性的、逻辑的和概念的智能必须从低级的、不确定的、非逻辑的和非概念的身体能力中衍生。

具身认知观主要包含三个基本思想：第一，心智是具身的，一切认知活动都发生在认知主体生理结构、感觉运动过程以及身体与环境的相互作用中，基本概念和推理形式也从身体中产生；第二，隐喻是思维的核心，因为隐喻可以实现或具体化脑中的抽象思维，依据隐喻能构建或理解许多事物；第三，认知是无意识的，因为人的身体和心理活动大多是在无意识状态下完成的。

认知是具身化的，主体的意识和智能、情绪和价值观以及人们赖以生存的生理活动都是基于生物基础实现的。认知来自大脑、身体和身体经验，认知结构本身也源于具身化，是人类的视觉、运动系统以及一般神经系统的相互作用。要想研究身体在认知活动中的作用，就要理解身体、大脑和世界之间复杂的互相影响，就必须运用一些新概念、工具和方法研究自组织和涌现现象，合理的新思想、新工具和新方法可能取代以计算和表征分析为主的旧解释工具，因而需要反思知觉、认知和行动之间以及心智、身体和世界之间的区别。

一定程度上，思维的关键被称为隐喻，其对于思维模式的建构有着重要作用。隐喻通常来自社会经验，具备着通俗易懂、简洁等特点。而最能够与隐喻结构模式保持一致的就是意象图式，该图式为隐喻在一定意义上推断、预估等抽象过程提供基本保障。最原始的隐喻可以直接从相关领域的经验中获得，在一定程度上需要经验刺激人的神经元系统，从而激活这一系统，延伸到各个系统。一开始，无论是最基础的隐喻还是较为繁复的隐喻，二者激活时，都是同一时间开启，而二者最大的不同则是表现在激活主体的社会经验不尽相同上。隐喻的发展在一定程度上依赖于其生物基础，原因在于当激活某一特定的神经元系统时，只有相关性极强的激活才会扩展受其影响的区域，从而激活该系统相对区域，使得各个系统之间发生连锁反应，譬如，视觉系统和运动系统受到同一时间的激活，一定意义上就会使主体下意识做出模仿和扮演等动作。如果当主体把不断下降的物体和噪音联系到一起，那么同时产生反应的就是主体的视觉系统和听觉系统。也就是说，在主体认知水平不断提高的过程中，并没有某一系统单独对某一现象产生反应，即便是刚出生的婴儿，其身体的各个系统也存在着强大的共联能力。相对于基础隐喻来说，较为繁复的隐喻所涵盖的范围就会广泛一些。复杂的隐喻不仅包含知识、意象等内容，在一定程度上，复杂的隐喻还可以被看作是多个基础隐喻组合形成的新认知模式。一定程度上，隐喻的发展多以复杂隐喻为依托，主要通过整合时间、事件、自我等要素，从而对其进行重新建构，最终形成完善的认知推理体系，为主体加深对事物的认知程度提供有力的理论保障。

身体下意识的反应多半都是在人体无意识的情况下产生的，这种无意识的认知模式已经在各种实验中被科学认证。在认知心理学的相关理论体系中，要激活人体系统，根本不需要有意识的经验记忆，只需要让主体处于之前对其产生过刺激的环境中，就会使主体在易化效应的影响下产生无意识的反应。譬如，已经罹患遗忘症的患者，在某种令其精神受到刺激的环境中，会无意识地记起一些曾经发生过的事情，比如一些常用的动作或者一些片段式的记忆碎片。同时，当人在进行语言表达时，并不会有意识地注意语法表达规则，但是却能够自如地交流和沟通。

认知在一定程度上指主体的大脑和身体都处于相对客观的环境中，从而对某一事物产生一定看法，以此构建起属于主体本身的认知系统，该系统不是只存在于人体大脑中，而是全身性的，会在人体无意识的动作中表现出来。在认知体系中，针对具体主体的认知研究从未停止，其既将研究重点放在主体身体能力、经验等方面，又聚焦社会文化环境对于认知主体的影响。在一定意义上，具身认知与学科体系中常见的认知主义存在着一定区别。认知主义更加注重由内到外的研究，将心智化为具体符号与人体动作等联系起来，从而使外界可以感知到主体对某一事物的看法。具身认知则更加强调主体身体的作用，在该认知体系中，主体的身体被看作是主体意识的承载体，二者之间相辅相成、密不可分。主体的躯体会在一定程度上通过手势、语言等方式表现内在想法，而身体在一定程度上就是此种想法的有机载体。同时，身体的行为既是有意识的心理行为，又是无意识的物理行为，但是，并不能将以身体反应为依托的认知行为与人体神经系统行为简单地混为一谈，生物学基础上的神经系统无法与人体智能相互替代，所以，为了推进认知模式的发展，首先应该打破生理学和还原主义之间的隔断局面，从而建立起科学合理的身心关系体系，在该体系的支撑下，认知水平的研究范围就可以得到进一步扩大和发展，从而成为转变认知模式强有力的推动力。具身认知在一定程度上不失为认知模式发展的创新型研究视角，将身体反应和心理经验结合到一起，聚焦主体在社会实践过程中获得的经验，从而丰富该关系体系中认知理念的相关内涵。

二、体验式学习理论

体验式的学习是最基础、最直接的学习方式，是从古至今一直被各名家推崇的学习方式。体验式学习一般情况下以获得直接经验为主要学习目的，即引导相关学习主体投身于知识获取的全过程，从而激发学习主体的内在潜能，推动其思维方式转变，带动其情感价值取向变化，既凸显了学习个体的主体地位，又彰显了体验式学习的作用，从而推动体验式的教学以及学习模式的广泛传播与发展，将其推广到各行各业、社会的各个领域之中。同时，在我国目前教育发展过程中，推动教学模式的转变是重中之重，只有教学模式与社会发展的相关趋势保持一致，才能够推动我国教育体系进一步完善、为国家培养大批高知识技术型人才，即积极响应国家人才培养的相关号召，解决我国目前教育发展过程中出现的一些问题。

与此同时，随着如今教育模式发生转变，体验式的教学开始逐渐向各个领域延伸。譬如，体验式的经济、体验式的企业培训、体验式的学校教学、体验式的旅游发展体系等。同时，体验式学习的结构模式也随着当前社会科学的发展得到进一步纵深化发展。

（一）体验的概念

牛津字典中，"体验"被定义为有意识地成为一种状态或情境的主体；有意识地受到一个事件的影响；被主观看待的一种状态或情境；个人受到影响的一个事件；从真实观察或个人经历中获得的知识。该定义强调了行动和行动的感觉与思考之间的联系。

体验式学习具有以下几个特点。第一，凸显个体存在的现实意义，并且为个体构建起属于个体自身的生活结构。第二，对个体具有潜移默化的影响。每个个体都会脱离特定的生活结构而存在，因此，体验式学习也可以被看作是个体生活结构的重要组成部分，即使很难用一定的语言加以描述，但是其内在意义还是会在生活中得以显现。第三，体验式学习以真实、有效为主要特点。体验式学习因为其特性而表现出它的价值，并且在此过程中获得较为真实的经验。但随着个体自身的发展，不同的个体会逐渐产生不同的社会经验。

也就是说，只要学习个体一直存在，那么体验式学习就会一直在个体学习过程中发挥作用，该作用既能够影响个体学习的当前状态，又能够对个体之后的学习产生一定影响。

综上所述，体验式学习的主要意义蕴含在学习个体的实践过程中，即以社会经验的学习为主，从具体的生活事件中获得一定经验，将书本上抽象、不具体的理论知识具象化，从而得出能够指导学习主体具体行为的规律性结论。

（二）体验与学习的关联

体验与学习之间的联系极为密切，学习是体验的最终目标，体验是学习的基本方法之一，只有二者结合，才能够给学习者带来极为有趣且有效的学习体验。同时，体验与学习之间的关系在一定程度上也可以被看成是同一个过程中的同一个方面，即二者的本质都是教育，因此，二者都是教育过程中极为重要的方面。

体验式的学习对于成人来讲，是极为重要的学习方式，同时，体验式的学习所带来的相关学习资源对于成人来说也是极其丰富而宝贵。因此，体验式教学也被认为是成人教学最为核心的方法。成人通过体验式学习，能获得更加丰富的社会经验，从而提升自己的知识水平，最终推动成人教育体系的不断完善。

言而总之，体验式学习以参与社会实践为主要学习形式，也就是说，体验在一定程度上是学习的基础，但是体验并不等同于学习。体验式学习要求学生在现实生活中通过参与实践获取更加丰富的生活经验，从而改变以往模式化的思维方式，推动建立新的学习体系，以此推动学校教育模式的转变和升级。

（三）体验式学习的应用价值

随着人类科学技术的不断进步，与其相关的科学知识体系也在不断完善，因此，社会科学技术的进步必然会推动社会现实的发展，这在一定程度上对学校教育发展提出了更高要求，使学生的学习不再局限于课堂，而是以整个社会作为学习平台，不断发展体验式学习，以此积极响应国家提出的"终身教育"口号，推动"终身教育"的发展。

体验式学习一定意义上是学校教育体系的延伸。在学校学习的过程中，学生主要通过教师课堂传授的形式获取知识，该形式以间接学习为主，以至于学生所获取到的知识以书本知识、人类历史文化知识等为主，因此学生在这种教育环境下会缺失相关社会经验。但就目前我国教育的发展实况来看，学校教育的相关体系有待完善，以此来弥补课堂教学模式的不足，从而改变学生的思维模式，改变教学模式，让课堂更加趣味化、实用化，弥补目前我国教育的不足之处，以此构建起完整的学校教育体系，既能够提高教师的教学水平，又能够使学生的学习生活更加趣味化。

体验式的学习方式不仅对学校教育有一定影响，同时，对成人教育的相关体系形成也有着一定积极影响，体验式学习为成人教育机制的形成提供了有力的基础保障。除此之外，该学习方式在社会发展过程中也发挥着一定作用，如与商业发展相关的活动，以商业策划活动、主题活动等都会受到体验式学习方式的积极影响。

（四）体验式学习的教学方法

1.情境教学

从一定意义上来说，亲身体验是能够直接获得人生经验的方法，那么，要想在体验过程中还能够有意识地保持学习状态，就必须创设一定的情境，在逼真的环境中学习，既能够获得亲身参与的体验感，又能够保证学习初衷。情境大多来自社会实践活动，当重新整合具体活动中发生的事情时，就会产生意想不到的效果，因此，情境会更加注重教学过程中的教学体验感。在教学过程中，使用情境教学可以使教学内容和方法更贴近于学生的实际生活，因此情境教学过程中所使用的大多素材都来自学生生活的实际。这在一定程度上就要求教师必须在学生学习兴趣的基础上开展教学，从而使课堂教学更加趣味化，让学生在更加直观的课堂教学中获得知识和社会经验。总体来说，在教学中合理运用一些教学方法，既能够提升教师的教学水平，又能够提高学生参与课堂的积极性，从而提高教学质量水平，最终实现有质量的教学目标。

2. 活动教学

体验式学习通常更加注重学习主体的课堂参与度，在一定程度上就衍生出各种各样的教学方法，而活动教学就是其中最为有效的方法之一。活动教学能够把每一个学生都列入教学体系中，推进学生主动参与到课堂教学中，配合老师教学工作的开展。这在一定程度上就要求老师聚焦学生的学习兴趣，从而设置出科学合理又有趣的活动教学方法，以此来吸引学生的注意力，提高学生的课堂参与度。在此教学过程中，老师必须要利用灵活多变的教学方法，安排较多的趣味性益智活动，从而调动学生的学习积极性，使得他们在活动中获取知识。

3. 探究教学

体验在一定程度上被分为行为体验和情感体验两个部分。顾名思义，行为体验是一种社会实践行为，以体验者亲身参与为体验形式；而情感体验则是在行为体验的基础上，将体验过程中的经验上升到情感以及自我实现层面，这也是学生进行体验式学习的终极目标。一定程度上来说，体验式学习以行为体验为基础，以情感体验为目标。

从教学方法的角度看，可以通过探究教学模式，为学生所学习的内容设置一定的探究问题，这些问题可以根据学生学习能力程度而设置不同的难度层次。通过鼓励学生自己探索学习过程中的相关问题，既保证了知识的获取，又能够给予学生最大限度的自信。以体育教学中跨越式跳高教学为例，在该教学过程中，教师必须考虑不同身体素质的学生能够适应的跳高难度，从而在一根跳高架上绑定不同的高度，让学生根据自身实际能力情况选择高度，然后配合一些跳高技巧的讲解，随着学生对难度的适应再开始下一个难度的挑战。随着跳高高度的不断变化，跳高技巧就会发挥极大作用，就会促使学生认真学习相关技巧，以保证课堂教学的效率。由此可知，学生亲身体验学习非常重要，既能够拉近师生之间的关系，又能够最大限度地启发学生的思维，最终促使学生实现自我价值。

三、潜能教育

（一）潜能教育释义

潜能教育就是为受教育者提供安全、适宜、温馨、优美、开阔、丰富，充满探索性，具有功能性、应答性、启发性、示范性、阶梯性和可调性的成长空间，还要给学生提供完整的生活经历空间教育，"因教育才"，使学生的潜能得到全面发展。潜能教育的目的是"要公平地面对全体学生，促进所有个体全面发展"。因此，潜能教育特别强调"潜在环境"和"微观环境"对学生的影响，强调社会"大环境"和"特殊环境"对一代人的塑造，强调教师、家长一言一行、一举一动的重要作用。

潜能教育相对差异教育而言，就是通过"因教育才"的教育干预手段适时开发个体的遗传潜能空间、面向全体学生全面发展的教育。

（二）潜能教育的特征——"因教育才"

给予所有新生命同等教育，并通过教育使他们达到基础教育的发展目标，即"因教育才"。"因教育才"强调"教"是因，"才"是果，表明了教育与成才的关系，强调了教育在人才培养中的决定作用，明确指出了人才是因教育而产生的这一最基本的规律。

"因教育才"重视教育与发展的因果关系。强调"一视同仁"的早期教育，绝不能从新生命一开始就无视"公平教育"原则，而走"因材施教"的差异之路；"因材施教"带有先天的标签成分，因果倒置，无法担当"公平教育"的重任。教育应当努力实现起点的公平，从"公平的教育"入手，促进每一个体的全面发展。

"因教育才"是确保公平教育的重要手段。要想真正了解和掌握每个个体的天赋特征，不能被动地等待他们成长，而是要利用早期发展的敏感期，对每个个体施加全面的教育影响，不放过其在任何一个领域的发展，让他们的天赋有机会得以全面表达，只有这样才能从中发现个体真正的天赋差异。

"因教育才"的教育原则具体有以下几个方面。

（1）教育要以完整的结构方式走在发展的前面。不能先有什么样的学生，才有什么样的教育。全面发展，需要全面的教育。

（2）尊重学生，要尊重他们的全面发展权。教育不仅要关注学生已经形成的兴趣爱好，更要关注那些学生没有形成兴趣爱好的发展领域。

（3）灵活教育——"因教育才"的灵魂。教育不是不尊重差异，而是不能利用差异教育放大差异，只有灵活多变的教育形式才符合教育的情境需要。

（4）优秀的教育培育出良才——"因教育才"的根本。教育本身存在质量差异，只有高质量的教育才能培养高质量的人才。

（5）"公平而灵活"是基础教育必然的选择。应将"公平而差异化"的教育手段，改变成"公平而灵活"的教育手段。

（6）"基础全面、人人达标"是基础教育的目标。强调将"人人成才、才才不同"的教育追求改变成"基础全面、人人达标"的教育追求。

（三）潜能教育与传统教育的区别

差异心理学与潜能发展心理学都研究学生成长，而学生发展的研究过程中不可避免地涉及差异现象以及差异的本质问题。差异心理学与潜能发展心理学的区别就在于对差异现象的解读不同，对差异本质的理解不同。而这种不同导致了心理学归因的根本差异，最终通过教育思想与原则的差异反映出来。潜能教育与传统教育的区别可总结为以下几个方面。

（1）关于差异分布的范围含义的理解。

传统教育认为，群体差异的分布范围是群体中个体的天赋差异排队形成的，从高天赋一直到低天赋，这种高低分布并不均呈正态特征。差异是由天赋排队形成的，天赋决定了每个人特征表达的唯一可能性。

潜能教育认为，群体差异的分布范围表面上看确实是个体现实差异按照高低排队形成的，但从本质上看，这一分布范围是分布中每个个体的潜能范围，个体在分布中的位置由他们所处的表达环境因素所决定。差异是在每个人的潜能范围内依据环境教育质量而产生的不同表达。每个人都存在多种表达的可能性。

（2）关于差异分布的特征含义的理解。

传统教育认为，群体差异的分布是大家公认的正态分布，无论什么样的群体都会呈现出此种特点。差异分布由群体遗传差异的天赋分布特征所决定。差异分布是静态的、固定的，分布内部的排序按天赋差异高低进行、是不变的。

潜能教育认为，群体差异分布是动态的。从横向角度看，这一实测分布中，分布可以是正态的，也可以是偏态的；可以是正偏态，也可以是负偏态；可以呈现各种离散度的分布，也可以呈现各种形态的偏态分布。从纵向角度看，在发展的群体中，分布是分化形成的。从分布的内部结构看，群体分布的内部个体排序并非固定，即使年龄变化、分布外形不变，个体内部的位置也在相互变动。变动的规律与环境及教育相对变化的特征相关。

（3）对早期潜能开发的看法。

传统教育认为，每个个体最终都会按照遗传的指令，表达出自己的天赋特征，因此，成熟是最重要的因素，需要等待成长。

潜能教育认为，每个个体最终的发展水平可以完全不同。遗传只提供了从低常到超常的变化范围，在这个范围内，个体要如何发展，达到什么水平完全由后天环境与教育决定，尤其是早期环境与教育。每个个体存在着一个可塑的时间机会，其规律是个体在群体中的分化大小与年龄成反比：年龄越大，分化的可能性越小；年龄越小，分化的可能性越大。

（4）教育原则的区别。

传统教育强调人的差异，在教学中根据不同学生的认知水平、学习能力以及自身素质，选择适合每个学生特点的学习方法来开展教学，带有先天的"标签"成分，其教育原则是"因材施教"。

潜能教育强调，教育要始终走在发展的前面，引领个体的全面发展。不仅要引领个体已经具有良好表现的方面继续发展，还要调整结构引领那些存在问题的方面出现发展转机；不仅要引领个体的共性潜能得到开发，还要引领个体的差异潜能得到开发。只有这样，才能全面塑造个体，使个体获得均衡、和谐的全面发展，其教育原则是"因教育才"。

第三节　潜能开发的研究方法

一、潜能开发的要素与价值

认识潜能开发的价值，首先要认识潜能的要素。"要素"是事物必须具有的实质或本质的组成部分，是具有共同特性和关系的一组现象或一个确定实体及其目标表示。潜能开发有三大要素，即高度的自信、坚定的意志和强烈的愿望。发掘这三大要素，共同构成潜能开发的价值。

（1）高度的自信。有了高度的自信，事业才有可能成功。如果缺乏自信，事业就很难成功。坚定的自信心会使人在事业上追求成功、不断进取，达到预期目标；还会使人在性格上不断重塑自我，增添、开发潜能，使事业有更大的成功。事业成功是人生幸福的一个重要因素。

幸福人生源自高度的自信，广义地讲，自信本身就是一种积极性，自信就是自我评价的积极态度，而且自信是发自内心的自我肯定。在此意义上，相信自己是一种信念，这种信念的力量是无穷的。狭义地讲，自信是人对自身力量的一种确信，深信自己一定能做成某件事，实现所追求的目标。而这种自信是对自身能力的客观性肯定和认可。

学会认识自我，"认识自我"表达了人类与生俱来的内在要求和至关重要的思考命题。在当今充满严峻竞争的社会中，人们对于自我的认可尤为重要。认识自我的首要问题是要认识到，每个人都有巨大的潜能；每个人也都有自我独特的优势和特性；每个人都可以按照主客观情况选择适合自己前行的人生目标，并且通过不懈努力去争取自己生活的幸福和工作事业的成功。只要拥有自信、自尊、自爱和自强，人就一定能够在自己的人生中展现出应有的风采。

认识自己的意义在于强调人的地位，强调心理精神的作用。认识自己是完善人格的核心内容，对个体的心理和行为起着内在的、全过程的调节作用。认识自己需要积极思维；认识自己的途径是自我内省；认识自己就是挖掘自己的潜能，努力学会正确认识自己。

（2）坚定的意志。意志是决定达到某个目标而产生的心理状态，意志就是坚定的决心。现实中大多数事业失败的原因，都在于人软弱的意志。坚定的意志是事业能有所成就的重要因素。意志是一种很奇怪、无法触摸，却真实的特殊能量，与人类潜意识的力量有着非常紧密的联系，当潜意识的这种力量被激发出来的时候，通常是意志在起作用。一个人努力的水平，主要由"想"和"想要"某件事的程度来决定。

（3）强烈的愿望。一个人对某事有强烈的渴望，尤其是这种欲望的强度深刻影响潜意识时，他会出现潜意识意志和智慧的潜在力量需求，表现出因愿望的助力，有一种异常的超人力量，实现他的愿望。

二、潜能开发的主要渠道

（一）智能区块互动渠道

智能区块与潜意识有密切关系。人类的大脑可区分成前庭平衡、语言、视觉、听觉、触觉运动等智能区块；每个智能区块都有不同任务，所具有的功能及特性也不相同。而"潜能开发"就是利用这些智能区块互动的过程，激活学习者的各种智能并促进其发展。人脑接收信息的方式分为有意识接收和无意识接收两种。人们每天都会受到不同程度有形或无形的刺激，引起人们的注意而产生不同程度的反应。有意识接收是人脑有知觉地接收事物的刺激；无意识接收是人脑不知不觉地接收周边事物的刺激，即潜意识。潜能来源于潜意识，从某种意义上来说，潜能就是潜意识。开发潜能的力量就是诱发潜意识的力量。潜意识相对于意识而存在，是相对于意识的思想，又称"右脑意识""宇宙意识"。潜能的动力深藏在人们的深层潜意识当中。

（二）潜意识能量开发渠道

潜能开发是直接作用于潜意识层面的心理技术，催眠是唤醒潜意识最有效的技术。潜能开发首先要认识潜意识的规律。潜意识能量开发的渠道有听觉刺激法、视觉刺激法以及观想刺激法。

（1）听觉刺激法。听觉是声波作用于听觉器官，使其感受细胞兴奋并引起听神经的冲动，发放传入信息，经各级听觉中枢分析后引起的感觉。外界声波通过介质传到外耳道，再传到鼓膜；鼓膜振动，通过听觉小骨传到内耳，刺激耳蜗内的纤毛细胞而产生神经冲动；神经冲动沿着听神经传到大脑皮层的听觉中枢，形成听觉。

当人恐慌、害怕、缺乏自信时，大喊几声，就像举重、搏击喊叫一样，可以立即增强力量。声音的力量可以坚定信念，给人们带来积极的行动。若家中或其他地方一直播放唤醒潜意识的录音带，则人们可以唤醒潜意识，即使是睡眠中也可以起到同样的作用。因为人耳接收声波是被动的，往往主观听不到，但潜意识照样能听到，效果仍然很好。

（2）视觉刺激法。视觉是生理学词汇。光作用于视觉器官，使其感受细胞兴奋，信息经视觉神经系统加工后便产生视觉。通过视觉，人和部分动物能够感知外界物体的大小、明暗、颜色、动静，获得对机体生存具有重要意义的各种信息，至少有 80% 以上的外界信息经视觉获得。视觉是人和其他动物最重要的感觉。视觉的形成过程可概括地排列为"光线—角膜—瞳孔—晶状体（折射光线）—玻璃体（固定眼球）—视网膜（形成物像）—视神经（传导视觉信息）—大脑视觉中枢（形成视觉）感知"。

视觉刺激法是在自己的房间建立一个"梦想板"，把目标画成图片，剪裁下来，贴在"梦想板"上天天看，可以刺激潜意识、开发潜能，然后通过实现渴望的目标、方法和梦想。

（3）观想刺激法。观想刺激法，表现在集中心念观想某一对象而产生联想的刺激。观想刺激有正面刺激和反面刺激，正面刺激是通过努力进入正面的享受，负面刺激是贪欲的妄念。利用潜意识不分真假的原理，在大脑中引导出所希望的正面成功场景，从而达到替换潜意识中负面思想的目的，通过反复地观想暗示，改变自我意象，树立正确、成功的信念，并使自我产生积极的行动，达到预期的正确目标。

（三）学习和借鉴

潜能学研究潜在的能量，即表意识以内的潜能。每个人的潜能是无限的，必须循序渐进才能被不断挖掘。心理学是研究人心理现象的发生、发展和变化的过程，并在此基础上揭示人的心理活动规律的科学。其实，心理学的很多理论和观点，潜能学都可学习与借鉴。

心理学流派大致分为行为主义心理学、精神分析心理学、存在主义心理学、人本主义心理学、格式塔心理学、认知心理学、功能主义心理学、结构主义心理学。这些流派着重于探索心理本质，是心理学的基本理论部分（图1-1）。

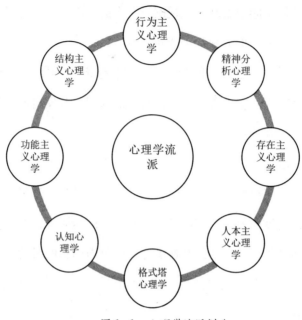

图 1-1　心理学流派划分

目前在学术界，学者们探讨最多的心理学流派有三种，即行为主义心理学、精神分析心理学和人本主义心理学。行为主义心理学主张以客观的方法研究人类行为，从而预测和控制有机体行为；精神分析学认为，人类的一切个体和社会行为，都根源于心灵深处的某种动机，以无意识的形式支配人，并且表现在人的正常和异常行为中；人本主义心理学特别强调人的正面本质和价值，而并非集中研究人的问题行为，还强调人成长和发展的自我实现。上述三种流派都有潜能学可以借鉴和利用的地方。

（四）多元智能基本理论

多元智能、全脑教育和潜能开发是三大先进的教育理念。多元智能理论虽然属于心理学范畴，但是其有关理论可供潜能开发的研究、学习和借鉴。

1. 多元智能的性质

流行于世界的智商测试已经远远落后于时代，由于人的智能特点不同，开发学生的多元智能，将使具有特点的学生及早摆脱传统教育的束缚。人类各个领域杰出人物的诞生，正因为不同智能的开发。对于学生艺术潜能的重视是发现天才的最佳途径。传统教学中，学校一直强调逻辑，但这并不能完整表现全部的人类智能。不同的人具有不同的智力组合。例如，建筑师和雕刻家的空间智能相对更突出；运动员和芭蕾舞演员具有较强的耐力，他们的肢体运作智能高于常人；作家有很强的创作能力，具有较强的内省智能；从事公关的人善于人际交往，他们的人际智能非常强。

多元智能的基本特征很多，不仅仅是单一特征的表现。它们的基本结构也多种多样，并且各种功能以相对独立的形式而不是集成形式存在。现代社会是需要各种才能的时代，教育应促进人的智力全面发展，使个人的性格与特质充分表达，有效发展，逐渐完善。该理论的结构和性质，符合潜能开发的指导思想。

2. 多元智能的研究内容

（1）语言智能。包括听、说、读和写在内的语言能力，个人通过这些方式流畅、有效地使用语言来表达自己想表达的事物、想法。

（2）节奏智能。体现在个人对音乐之美的感知中，包括节奏、语调、音调和旋律，以及创作、表演和唱歌的能力，都能体现人的音乐天赋。

（3）逻辑智能。通过数学运算、逻辑推理以及推理技能，类比、对比因果关系、逻辑和思维技能之间的各种关系的敏感程度。该智能能有效体现一个人理性逻辑思维的表达效果。

（4）空间智能。在空间关系中感知并辨别物体，记忆和改变物体之间的排列组合，由此来表达自我思想和情感的能力，其中不仅包含对线条、形状的感知，还有结构、颜色和空间关系，以及各种维度空间、宇宙时空等领域的见解。空间智能的掌握理解代表着更高的智力水平，能为个人的理性思考提供合理基础。

（5）动觉智能。动觉智能是人使用肢体和躯干的能力。具有优秀的动觉智能代表人可以在不同情况下，通过更好地控制身体来对事件做出适当的身体反应。同时，还能使用肢体语言表达思想和情感。

（6）自省智力。自省智力就是审视自己的内心和反省自己的能力。具有自省智力，可以正确识别和评估自己的感觉、动机、欲望、个性和意愿，并在正确的自我意识和自我评估前提下，形成良好自尊、自我训练和自我控制。

（7）交流智力。交流智力是通过社交与人互动，能在与人交往的过程中感受他们的情绪变化，并做出相应反应的能力，是一个人情商高低的最好体现。

三、潜能开发的实际操作

潜能开发就是要人们把自己本身具有的、但目前还没有的能力开发出来。可以通过科学、专业和系统的指导、训练，消除潜意识中的负面情绪，建立潜意识中的正面情结，提高大脑皮层活动的协调性，以积极的心态来开发潜能。

（一）提升自身的能力

能力，本质上就是大脑皮层活动的协调性和目标专注度。协调是指大脑皮层各个兴奋区域张弛有度、转换灵活、配合默契，而目标专注度就是指某一时段或某一时期大脑皮层的活动与确立目标的吻合程度。能力是指能够顺利完成某种活动所具备的个性心理特征，是直接影响活动效率、使活动得以顺利进行的心理特征。由能力的定义可以看到，能力是高效率，即较短时间里完成较多工作，做成较多事情；能力是心理特征，决定于人们的心理功能。所以，能力开发应该从人们的心理着手。但仅仅达到这一认识水平对于研究如何开发人的潜能还不够，要开发潜能就得搞清楚能力的本质是什么。

成功的人不是天生就成功的，而是通过后天的努力拼搏。探究成功的根本原因可以发现，人类无尽潜力的发展能够帮助人获得成功。以积极的态度发展潜力，就会获得无限动力，个人的能力也会越来越强。

决定能力的因素包括先天因素和后天因素。先天因素主要是指人们与生俱来的大脑的生理组织结构和基础运作程序，主要决定于遗传因素。后天因素主要是指人们后天的学习、实践以及科学的训练。决定能力提升的因素是后天因素，而不是先天因素。原因在于，就人的先天能力而言，只有极少部分人是高能力，极少部分人是低能力，其余绝大多数人的能力水平是不相上下的。先天因素既然是与生俱来、不可改变的，而且又是各人水平较相近的因素，那么，就能力开发而言，关注它没有意义。

先天能力不可改变，但实际上，人们的能力又的确有着较大差别，这是因为人们对后天能力的开发程度差距很大，后天能力开发程度的差距造成了人们能力的差距。例如，相比于经常游泳的人，不经常游泳的人的游泳能力就要差很多，而经常游泳的人又比那些经过教练指导的人的游泳能力差很多。这一简单的例子说明，人们的能力差别是后天开发程度的差别。决定能力提升的因素是后天因素，而不是先天因素。获得高能力的着眼点是积极的后天开发。

（二）培养创造性思维

创造性思维是指在一定条件和基础上产生的，具有多种要素和技巧的唯一能够产生创造成果的心理活动。

1. 培养发散思维

发散思维又称扩散思维、辐射思维或求异思维，是从各个方面力求新答案的心理活动。人们可以通过多种技巧培养发散思维，常用的发散技巧有以下四种。

（1）缺乏发散。即找出某一事物的缺点，再一一列举，寻求改进方案。

（2）愿望发散。即对某一事物，列举种种愿望，再提出种种达成愿望的方案。

（3）求异思考。即采取灵活多变的思维战术，从与常规不同的方向思考，寻求新的解决途径或答案。

（4）分解交合法。即先把与问题有关的事物分解为多种信息因素，然后依次交合，从而得到答案。

2.培养组合思维

组合思维，又称综合思维，指把分散的诸因素综合起来的思维。综合过去的知识经验，寻求新方法解决问题的思维便是组合思维。组合思维是能把多项貌似不相关的事物通过想象加以连接，从而使之变成彼此不可分割的新整体的思考方式。

组合思维技能的分割组合也有自己的特色，即根据某一准备，将材料分开，然后加以排列，形成某种结构。

3.培养集中思维

集中思维，又称聚敛思维、求同思维，即从已知的种种信息中产生一个结论，从现成众多的材料中寻找一个答案。常见的集中思维方法有如下三种。

（1）图示法。图示包括图像、图表、文字示意等。利用图文，通过分析、比较，便可以寻找到一定答案，或者能使内容简明、思维清晰。

（2）分析法。分析法是指先将整体分解为若干部分，然后再鉴别、评价，最后做出正确选择。

（3）比较法。比较法是通过异同鉴别，从而得出结论。

创造性思维能力的提高，有赖于必要的训练。常见的行之有效的训练方法主要有多角度寻求正确答案与新角度、新方式表达。

（三）培养想象力的导向

想象力是人在已有形象的基础上，在头脑中创造出新形象的能力。想象一般在掌握一定知识面的基础上完成。

潜能开发中的观察力、记忆力、思维力在学习中的作用主要是获取知识；想象力的作用主要是创造新知识。想象力是潜能开发的翅膀，能使学习者的智力活动"展翅高飞""鸟瞰全球""纵览古今""展望未来"。想象力可以使人认识到无法直接感知到的事物与形象，使人看到宏观世界和微观世界，在无边无际的宇宙中自由"飞翔"。

通过观察力、记忆力、思维力获取的知识信息、事实以及一系列推论设想都是"死"的东西，是想象力赋予了它们生命。有人认为，事实好比空气，想象力就好比翅膀，只有两方面相结合，智力才能如矫健的雄鹰一般一飞冲天、翱翔万里，以探索的目光巡视广阔无垠的世界，搜索一切奇珍异宝。

可以把想象称作神思，通过它，一个人的思维就可以任意驰骋。没有想象力，智力就"飞腾"不起来。当然，在奔放的想象中捕捉到的模糊想法必须化为具体命题和假说，才能使智力发挥出有益作用。

如果想象自己以某种方式行事，那么实际上差不多也是如此行事。这在头脑中曾经被认为是不可能的事情，但心理实践却可以帮助人们使行为臻于完美。

（四）心理暗示作用

因为接受外界的需求、思想、感觉、判断和态度，人们的心理发生了变化，这是心理暗示的具体表现。在人们日常生活中，心理暗示非常普遍，它是个人或环境向个人自然地发送消息，并且个人无意中获取此信息并做出相应的活动。下面将阐述心理暗示的特征、心理暗示和气质类型、消极和积极心理暗示。

1. 心理暗示的特征

暗示是人类形成的最简单、最常见的条件反射。从心理学机制的角度来看，暗示是一个由主观意愿证实的假设，虽然不一定具备根据来源，但从主观上讲，它的存在已得到个体的确认，试图顺从心理的呼应做出相应反应。在生活中，人们无法隔绝外界的暗示，甚至随时都在接受这些信息。

人们的心理特征之一就是受暗示性，每个人都会受到心理暗示的影响。这种人类心理特征的形成，源自人类在进化过程中，为了适应环境而在无意识条件下形成的自我保护能力和学习能力。人们在遇到问题时会根据过往的经验，快速做出判断。在环境中，人们总是会被环境所影响，因为环境造成的心理暗示使人一直在无意识地学习。

人们总是会得到心理暗示。尽管心理暗示的程度不一，但心理暗示包括积极暗示影响和消极暗示影响，只能被人接受，并不能被人们的明显意识所控制，这是人类的本能。由于心理暗示的作用，人们能够学习各种行为，面对危险能够快速躲避。

为了追求成功并避免痛苦，人们在不知不觉中使用了多种自我暗示方式，即他们向自身发出心理信号。例如，当困难来临时，人们通过"差一点就过去，再坚持一下"来安慰自己，从而减轻自身痛苦。然而，当人们追求成功时，他们会想象自己实现目标时的情景，鼓励自己不放弃追求。这种构想是人们的自我暗示，能激励人们提高对挫败感的抵抗力并让自身保持积极的精神状态。

2. 心理暗示和气质类型

心理特征和神经类型的具体表现方式因人而异，人接收到心理暗示后会做出程度不一的相应反应。人们可以根据人的气质类型对此加以区分，而且一个人可能具备多种气质类型（表1-1）。

表1-1　人的气质类型及特征

气质类型	特征
胆汁质型	容易被心理暗示影响，情绪容易冲动，心理极其敏感
神经质型	神经类型相对较弱，情绪很容易受到波动，对于心理暗示做出的反应非常强烈
多血质型	热情活泼，对于心理暗示反应相对没有那么快
黏液质型	因其神经元活动表现出平稳而均衡的特征，对于心理暗示做出的反应最慢

不可否认，每个人都会或多或少不同程度地被心理暗示影响，但是人的智力水平与受教育程度与此并没有决定性联系。

3. 消极和积极的心理暗示

人们生活在世界上，每天接受大量信息，应充分利用各种适当的时机应用心理暗示。心理暗示分为消极心理暗示和积极心理暗示。

（1）消极的心理暗示。它会对人们的情绪、智力和生理产生不同程度的负面影响。根据相关研究表明，负面心理信号的长时间积累最终使逆转悲观情绪变得困难，实际上，这种情绪体验通常是不现实的。心灵内部遭受极大痛苦的人们通常不会面临生存危机，是因为失去情感控制，才导致对所接受的负面刺激缺乏理性了解，并且刺激的强度在主观上被夸大。这种夸大反映了个人应对能力较弱，最终让人的意志力崩溃。

（2）积极的心理暗示。它指外界和他人的心理暗示，有助于帮助收到暗示信号的人更好地自我发展。积极的心理暗示对人们的情绪、智力和生理机能有很好的影响，它不仅有助于人们建立信心，还能调动人的内在潜力。所以，教育者需要有意引导学习者变消极心理暗示为积极心理暗示，同时帮助学生克服不良的心理暗示对其产生的不良影响。

权威的暗示对学生的记忆力很有影响。同时，含蓄的暗示越多，效果越好。因此，在心理咨询和培训中，最好使用命令方法提出尽可能少的请求。如果能够巧妙运用暗示方法，所形成的暗示效果会更加显著。暗示很大程度上需要具有艺术性，以教育为例，教师应借助形状、颜色、节奏、方式（例如有趣的故事、竞技游戏等），鼓励学生在具有艺术性的环境或者活动中自然表达感情，帮助学生在积极的氛围中接受教育，使学生的心理暗示向积极方面发展。

（五）放松静思作用

发明的诞生，灵感大多数时候来自紧张后放松的那一刻，而不是在冥思苦想中产生。所有这些表明，放松可以消除沉积在心里的压力以及各种感觉羁绊束缚，激发思维的活跃性，自由的休息状态下人们可以充分释放自己的潜能，让其得到发展。

一些适当的技能练习不仅可以帮助过于谨慎的人放松下来，往往还有着出其不意的效果。通过这些技巧性练习，他们学会如何减轻过度努力和不那么目的性地生活，并在避免错误和失败时克服过度谨慎的发生，学会更加淡然地生活。

如果一个人表现得过于谨慎，通常是因为过于看重其他人的看法。如果太在意他人的看法，让自身困顿于别人的话语中，时时刻刻都不能大胆表达自己，那么根本不能幸福地生活。甚至会为了希望获得他人的好印象而处处迎合对方，放弃自己内心的声音，让自己的心理一直处于焦虑和紧张状态。这些做法都会将自己束缚起来，从而让自己的思维变得越来越呆滞，不再活跃，也很难迸发出奇思妙想以及有价值的思考内容。

正确的方法是始终怀着积极心态对待生活，以微笑对待他人，不要过分自觉地关注"其他人的想法"，不要陷入别人的评价当中，不要为取悦迎合对方而委屈自己，不要过于敏感地对待别人的赞同或者反对意见，不要用谨慎和防备时时伪装自己，也不要将别人凭借自己心意想象化。在生活中，如果一直诚实地工作，忠实地对待他人，并对工作表现出一定的热情和奉献精神，那么他人对自己的印象就会很好。否则，一味地委屈自己、取悦他人，往往发展会不尽人意。

冥想会让自己的身心完全放松，达到身心合一的理想状态，会为创造性思维活动的开展创造很好的条件，可以帮助人们产生更加有创造性的想法。冥想将困扰人们的各种问题屏蔽在外，在"忘我"中体悟自身。冥想让人忘记压力和克制，让创新思维可以自由运行。冥想可以使理不清楚的事情慢慢现出轮廓，帮助人们找到一直想寻找的答案。

生活越复杂，冥想产生的镇静作用就越大。冥想的目的是理清想法，让其逐渐明晰。冥想并不是从内到外的静止，而是身体的静止、思想的升华。

（六）健康心理与良好心态

潜力的开发与健康的心理以及良好的心态密不可分，如果心理不健康、心态不好，就会导致人形成古板的思维、匮乏的想象力，将难以开展创意工作。健康心态的保持不仅能够为潜力发展打下良好基础，也为潜在发展提供了重要途径。衡量心理是否健康的重要标准是正常的智力、稳定和快乐的情绪、适度的反应以及统一的人格调节。

健康包括身心健康和生理健康。通过体温、心率和血压的测量可以知道个人的生理健康情况。心理健康却无法像身体健康一样，可以被看见和衡量。因此，人们常常忽视个人的心理健康状况。然而，考虑到潜力的开发与良好的心理和良好的心态的密切关系，人们万万不能忽视心理健康，否则创造性工作就无法开展。

心理健康是一种良好而积极的心理状态。健全的心理正在适应自然和社会环境，并积极履行人们的身心功能。一个智力正常、情绪稳定、人格协调的人，才具备幸福生活的能力。

发展和保持健康的心理，可以通过以下五种方式实现。

（1）树立自己的理想追求。对于广大心怀憧憬的学习者尤其是年轻人来说，必须具有科学的世界观，宽广的胸怀，有雄心壮志，有事业心，能淡泊名望。借助这些情绪，可以科学地观察世界，科学地解决问题，在追求理想的过程中确保适当的心理反应并防止异常的心理反应。理想和追求将创造巨大的精神力量，使人们保持心理状态稳定。

（2）保持快乐。预防和克服强烈而持久的心理冲动，并始终保持稳定和快乐的心情。在生活中要培养自己的兴趣。强烈而持续的心理冲动对人的情绪造成的波动极大，会让人感到沮丧、焦虑和愤怒。在某些情况下，还会造成头痛让人的身心能力下降，影响人的创造力并导致身心疾病的发生。

（3）养成健康又健全的情绪。为防止或克服强烈而持久的心理冲突，需要养成良好又健全的情绪，有助于个人面对强烈的刺激，能始终保持稳定和愉悦的心情。有必要时可采取实际行动缓解心理冲突。比如注意力转移方法能够使人的注意力从引起不适的事件中远离，并专注于自己的兴趣所在；情绪释放法是向朋友倾诉沮丧、焦虑和不满等积压许久的负面情绪，以减轻心理压力。

（4）磨炼心理韧性。极强的耐心和毅力能让心理达到高度的稳定状态，能消除外部心理压力，抵制外界干扰。保持在一定水平的心理状态是创造性活动开展的必要条件。

（5）制订规律的生活计划。要做到忙中偷闲，保持有规律的生活，劳逸结合，因为健康的心理与生理健康息息相关，密不可分。要规律地生活，有张有弛，有劳有逸，有节奏地工作和休息。要做到能经常彻底放松自己，还要多受大自然的陶冶和优美音乐的陶冶。

第二章　身心发展分析

健康的身心发展，应该是脑力和体力都处于科学合理的发展状态。身心发展包括两个方面：心理和生理。生理的健康发展是指个人身体能在既定年龄正常发育、体制增强。而心理的健康发展则是指个体的认知能力和个性发展能有序进行。认知发展包括感觉、思维、记忆和直觉等认知健康有序地提升；个性发展则是爱好、情感和个人的意志力等方面能力的提升。两者相辅相成，认知的发展促进了个性的形成，个性的发展又能增强个体意向对自身实践认知，对自己有全面的认识。本章内容包括应激与神经质，人格、情绪对身心健康的影响，潜能激发对身心健康发展的促进作用。

第一节　应激与神经质

一、应激

（一）应激的概念界定

应激（stress）是机体在各种内外环境因素及心理社会因素刺激时所出现的全身性非特异性适应反应，又称为应激反应，通常用于描述人体对施加于其上的各种要求的反应，是生理和心理反应的总和。应激的英语词汇是"stress"，源于拉丁语"stringere",意思是"费力地抽取、紧紧地捆扎"。在古法语和中古英语中,它以"stress""S"等形式出现,意指"困苦""逆境"。后来引入物理学与工程学,是指施加在物体上的力量所引起的紧张、变形或破裂。

美国生理学家怀特·坎农早在1926年就提出了应激一词,用它来描述外界环境变化对内在机体平衡状态的影响。内分泌学家汉斯·塞利根据美国生理学家怀特·坎农对应激反应的定义,又对其进行了合理补充,将应激定义为机体在外界环境的各种不利因素干扰下,产生的各种非特异性的心理生理变化的总和。麦克维尔在前人应激概念的基础上结合稳态概念,总结出应激应该在生活中的不确定因素下产生,会造成心血管反应增强,让个体生理环境处于"危险"状态,从而产生超负荷。当然,持续性的超负荷会对个体的生理和心理造成不好影响。

虽然不同视角下人们对应激的理解不一样,但总体而言,心理学中应激可以解释为环境源与个体之间相互作用的过程。应激的含义应该包括三个部分:①引起个体对未知心理困扰或者是外部事件的应激反应;②导致某种结果或者病症,比如常说的焦虑和精神异常行为;③应激刺激与应激反应之后的生理和心理产生变化的过程。

(二)应激源及其类别

1.应激源的界定

应激是由一定的刺激因素引起,能引起全身性适应综合征或局部性适应综合征的各种因素的总称,即应激源(stressor)。通俗讲,引起应激的一切因素都被称为应激源。实际上引起应激的刺激可以是外部物质环境因素(如灾难)、个体内部生理环境因素(如疾病),也可以是心理社会环境因素(如工作或生活压力等)。

2. 应激源的类别划分

日常生活中的应激源可以分为三类：①灾难性的事件，例如自然灾害或是恐怖袭击；②个人重要生活事件，例如亲人去世；③日常困扰，虽然不是很严重但却持久且频繁，例如让孩子准时起床、吃饭、上学等。

根据应激源持续时间长短，应激源可划分为急性应激源和慢性应激源：①急性应激源（acute stressor）指持续时间短，消失快的应激源，主要是突发的对个体带来伤害的意外事件，如遭遇车祸、地震、火灾、水灾等；②慢性应激源（chronic stressor）指持续时间长，使人精疲力竭的应激源，如人际关系紧张、家庭矛盾、工作出现问题等。

根据应激源的性质，应激源可划分为生理性应激源和心理性应激源：①生理性应激源是指作用于人的机体，直接产生刺激作用的刺激物，包括各种理化和生物刺激、疾病等；②心理性应激源包括人际关系的冲突，能力不足或认知障碍；职业、婚姻、年龄、受教育水平等的差异和社会变动性与社会地位的不适合；个人的社会交往、生活、工作变化，重大的社会政治、经济变动；语言、风俗、习惯、生活方式等改变造成的刺激或情境。

3. 实验室应激源

应激反应的很多研究非常难以在现实生活中开展，为此，有一类在研究中多数情况下采用的应激源，这种应激源被称为实验室应激源。实验室常用应激源主要有两种，分别是心理性应激源和躯体性应激源。

躯体性应激源包含握力练习、脚踏车练习、冷刺激和重力刺激等。

心理性应激源比较多，主要概括为四个部分：①心理运用性的应激任务，比如镜画追踪；②认知性应激任务，比如心算任务等；③社会性应激任务是常见的应激任务，比如矛盾家庭关系解决、公开演讲等；④情绪性应激任务，多数是指负面情绪，比如愤怒情绪和观看负面影响影片和恐怖片等。

（三）应激反应的生理系统

应激除了会诱发个体的心理反应如紧张、焦虑等情绪外，还会引发一系列生理反应。参与应激反应的生理系统主要包括神经生理反应系统、内分泌系统与免疫系统。

1. 神经生理反应系统

应激神经生理反应主要是通过影响脑区而造成有关活动受到刺激。①中脑皮质和边缘系统的多巴胺系统。应激反应时会由蓝斑－去甲肾上腺素交感系统去激活该系统，因为中脑皮质和前额叶皮层是相互关联的，进而影响机体的认知性能。而中脑边缘系统和伏隔核又相互影响，因此会在奖励现象中起到作用。②杏仁核与海马复合体会在集体受到刺激时被激活，杏仁核主要和人的情绪相关，所以被认为是应激反应的中介。③下丘脑室旁核－促肾上腺皮质素释放激素（PVN–CRH）系统激活弓状核神经元，并投射到下丘脑室旁核、脑干和其他脑区，影响到情绪反应。

神经生化研究揭示警觉情绪与行为和胆碱类、单胺类、氨基酸类、神经肽类等中枢神经递质的功能有关。如去甲肾上腺素（NA）和多巴胺能神经元与交感神经反应有关。以上神经元的兴奋性，对全脑的兴奋性和警觉可起到重要推动作用，可以让机体的活动增加。5-羟色胺（5-hydroxytryptamine，5–HT）的作用便是和去甲肾上腺素能神经元相拮抗，在神经元兴奋时，保持安静。通常情况下，两种神经拮抗是相互平衡的，只有出现应激情况才会不平衡。应激造成的中枢神经递质的改变主要与应激强度息息相关。在中等应激情况下，大脑中的去甲肾上腺素会突然升高，当然，短时间内会降到比之前更低的水平。此时，去甲肾上腺素合成与分解会加快速度。在严重的应激下，去甲肾上腺素会耗竭。

2.内分泌系统

参与应激反应的神经内分泌系统主要是下丘脑–垂体–肾上腺皮质轴（hypothalamic–pituitary–adrenal cortex axis,HPA）。在应激条件下 HPA 轴兴奋，促肾上腺皮质素释放激素（CRH），进入腺垂体使促肾上腺皮质素（ACTH）分泌增多，促肾上腺皮质素会对肾上腺皮质进行二次刺激，让其能够释放大量的肾上腺皮质素，进而促进糖皮质激素的有效合成与释放。糖皮质激素作为机体的主要应激激素，其主要功能是引发应激后的生理反应，同时也会对机体自身出现的代谢和免疫产生一定程度的影响。对机体自身而言，合理的糖皮质激素可以增进代谢功能，进而强化机体的抗应激能力，然而，过度的释放，会导致机体免疫和代谢失衡。所以可借助负反馈调节抑制 CRH 和 ACTH 的合成与释放。

交感–肾上腺髓质系统也是参与应激反应的重要神经内分泌系统。当觉察到应激源对有机体生存构成威胁时，此系统被激活，导致儿茶酚胺（CA）、去甲肾上腺素、甲肾上腺素（E）等激素发生改变。表现为血浆肾上腺素、去甲肾上腺素浓度迅速升高；儿茶酚胺分泌增加，引起一系列心血管反应；胰岛素分泌减少；胰高血糖素分泌增加等。

3.免疫系统

对机体自身而言，多种类型的应激对机体的免疫功能影响是不同的，它们之间存在差异，主要差异为免疫功能的影响和细胞免疫的反应。具体表现为 T 淋巴细胞数量的大幅度减少，活性降低，自身所带的免疫调节能力和杀伤能力弱化。体液反应相比于细胞免疫而言比较复杂，它主要与应激源的种类和持续强度有关联。比如机体在应激的初期阶段，B 淋巴细胞抗体产生量会骤然增多，进而导致细胞活性下降，机体自身的免疫受到抑制。此外，外界强烈的刺激比如恶劣天气、心理刺激，都会造成神经系统和内分泌系统紊乱，进而出现免疫功能障碍，可表现为 B 淋巴细胞等免疫细胞减少，免疫调节因子减少，等等。

一般而言，在应激初期，有机体的免疫功能增强，持续的应激导致免疫功能下降。

（四）应激反应对健康的重要意义

研究已广泛认识到不同个体对应激和挑战的生理反应存在很大差异。这些应激生理反应个体差异普遍存在于下丘脑 – 垂体 – 肾上腺轴（HPA）和自主神经系统中，并预示着一定的健康结果和行为模式。

应激反应对健康具有重要意义。应激"反应性假设"的提出最早可追溯到 1930 年。海因斯和比尔特使用冷刺激作为应激挑战，研究了患高血压风险的个体差异。他们假设将手或脚浸泡在冰水中可能引起血压反射增加，那些有较大血压反射增加的个体在未来也有更大的高血压患病风险。随后的大量研究都证实了过大的应激反应性是临床心血管疾病的重要指标或病理学机制，会增加患病风险。研究表明，暴露在不同类型中的应激任务中，如冷刺激、减法运算、社会能力面试、镜画追踪任务、视频游戏，不同样本包括儿童、青少年、青年人、中年人，较大的血压反应性预示着高血压患病风险的增加。此外，有研究表明，过大的应激反应性还与其他一些临床疾病的发病率有关，例如左心室质量的增加、颈动脉粥样硬化、冠状动脉钙化、心肌梗死和冠心病风险增加等。

应激"反应性假设"认为，外界环境挑战若是引起较大的应激反应会损伤机体自身的健康。然而，有一些研究认为，外界环境引起的过低应激反应同样不利于身体健康。麦肯在对应激反应总结中指出，迟钝的应激反应和不做应激反应会造成非稳态负荷的增加，它们对健康都会产生不良影响。这种在应激反应中表现不足的现象，称为"迟钝反应性"，此种类型的应激反应与人的行为习惯有关，比如吸烟、过度酗酒、肥胖等都会影响人体的应激反应，使其动作减慢。

坦白讲，无论是大的还是小的应激反应，对机体而言都是不舒服的。他们只是反映了个体应激反应缺乏灵活性的现象。然而，无论应激反应弱还是强，都说明机体处于不稳定状态，非常容易引起身心疾病。比如迟钝或者不反应的应激反应会造成人的抑郁和肥胖；强烈的机体反应则会造成身体健康损伤，比如高血压或者是冠心病等。

应激恢复性也是健康的重要预测指标。应激后的心理恢复是指机体自身受到外界环境刺激结束后，身体各项激素水平恢复到刺激前的水平状态。应激后的心血管恢复对个体的身体健康具有良好的保护作用。很多案例中，反应应激适应性能够快速增强应激时间的恢复能力，这种快速恢复能力通常被定义为生理韧性、非稳态调节能力。针对应激反应较为迟钝或者应激反应时间延迟的恢复则认为是外界环境刺激下的不良表现。因而，心理生理恢复性被视作是机体抵抗应激反应对身心健康不良影响的重要因素。此种情况下，需要调整好个人的心态，保持放松的心情。

无效的恢复或应激反应延迟（delayed response to stress）会导致非稳态负荷的增加，对身心健康产生不利影响。研究发现心血管疾病与应激、负性事件引起的心血管反应能否有效恢复联系密切。例如，应激后心血管反应恢复的延迟与高血压的患病概率有关，心率的延迟恢复与两年后更高的颈动脉粥样硬化发病率有关。有研究指出，心血管恢复的有效性可能比心血管应激反应性的大小更能预测心血管疾病的发展。然而，与应激反应的个体差异研究相比，仅有一小部分研究关注了恢复性问题。

近年来，应激反应适应性对长期健康结果的影响也得到越来越多的研究关注。应激反应适应性是指重复暴露在应激源下，应激反应的减小。机体重复在外界应激刺激下，生理和心理的反应适应性直接反映了人对各种外界不利刺激下的应对能力。麦克维尔提出了重复出现的应激源，因为缺乏应激适应性会加重机体非稳态负荷的负担。若是非稳态负荷一直持续增长，就会造成一系列心理疾病。多项研究表明，重复暴露在应激中，由于心理和生理对应激反应的缺乏，会严重影响人体的健康。比如，心脑血管疾病高病发率和高死亡率。由上可知，除了重视应激反应的恢复之外，还应该增强个体对重复暴露应激反应下的反应，对人体健康和解释应激健康都有很大的帮助。然而，迄今为止，与单一的应激研究相比，研究人员对重复暴露应激反应问题缺乏深入研究。

除了自主神经系统的变化，下丘脑－垂体－肾上腺（HPA）轴激活以及由此引起的糖皮质激素（glucocorticoid）分泌增加，也是应激反应的重要特征。HPA 轴激活是机体对应激做出的适应性应对反应，皮质醇的分泌有利于机体动员能量和保持内环境的稳定。然而，持续的皮质醇激活也会导致病理性效应，如高血压、哮喘和结肠炎以及精神障碍等。大量实证研究表明，急性心理应激会导致皮质醇反应的增加。

二、神经质

（一）神经质的概念及结构

神经质可以看作是情绪性的典型特质。具体的表现是人体面对外界环境刺激后，能够快速地做出反应从而抑制情绪。当今世界，对神经质较为普遍的认知是把神经质看作个体对外界压力的承受能力，同时神经质还反映了不同个体面对刺激下情绪稳定方面的差异化。它主要包括情绪稳定和情绪不稳定。情绪不稳定，一般是指患者的心境变化反复无常，忽高忽低，那么可以见于躁狂的状态、抑郁发作的状态，还有焦虑的状态。主要表现有易怒、情绪低落、紧张不安、焦躁烦闷等。

神经质的核心特征是具有较高的负性情绪体验倾向。研究发现，与低神经质个体相比，高神经质个体对负性刺激或事件表现出更强烈的情绪反应，更倾向于采用适应不良问题的应对策略，如烦恼和无效的逃避策略。

日常生活中，人们会体验到更多负性情绪，如焦虑、内疚、恐惧、抑郁等。在大五人格中（本章第二节做详细论述），神经质包括六个维度，即焦虑（N1，紧张、恐惧、担忧等）、愤怒与敌意（N2，暴躁、容易发怒）、抑郁（N3，悲伤、失望、孤独等）、自我意识（N4，害羞、自卑等）、冲动性（N5，难以抗拒诱惑等）、脆弱性（N6，容易感到惊慌、混乱、无助等）。

（二）神经质与个体适应

大量研究表明，无论在年轻人群体、中年人群体，还是在老年人群体中，以消极情绪状态，如恐惧、焦虑或忧虑为特征的神经质人格特质均与主观幸福感呈负相关。分析表明，在大五人格因素中，神经质是主观幸福感最强的负性预测因子，与外倾性可以联合解释主观幸福感结果39%的变异。作为生活质量的风险因素，神经质与生活满意度也呈负相关。研究发现神经质是生活满意度最强的负向预测因子之一。也有证据表明神经质还可以通过间接机制影响生活满意度，如自尊在神经质与生活满意度之间起中介作用，积极情感在神经质与生活满意度之间起部分中介作用。

相较于其他人格特质，神经质似乎与心理和生理健康问题的联系更广泛。强有力的证据表明，从童年期到成年期，神经质与许多轴心Ⅰ型和Ⅱ型心理障碍紧密相关，会增大人们患心理障碍的风险。研究显示，神经质与情绪障碍、焦虑障碍、躯体形式障碍、精神分裂症、进食障碍、抑郁症、广泛性焦虑障碍、惊恐障碍、恐惧症、酒精和药物依赖以及反社会人格障碍等都有不同程度的关系。对于轴心Ⅱ型人格障碍来说，神经质与边缘型、回避型和依赖性型人格障碍存在中等程度的关联，与分裂型、偏执型和反社会型人格障碍的关联较小。在解释心理障碍的共病方面，一项大型研究显示，神经质的变化解释了抑郁和焦虑障碍 20%~45% 的共病以及这些障碍与酒精和药物依赖 19%~88% 的共病。即使控制了其他影响身体健康的因素（如抑郁、社会支持等），神经质本身也与许多身体健康问题有关，如心血管疾病、特应性湿疹、哮喘和过敏性肠道综合征。

许多前瞻性纵向研究表明，神经质对很多心理和生理健康结果具有重要的预测作用，会增大第一次重大抑郁发作、精神分裂症自杀企图的概率。能显著预测一般人群的寿命，预测死亡率，还会加大慢性疾病和癌症患者的发病率与死亡率。

（三）神经质的神经生物学基础

关于神经质神经生理基础的探讨始于艾森克与格雷的理论[①]。艾森克认为内脏 – 皮层环路激活阈限是决定神经质个体差异的重要神经生理基础，高神经质伴随更高的交感神经系统和边缘系统激活，因此，高神经质个体对刺激尤其是负性情绪刺激更为敏感，更容易产生较大的唤醒反应。格雷提出与人格密切相关的两个系统，即行为激活系统（behavioral activation system，BAS）和行为抑制系统（behavioral inhibition system，BIS）。BIS 包括前额叶和边缘系统，参与反应抑制、对潜在威胁进行注意定向并增强唤醒；BAS 与接近行为和奖赏有关。该理论假设高神经质个体容易激活 BIS。

基于上述两个理论，大量的实证研究探讨了神经质的外周神经活动和中枢神经活动基础。有研究发现，个体在观看情绪图片（尤其是厌恶情绪图片）时，

---

① 吕薇.人格特质、应激与身心健康 [M].西安：陕西师范大学出版总社，2017.

高神经质个体比低神经质个体表现出更大且更延迟的皮肤电反应。也有研究发现，在不同类型的应激任务中，不同神经质水平个体的应激心血管反应模式也不同。在愤怒回忆任务中，低神经质个体比高神经质个体有较小的心血管反应性（总外周血管阻力指数，TPRI），而在心算任务中，低神经质个体比高神经质个体有较大的心血管反应性（舒张压）。

另外，运用一系列心理应激任务（包括 Stmop 任务、镜画追踪任务和演讲任务，每个任务 5 分钟），研究发现，低神经质与应激中较大的心率、收缩压和舒张压反应性有关。已有研究也探讨了神经质与下丘脑－垂体－肾上腺皮质轴的关系，但目前关于神经质与 HPA 轴的关系还没有得出明确结论。研究分别从皮质醇觉醒反应（cortisol-awakening response，CAR）、皮质醇昼夜节律和急性应激下 HPA 轴活动来探究神经质与 HPA 轴的关系。有研究发现神经质与增强的 CAR 有关，也有研究发现神经质与减弱的 CAR 有关，还有的研究没有发现两者关系。皮质醇的昼夜节律现象反映了静息条件下 HPA 轴的基线活动。班达（Garda Banda）等研究发现，在醒后的 12 个小时内，高神经质个体的皮质醇分泌水平约高于低神经质组 20%，即高神经质个体有更高的基线 HPA 轴活动水平。此外，研究者在实验室急性心理应激条件下探讨神经质与 HPA 轴活动关系。有研究发现高神经质个体表现出较大的应激皮质醇反应；有研究得出相反关系，也有研究没有发现两者关系。

神经质的事件相关电位 (event-related potential，ERP) 主要探讨神经质水平对情绪加工尤其是负性情绪加工的神经反应进程的影响。高神经质组在观看负性情绪图片时，额叶和额中部晚正电位（late positive potential，LPP，刺激呈现后 300~1000ms 的波幅）的平均波幅小于低神经质组，而在观看正性和中性图片时没有发现神经质组别差异。研究也发现，在观看负性情绪图片时，个体的神经质得分与 P1，N1，P2，N2，P3 潜伏期呈负相关，与 P2 波幅呈正相关，说明高神经质个体对负性情绪信息加工速度更快、强度更大。来自脑功能成像的研究证据显示，神经质与杏仁核活动增强有关。杏仁核是多感觉通道信息输入的皮层下组织，是负性刺激（尤其是威胁信息）加工中连通自上而下和自下而上加工的枢纽。自下而上，是杏仁核与高级皮层相联系，尤其是前扣带回 (ACC) 和前额叶 (PFC)，这些脑区参与情绪认知控制、自我调节和自我参照加工；自上而下，是杏仁核与下丘脑和脑干这些参与情绪表达的脑区联系，以此整合和协调对应激刺激的行为、神经－内分泌以及自主反应。各研究较为一致地发现，神经质与增强的杏仁核活动有关。研究也发现神经质与杏仁核密切联系的脑区活动增强有关，如内侧前额叶和前扣带回。

第二节　人格、情绪对身心健康的影响

一、人格及其对身心健康的影响

（一）人格的特征表现

要理解人格特质，首先要理解什么是人格（personality）。奥尔波特认为人格是个体内部决定个体特定思想和行为的身心系统动力组织，它塑造了一个人的行为、思想和情感的独特模式。国内学者一般认为人格是个体能力、情绪、需要、动机、价值观、气质、性格等多心理特征稳定差异的体现，这使每个个体在社会生活中对己、对人、对事、对物做出反应时，表现出与他人不同的独特的心理品质，或者说人格是支持个体稳定而持久的认知、情感和行为反应模式的复杂组织，它既受个体先天遗传因素的影响，又受个体后天学习和生活经验的影响。

人格具有以下特征。

（1）人格具有统一性，包含两层含义：一是人格是反映个体认知、情感和行为交互作用的整体，其任一方面无法单独反映人格本身；二是人格是一个有机整体，其组成部分之间的变化具有制约性，一个方面的变化会牵动另一个方面的变化。

（2）人格的稳定性。这种稳定性体现在不同时间、地点或情境下，个体的人格具有一致性和持续性。个体的行为可能会在不同的情境之间自然地变化，然而个体的行为仍然具有高度的一致性，可以把这种一致性的核心要素称为个体的"本性"。换句话说，人格反映不同情境下，个体与个体之间稳定的差异。例如一个焦虑型的人，他可能在很多不同情境下（考试情境、社会场合、小组讨论等）都会表现出担忧和扰乱的状态。需要指出的是，人格的稳定性并不代表个体的人格是不可改变的，事实上，人格也具有可塑性。个体的人格也会随着个人的学习经验、生活经历等发生缓慢变化。

（3）人格的独特性。每个个体都有独特的认知、情感和行为模式，这正是每个人区别于他人、作为一个独立个体存在的关键。研究人格的独特性一直以来也是心理学探究个体差异的主要关注点。

（4）人格的复杂性。尽管人格有个性亦有共性，但是人格本身是一个复杂的心理变量。这种复杂性体现在其对个体认知、情感和行为综合系统的反映，既包含人格结构特征的复杂性，又包含人格功能特征的复杂性。

（二）人格特质及其类型

对于人格的研究，要解决的第一个问题是如何描述个体的人格差异，哪些关键特征构成了人格。人格特质的概念是人格心理学家用来描述人格差异的最基本概念，人格特质就是人格的关键特征，是构成人格的基本结构单元。如外倾性就是这样一个关键特征，它可以描述个体在人际交往的密度和数量上的差异。人格心理学家奥尔波特曾提出，特质是发起与指导人们行为的有组织的心理结构，描述了个体行为的差异，它是对行动的自然范畴的简单描述。

1. 奥尔波特的特质类型

奥尔波特认为特质是人格的结构单元，他首次对特质进行描述与分类。奥尔波特认为特质是一种潜在的反应倾向，能使个体以相同的方式反应各种不同的刺激，如焦虑特质使得人们在不同刺激情境中表现出功能上等同的反应，如社会交往活动、完成任务，甚至走路时可能都会表现出不安与紧张。特质具有相对固定的反应模式，在反应模式的频率、引发刺激情境范围与反应强度上具有稳定性。特质具有概括性，或者说特质是一种行为图式或者行为模式，驱使个体对于一组广泛的刺激或者刺激情境做出较为一致的反应。特质具有独特性，所以特质能够描述个体的人格差异。正因为个人的特质不同，相同的刺激情境会引起不同个体的不同反应。奥尔波特首先提出了两种特质：个人特质与共同特质。个人特质（individual trait）是个人所特有的特质，共同特质（common trait）是许多人共有的特质。

后来，奥尔波特将个人特质改为个人倾向（personal disposition），分为首要倾向、中心倾向及次要倾向。首要倾向（cardinal disposition）也叫显著特质（eminent trait），是一种占绝对优势的行为倾向，具有极强的渗透性，几乎个人的所有行为都受此倾向的影响。中心倾向（central disposition）也叫核心特质，是普遍性与渗透性要略弱于首要倾向的重要特质。每个人都有几个中心倾向或者核心特质。次要倾向（secondary disposition）是指描述人格特征所必要的，但不是最为关键的特质。

2. 卡特尔的 16 种人格因素

卡特尔也认为特质是构成人格的基本结构元素。他继承与发展了奥尔波特的特质分类，认为人格特质中存在着所有人共有的共同特质和个人所具有的个别特质。共同特质是一群人中各成员共有的特征，个别特质是个别个体独有的特征。进而他又提出了表面特质（surface trait）和根源特质（source trait）。表面特质是指从外部行为能直接观察到的特质，根源特质是指那些相互联系并以相同原因为基础的行为特质。

卡特尔通过因素分析方法提出了 16 种根源特质，即乐群性（A）、聪慧性（B）、稳定性（C）、恃强性（E）、兴奋性（F）、有恒性（G）、敢为性（H）、敏感性（I）、怀疑性（L）、幻想性（M）、世故性（N）、忧虑性（O）、实验性

（Q1）、独立性（Q2）、自律性（Q3）、紧张性（Q4）。16 种人格特质又可以进一步生成 5 个高阶的特质因素，包括内倾性 / 外倾性（低分者喜欢独处，高分者喜欢社交）；低焦虑 / 高焦虑（低分者面对事情平静处之，高分者易于心烦意乱）；接纳性 / 现实性（低分者对人或事的思想态度较为开放包容，高分者倾向于墨守成规）；顺从性 / 独立性（低分者牺牲自己而满足他人的愿望，高分者倾向于控制他人而不是被人左右）；缺乏约束 / 自制（低分者冲动而难以控制行为，高分者自控能力较强）[①]。

3. 艾森克特质理论

艾森克在已有特质描述的基础上，建构了自己的人格特质理论，认为人格主要由两个潜在的特质构成，即外倾性（extraversion）与神经质（nervosity）或情绪稳定性。外倾性包含乐观性、感觉寻求、活跃性、活动性、社会性等特质水平；神经质包含情绪化、喜怒无常、紧张、焦虑、抑郁、害羞、内疚感等特质水平。

后来，他又提出另外一个特质即精神质（psychoticism），包含反社会性、冲动性、攻击性、自私、冷漠、非感情性等特质水平。从不同人格类型所包含的特质水平来看，高外倾性个体更喜欢交际，注意力指向外部世界，开朗乐观；而低外倾性个体注意力指向内部、喜欢有序而安静的生活。高神经质个体常常对外在环境中的人或事表现出担忧焦虑的不平衡状态，而低神经质个体则往往情绪稳定而均衡。高精神质个体常常冷漠、迟钝、残忍。

4. 大五人格特质

图普斯和克罗斯特尔基于人格词汇分析，重新分类卡特尔的人格特质因素，获得了 5 个因素，即精力充沛、宜人性、依赖性、情绪稳定性、文化，被

---

① 吕薇．人格特质、应激与身心健康 [M]．西安：陕西师范大学出版总社，2017.

称为"大五"。考斯特和马格瑞提出人格特质是一类基本特征、动态倾向，促使个体对环境做出一致性反应。根据卡特尔16PF的因素分析和理论构想，考斯特和马格瑞提出了人格"五因素模型"（five factor mode，FFM），编制了大五人格问卷（NEO personality inventory，NEO-PI），被人们广泛接受，用于评定人格。大五人格特质包括：外倾性（extroversion）、神经质/情绪稳定性（neuroticism）、开放性（openness）、尽责性（conscientiousness）、宜人性（agreeableness），每一个人格特质还包含6个方面（facets）。

（1）外倾性。外向型的人会具有外倾性的人格特质，这一类人在人际交往过程中一般都会保持积极情绪，待人热情，也能够很好地融入集体，所以这一类人属于高外倾性群体，他们有对刺激的需求，拥有能够在与人相处的过程中获得快乐的能力。除此之外，这些个体倾向于以热情的性格向他人展现积极友好的一面，喜欢热闹的氛围，也喜欢与他人交朋友，希望通过自己带动他人拥有积极情绪；而低外倾性的人则与之相反，他们不喜欢热闹的氛围，喜欢自己一个人相处，比较封闭，对生活不积极。

（2）神经质/情绪稳定性。这一人格特质与个体的神经质水平高低有关，个体神经质水平的高低反映个体调节自身情绪的能力以及调节自身情绪稳定性的能力。神经质水平比较高的一类人属于比较敏感的性格，他们会对很多复杂的情绪产生反应，尤其是负面情绪，他们很容易就能够产生焦虑不安等不良情绪，他们不能很好地控制自身情绪，脾气较为暴躁；而神经质水平较低的人性格相对温和，自控能力也较强。

（3）开放性。具有开放性人格特质的个体在思想等各方面都比较开放，性格也比较活泼开朗，这类性格的人对所有事物都具有好奇心，喜欢探索未知的领域，敢于冒险，具有丰富的想象力。开放性高的个体不畏惧困难与挑战，喜欢自由，懂得欣赏艺术之美；而低开放性的个体性格一般比较内向，对很多事物都没有求知欲望，不喜欢未知的挑战，更倾向于稳定的环境。

（4）尽责性。拥有这一人格特质的个体依旧分为两类，一类是具有高尽责性的个体，这类人在做事时具有高度责任心，对人、对事积极负责，做事认真自信且有条理，具有坚定的意志力，对工作与生活都会有合理规划，做事不拖延，遇事冷静思考不冲动；另一类是低尽责性的个体，这类人与高尽责性的个体相反，他们缺乏应有的责任感，对生活和工作没有规划，缺乏自信。

（5）宜人性。这一人格特质反映个体对其他人的反应。宜人性的人格特质主要通过对他人的态度表现出来，宜人性高的人对其他人热情活泼，与他人真诚交往，喜欢帮助他人，不求回报，为人善良，充满爱心；相反，低宜人性的人更多关注自己本身，很少设身处地地为他人着想，不轻易相信他人，心存戒备。

目前，大量的研究表明，大五人格特质具有一定的跨文化普遍性，也具有文化的差异性。但无论怎样，外倾性、神经质/情绪稳定性、开放性、尽责性、宜人性这5个人格特质要素，已经成为人格心理学家的共识，广泛地被人格研究者所接受，成为理解与描述人格的基本概念。尽管开放性、尽责性、宜人性三个特质具有较多争议，但是也不影响用以描述与理解人格。

（三）其他人格特质

除大五人格特质之外，目前各学者的研究也关注了另外一些具有普遍性及重要影响的人格特质，其中特质情感、特质心理弹性、特质冲动性等就是被广泛关注的特质。

1.特质情感

特质情感是指个体在一个相对长的时间段内体验的情绪（过去几个月或一年），是反映个体稳定的特质情感特征。状态情绪是指在短时间内随时间波动的情绪体验，而特质情感则反映情感水平中存在的稳定的个体差异。特质情感可以分为特质消极情感与特质积极情感，特质消极情感反映个体体验消极情绪情感的一般倾向，而特质积极情感则反映个体体验积极情绪情感的一般倾向。与低特质消极情感个体相比，高特质消极情感个体在任何情境下都更倾向于体验更多的焦虑、恐惧、悲伤等；与低特质积极情感个体相比，高特质积极情感个体在任何情境下都更倾向于频繁体验快乐、热情和活力等。

2. 特质心理弹性

目前国内外对心理弹性的界定角度很多，如将心理弹性视为积极适应的结果，或是抵抗压力和逆境的动态调适过程。但越来越多学者倾向于将心理弹性视为一种能力或者特质。心理弹性是个体应对压力、挫折、创伤等消极生活事件的能力或特质。还可以将心理弹性定义为在面临压力事件时恢复和保持适应性行为的一种能力。

3. 特质冲动性

特质冲动性是一种对内外刺激做出的、不考虑对自己与他人产生负面影响的、快速无计划反应的人格倾向。这一人格特质的主要特点就是冲动性，这类个体在受到比较大的刺激时，情绪会偏向于冲动，这时的个体行为具有较大的冲动性，会受到多方面复杂因素影响，个体的行为也很难受到自身控制，个体甚至会不顾及后果而采取冲动性行为，而且这一行为的发生相当快，是临时的，并不是计划之内的。研究表明特质冲动性是各种精神与行为障碍的关键特征，与各种精神障碍和心理行为问题密切相关。因此特质冲动性受到研究者的广泛关注，成为人格特质研究中的重要论题。

此外，目前还有许多病理性人格特质也被广泛关注，如敌意、精神质、特质焦虑、特质抑郁等。有些人格障碍就是单一的病理性特质的极端化结果，如焦虑型人格障碍、偏执型人格障碍、回避型人格障碍等，而有些人格障碍表现出多种病理性人格特质。不同的病理性人格特质是各种精神障碍包括分裂型人格障碍、偏执型人格障碍、边缘型人格障碍、回避型人格障碍、焦虑型人格障碍、依赖型人格障碍、表演型人格障碍、反社会型人格障碍、冲动型人格障碍、自恋型人格障碍等的核心构成要素。

人格是一个心理组织系统，但人格组织系统必然由一些基本的核心要素或者关键特征构成，人格特质就是人格组织系统的基本构成结构。研究特质就为研究人格系统提供了一个基本框架，为描绘人格系统提供了较好图景。不能够孤立地看待特质，研究特质时要把特质放到整个人格系统中去思考。同时，大量的研究发现，不同的特质具有不同的生物学基础，不同的特质具有不同的适应与健康结果，说明特质可以被当作相对独立的人格构件来理解与研究。

（四）人格特质形成的生物因素与环境因素作用

人格特质具有稳定性，大多数人格心理学家都认为特质具有生物学基础。同样，人格特质也具有可塑性，会受到环境因素尤其是社会活动的影响。人格特质是生物学因素与环境因素交互影响的结果。目前，人格心理学对此也展开了大量研究，对于生物学因素与社会因素对人格特质形成的作用有了较为深入的理解。

1.人格特质形成的基因基础

双生子研究可以考察基因与环境对人格差异的相对贡献。环境因素可以分为家庭成员的共享环境和相对于个体独特的非共享环境。为了区分环境、基因对人格特质差异的不同效应，行为遗传学的研究者运用同卵双生子（MZ）、异卵双生子（DZ）和被收养儿童开展了大量研究，试图为人格特质差异的基因基础提供证据。

通过对英国、美国、瑞典、澳大利亚和芬兰五个国家的双生子样本研究发现，在男性中外倾性的遗传度为 54%~80%，而在女性中则是 56%~70%。所有这些研究都指出外倾性有一多半变异来自基因。另外对英国、美国明尼苏达州和得克萨斯州的三个收养研究发现，对外倾性来说，累加遗传效应占了 35%，共同环境与双生子研究的结果是相似的。收养研究和双生子研究提供的信息总体上是相似的，尽管收养研究的遗传性低于双生子研究。对于外倾性而言，随着年龄的增长，儿童与他们的生物学父母越来越相似，而不是他们的养父母。在同样环境中长大，并不能使一个人更像他们的"兄弟姐妹"或"父母"，除非有遗传关系。

一项以五因素模型为基础、对人格特质采用同伴评价方式开展的德国成人双生子人格特质研究发现，同卵双生子报告的人格特质之间的相关总是高于异卵双生子，通常高两倍。基因对人格特质的贡献是 33%~44%，共享环境的贡献几乎没有，非共享环境（独特环境）对所有人格特质的贡献都很大。

另外一项研究总结分析了双生子广义遗传率（累加的和非累加基因效应）对大五人格特质的预测，表明人格特质约有一半的变异由基因因素引起。

尽管没有研究发现特定人格特质的特异性基因，但以往的研究均表明，人格特质具有很强的遗传性，大五人格特质的基因遗传因素在不同文化（欧洲、北美和亚洲东部）样本中具有一致性。

2. 人格特质形成的神经生理基础

人格特质差异是否具有神经生理基础，研究者们对此已有了广泛探讨。研究发现神经递质（如多巴胺等）、自主神经活动、中枢神经活动与不同人格特质都有关。

外倾性反映了个体的行为趋近于社会参与。神经成像研究证实外倾性与静息态的大脑皮层活动水平正相关，与积极的或奖赏刺激反应正相关，与眶额皮层以及对奖赏信号敏感的区域活动正相关。研究还发现外倾性与较厚的前楔叶、较小的颞上回相联系。

神经质以较高的负性情绪与情绪失调为特征。神经成像研究证实神经质与厌恶或新异刺激的大脑皮层活动如杏仁核、脑岛和前扣带回等有关。神经质与内侧前额皮层神经活动的联系反映了较差的情绪调节。神经质与较厚的皮质、较小的前额叶－颞叶折叠区相联系。也有脑电图（EEG）研究发现神经质中有关退缩的特质方面与大脑额叶右侧更大的激活有关。研究发现神经质与降低的心血管活动有关，与较高水平的基线皮质醇有关，但与特定应激反应中的皮质醇增加呈负相关。分子遗传学、正电子断层技术和脑脊液研究表明，神经质与较低水平的5–羟色胺相联系，一些研究也表明神经质与更高水平的去甲肾上腺素相联系。

与其他人格特质不同，宜人性的人格特质是对他人态度的反应，宜人性人格的个体更加偏向于为他人着想，善于站在他人角度思考问题，这一类人希望通过与他人合作交流，共同进步。一项研究表明宜人性人格特质个体的性格与其大脑区域有关。研究也发现自我报告的利他主义与颞上沟后部活动呈正相关。宜人性与移情高度相关，功能性核磁成像（FMRI）研究表明，移情与内侧前额叶皮层、颞上沟等活动存在正相关。研究也报告了宜人性与较薄的前额叶皮层及较小的梭状回区相联系。

尽责性人格个体会更多为他人着想，这一人格特质与大脑区域有关，研究表明大脑区域的分布对个体情绪的状态具有一定影响，比如，此项研究中，大脑的外侧前额叶皮层的额中回活动就是其中一个影响因素，尽责性与较厚的前额皮层和较小的前额叶及折叠区域相联系。

开放性智力反映了对抽象和智力信息的参与、对审美和感官信息的参与与注意功能和对复杂信息加工的能力密切相关。研究认为前额叶皮层、左侧额叶和后内侧额叶皮层与开放性有关。另外，多巴胺与开放性的联系可能是通过多巴胺影响前额叶皮层功能来实现的。开放性与较薄的前额皮层和较大的前额叶与顶叶折叠区相联系。

另外，还有研究发现，高特质积极情感个体，其在静息状态下，左侧前额叶皮层激活程度大于右侧前额叶皮层激活程度。进一步研究发现，特质积极情感主要与静息状态下左侧前额叶皮层激活有关，而特质消极情感则主要与静息状态下右侧前额叶皮层激活有关。多巴胺系统也在左侧前额叶皮层激活和特质积极情感个体差异中扮演着重要角色。

研究发现，特质冲动性与自主神经活动有关，特质冲动个体可能有更高的交感激活。同时，研究发现特质冲动性与腹内侧前额叶皮层（ventro medial prefrontal cortex, VMPFC）与背侧杏仁核（dorsal amygdala）激活呈负相关。在难度高的延迟折扣任务中，高冲动性与较低的背外侧前额叶皮层（lateral prefrontal cortex, LPFC）激活相联系。

综上所述，已有对大五人格特质以及其他特质如特质情感、特质冲动性等开展的系列神经生理学研究，尽管研究结论不一致，但是不同的人格特质具有不同的神经生理基础的假设已经被广泛接受，也促使研究者进一步推进相关问题的深入探讨。

3. 基因与环境对人格特质的交互影响

人格特质是一个人稳定的行为反应或者行为方式，这种行为方式具有跨情境的一致性，才构成了特质。毫无疑问，人格特质具有很强的生物学基础，但是并不意味着环境在人格特质的形成中不起作用，探讨基因对人格特质影响的双生子研究已经对此做了回答。人格特质是基因与环境交互作用的结果，环境在特质的形成中也具有非常重要的作用。

基因与环境共同塑造了人的神经生理，包括大脑的活动过程，而人的行为反应尤其是稳定行为方式或者习惯是在神经生理活动过程的调节与支配下实现的。无论是体现健全人格的复杂社会行为，还是体现人格障碍的问题行为与异常行为，最终都是基因与环境共同塑造的神经生理过程支配下实现的直接行为、间接行为、学习行为改变的结果。

简单地讲，人格特质就是一组相关联的行为方式，此种相关联的行为方式的神经生理基础一方面由基因确定，基因确定了中枢与自主神经活动的功能特征，决定了神经生物学活动过程；另一方面，环境因素也会对中枢与自主神经活动的功能特征以及神经生物学活动过程施加有力影响，尤其是一些重要的特异化微观环境因素，如父母教养方式、父母婚姻质量，包括养育质量等都会对个体神经生理过程与功能产生重要影响。实际上，由基因所确定最初的生物学倾向（神经活动特征）决定了个体行为倾向，而后天所有的生活事件包括行为活动都会构成一种力量，改变由基因所确定的神经生理活动功能，从而改变人的行为方式，使得个体形成某一种稳定的行为方式，即人格特质。

二、情绪及其对身心健康的影响

在生活中，情绪是人心理状态的晴雨表，反映着人们对外在事物的认识和体验。无论是大喜过望，还是悲伤失望；是忐忑不安、紧张焦虑，还是心平气和、心静如水，人们都在体验着各种各样的情绪。正确认识情绪，学习管理、调适情绪的方法无疑对人们的学习、生活和心理发展大有裨益。

（一）情绪的类别划分

情绪是指人们对客观事物的态度体验，是个人需要得到满足与否的反映，渗透于人的一切活动中。情绪与认识不同，它是以个人的愿望和需要为中介的活动。如果客观事物或情境与个人的需要和愿望相符合，就能使人产生积极、肯定的情绪；反之，如果客观事物或情境与个人的需要和愿望相违背，就会让人产生消极、否定的情绪。

我国古代将情绪分为"六情"，即喜、怒、哀、乐、爱、恶。近代常把快乐、愤怒、悲哀、恐惧列为情绪的基本形式，在以上四种基本情绪之上，可以派生出众多的复杂情绪，如厌恶、羞耻、悔恨、嫉妒、喜欢、同情等。

1. 按照情绪的性质划分

20世纪60年代末，美国心理学家普拉切克提出情绪具有强度、相似性和两极性三个维量，并用一个倒置的锥体说明三个维度，如图2-1所示[①]。

图2-1　普拉切克情绪三维模型

通过倒置的椎体来表现三个维度，其中，图中椎体的每一面都代表一种情绪，最上面的截面是八种情绪，而侧面的截面都是上面八种截面情绪所对应的情绪程度，每种情绪都是自上而下，由强到弱，比如，悲痛这一情绪中，由强到弱为悲痛、哀伤、忧郁。除此之外，这个椎体截面互相紧邻的情绪是差不多的，两个互为对角的截面的情绪是相反的，所以各个截面组成的椎体，其形成的中心区域的情绪是相冲突的，从图中可以看出，不同情绪之间，有些是相似的，有些是互相对立的。

①　张宏如，王雪峰.拓展训练的理论与实务[M].北京：企业管理出版社，2007.

2. 按照情绪的状态划分

情绪状态是指在某种事件或情境的影响下，在一定时间内所产生的某种情绪，其中典型的情绪状态有心境、激情和应激三种。

（1）心境。心境是一种能将一切其他体验和活动都染上情绪色彩的情绪状态。心境具有感染性，且平稳而持久。当人处于某种心境时，会以同样的情绪体验看待周围事物。例如，人伤感时会见花落泪，对月伤怀。平稳的心境可持续几个小时、几周或几个月，甚至一年以上。

（2）激情。激情是一种爆发快、强烈而短暂的情绪体验。例如，在突如其来的外在刺激作用下，人会产生勃然大怒、暴跳如雷、欣喜若狂等情绪反应。在这样的激情状态下，人的外部行为表现比较明显，生理的唤醒程度也较高，因而很容易失去理智，甚至做出不顾一切的鲁莽行为。因此，在激情状态下，要注意调控自己的情绪，以避免冲动行为。

（3）应激。应激是出乎意料的紧张状态所引起的情绪状态。在突如其来的或十分危险的条件下，必须迅速地、几乎没有选择余地地做出决定的时刻，容易出现应激状态。当人面临危险或突发事件时，人的身心会处于高度紧张状态，引发一系列生理反应，如肌肉紧张、心率加快、呼吸变快、血压升高、血糖增高等。在应激状态下，人可能有两种表现：一种是目瞪口呆，手足无措，陷入一片混乱之中；一种是头脑清醒，急中生智，动作准确，行动有力，及时摆脱困境。情绪不是一成不变的，每个人的情绪有所相同但又会有所不同，因为每个人的性格不同，每个人面对的事以及所处的环境也不同，所以相应的情绪也不同。

（二）情绪的具体功能

情绪不仅能反映个体的状态，也能对个体产生一定影响，还能为个体的生存发展带来积极作用。

（1）调节情绪的功能。情绪有很多种，同一种情绪又可以根据情绪程度的强弱来划分，不同等级的情绪能够推动个体更好地适应生活环境。通过个体的自我情绪来调节对他人的情绪，例如，当个体犯错时，害怕与羞愧会促使个体承认自身错误，以消除自身害怕和羞愧的情绪。因此，很多情绪并不是独立存在和发生的，很多时候，情绪之间的互相调节也能够调控社会个体之间的互动，让个体更好地适应社会环境。

（2）调节生理活动的功能。很多情绪的发生会导致个体生理活动发生变化，比如，当个体处于愤怒的情绪状态时，个体的很多生理反应不受控制，血压极速升高，呼吸急促等。情绪的合理调节能够适当地改变这一状况，掌握良好控制情绪的能力能够通过控制情绪来调节生理变化。

（3）传递信息的功能。情绪不仅是情感的表达，还能够传递个体的想法，他人能够从不同情绪中判断个体的想法，了解个体想要传递的信息，比如，个体对他人微笑是表示对他人的尊敬或者认同。

（三）情绪对身心健康的直接影响

情绪是表达感情的方式，对个体也有一定影响，尤其是对个体的身心健康发展至关重要。良好的情绪状态能够让个体处于轻松欢快的环境，没有太大的压力，对生活持乐观、积极向上的态度。反之，受消极情绪影响，个体会长期处于紧张、焦虑、抑郁和恐惧状态中，人体免疫力会有所下降，易患各种慢性疾病和传染性疾病，还可能出现内分泌失调。突然而强烈的不良情绪会破坏大脑皮层兴奋和抑制的平衡，使人意识范围变窄、记忆力减退，甚至失去自制力和理智。

第三节　潜能激发对身心健康发展的促进作用

人在很多方面具有较多潜能，其中最主要的有以下四个方面。第一个方面是由素质和内驱力组成的高度积极的精神力量，叫作创造意识。第二个方面为联想，就像巴甫洛夫所说"主观现象间的联系"。并且人们在联想时，实际上所产生的生理学变化符合大脑各皮层间道路的接通这一事实依据，而之后这种基于心理上的主观变化和身体上的客观变化就会相互接触，从而产生一种联想，人们可以通过联想来发挥自身更大的潜能。第三个方面是凝神。人们在凝神时，可以使身心得到完全放松，使自己的意识状态得到改变，同时也可以减少受到应激反应的影响，从而提高自己的意识。第四个方面是意念。意念可以使病人从心理上战胜和克服疾病。综上所述，以上关于人类潜能方面的描述还会随着今后科技水平和社会发展而越来越多地被人们所发现和利用。

接下来就详细阐述潜能激发对身心健康发展的影响。

第一，要想使创造性思维得到更好的发展，就必须建立在身心健康的基础上。所谓的创造性思维，是指人们在高度积极的精神力量和内驱力指使下，充分结合以往的经验和现成的资料，思考和想象一些亟待解决的问题，通过高度集中的注意力将其解决。这一特点往往应用于新产品的开发和文学作品的创作，以及科学领域的探究和发现。整个思维性创造过程是较为繁重的脑力劳动，因此必须要有健康的身心做基础。同时，创作本身是周期性长、需要较强毅力的工作，必须具有不怕困难、愈挫愈勇的精神，并善于发现事物的本质和其内在的一些关系。在创作过程中，为了使自己的思维较长时间保持在较为活跃的状态，就需要注意力高度集中[①]。

第二，在实践中要想发挥出较高的技术水平，就要保持良好积极的心态。好的心态能够提高人们的积极性，从而也会提高工作效率，使人们能够更好地战胜困难。相反，负面的消极情绪同样会使人们的学习和生活受到影响。例如，一些原本学习十分优异的学生面对考试时，往往由于没有调整好心态，而导致最终考试失利，这就是消极情绪所带来的对学习、工作方面的影响，它甚至会左右整个事情的结果走向。情绪商数所研究的就是情绪如何左右正常技能发挥的问题，人们通过较长时间研究后发现，在解决和处理问题时，人们所发挥出来的创造才能以及自身出色的技能等，不仅受到智商高低的限制，也会被情绪所左右。研究人员研究这一问题的研究时，综合考虑了情绪对人们的控制水平、人际关系、意志力、忍耐性以及适应能力等多个方面的影响，并通过调查研究社会上的一些成功人士后发现，其往往拥有较高的情绪商数。通常情况下，应激反应是能够导致人们产生严重危害性心理生理变化的重要因素，将近一半的疾病和情绪变化有关。因此，这就是医生往往会让病人保持积极乐观情绪来应对病情的原因。

第三，要了解个人在群体中所受到的群体意识和心理影响。一个较好的学习氛围和环境可以对一个人的发展起到积极作用。在与他人相处时，能够不断地学习对方身上的优点来弥补自己的短板，使自己置身于轻松的氛围中，从而更大程度地挖掘自身的潜能及发展创造空间。

综上所述，只有个体拥有积极良好的个性，才能够更好地融入周围环境中，可以使自身需求得到满足、目标得以实现，甚至治愈好身体疾病、使生活更加美好，在一点点的进步中逐渐地开发自身潜能。

---

① 李珂.暗示教育对学生潜能开发的作用探析 [D]. 开封：河南大学，2009：11-26.

第三章　潜能的暗示与自我激发

暗示是一个心理过程，自我暗示是调整状态的一种方法。自我暗示可以激发自身潜力。本章论述暗示与暗示教育理论、潜能开发中存在的问题、自我激发潜能的心理训练方法、潜能开发中暗示教育方法。

第一节　暗示与暗示教育理论分析

一、暗示理论分析

（一）暗示的含义与功能

1.暗示的基本含义

暗示是通过间接手段对他人产生影响，通常具有目的性。通过表情、语言、手势、符号或某种行动，在不产生对抗力的前提下影响他人，使其接受自身传达的观点，用间接的方式促使他人按照指示行动。

暗示具有多重含义，从性质上可以分为两种含义：积极暗示和消极暗示。二者的区别在于对意见的接受选择上，积极暗示是不加分辨全盘接受；消极暗示则与之相反，是不论意见是否正确，都拒绝接受。

从形式上划分，有自我暗示和一般暗示两种不同含义。言语暗示是暗示的最主要手段，除此之外还可以采用表情、暗号或者理疗及药物等手段。

暗示具有一定特征，与刺激是被包括关系，也就是说暗示属于刺激的一种，但刺激并不都是暗示，暗示是能够引起被影响者反应的刺激。与之类似的模仿是做出与他人一致的外在行动，感染是情绪在人与人间的传播，而暗示是一种提示，不需要说服他人，更不需要讲道理，只需要采取直接或间接的手段提示被暗示者。

2. 暗示的基本功能

第一，启发思路，引起共鸣。暗示所采用的语言方式往往具有显隐并行的特征，在特定的语境中就形成了提示作用，所传达的内容能够被受暗示者感知到，并且引发其探究欲望，深入了解言语背后所蕴藏的观点，在此期间受暗示者就会潜移默化地受到影响，在探究和掌握暗示观点的过程中接受暗示所传达的内容，从心理上认同其价值核心。暗示的影响力在于其强大的感染力，让被暗示者发自内心地接受暗示所传递的观点。

第二，培养感情，激发动力。为了唤起受暗示者的共鸣，需要描绘生动的画面或相关情景来营造暗示氛围，使其感同身受，在拉近二者距离的同时，也做到了移情。暗示是非常好的传情达意手段，其艺术感染力和言语说服力成为教学可以借鉴的新尝试，暗示可以赋予教学更深厚的情感和艺术，更易于教师与学生进行交流，在教学中受到广泛欢迎。暗示具有非常显著的优势，在于引导被暗示者主动探寻，而并非令其被动接受。

种种暗示，调动了学生的兴趣，使学生更乐于参与到学习中，提高学习的积极性，主动开动脑筋，无形中使个人的潜能得到开发。学习效率的提高，又使学生体验到成功的喜悦，由此强化学习的愉悦感，这种情感又转化为学习的动机。这种"潜在的学习需求"和"现实的学习能力"间的互相转化所形成的良性循环，为学生潜能的开发提供了捷径。

（二）暗示的类型划分

直接暗示是采用直接提供观点或有关某事物的意义给被暗示者的方法，能够令被暗示者快速无意识地接受观点。直接暗示一般采取直陈式说明，特点在于"直接"。例如实验者将"装有味道恶臭的气体"的意义提供给学生，学生便迅速而无意识地接受，这就是直接暗示的效应。

间接暗示是采用中介来间接地为受暗示者提供观点或意义，是暗示的最主要手段。间接暗示同样可以做到将观点迅速传递给受暗示者，令其无意识地接受。间接暗示比直接暗示更能降低受暗示者的抗拒心理，观点是自己探索而来，并没有意识被输入的感觉，反而对人的控制作用更强。

反暗示是外界刺激的结果引起了相反反应。反暗示现象正好表明了具体个体对暗示的抵抗程度。

自我暗示是指透过五种感官元素给予自己心理暗示或刺激，其是人的心理活动中意识思想的发生部分与潜意识的行动部分之间的沟通媒介。

二、暗示教育的分析

暗示在教育中是非常重要的存在，可以说是教育活动不可或缺的一部分。教师对学生传输观点和知识时，起作用的不仅是表面说出的字句，还有在此过程中产生重要作用的其他因素，比如表情、姿态、语调、动作等，学生所接收的信息是对包括环境在内的所有因素的整体感知。

有意暗示和无意暗示在教育中是完全不同的存在，无意暗示是自然存在的影响因素，应归为环境等客观因素，而有意暗示才是有效的教育手段，即教育性暗示。教育性暗示就是在不使学生产生逆反心理的前提下，对其使用暗示手段传递信息，传达通常是教师利用间接方式进行，对学生产生多方面的积极影响，这些暗示的教学手段都需要经过前期的精心设计。

（一）暗示教育的原则与特点

1. 暗示教育的原则

暗示教育的原则，如图 3-1 所示[①]。

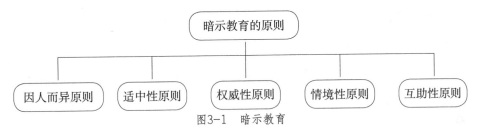

图3-1　暗示教育

（1）因人而异原则。暗示教育的主体是学生，而每个学生对教学环境、教师言行、兴趣爱好、教材内容等都会表现出不同的心理特点。暗示教育是有意识地对学生进行针对性暗示。教师在进行暗示教育前，需要对学生的状况进行全面了解，包括身体健康和心理状况以及学生之间的个体差异等，还要注重学生潜能激发。只有深入了解学生情况，才能针对性地制订适合的暗示教学方案，得到理想的教学效果。

（2）适中性原则。由于暗示教育具有含蓄性，因此，教师运用暗示与学生沟通时，要把握分寸，将信息分类组合优化输出，才能达到理想的效果，暗示教育不仅能将信息有效传递给学生，还能对学生的心理产生影响，对师生交流有积极意义。暗示教育的隐匿性和感染力能够对学生产生强大影响，因此暗示教育的作用原理之间具有一定的关联性。

（3）权威性原则。暗示教育的有效性高低与暗示者在受暗示者心中的地位有关，受暗示者是否信服暗示者是暗示教育成功与否的重要决定因素。这就是

---

① 李珂 . 暗示教育对学生潜能开发的作用探析 [D]. 开封：河南大学，2009：11-26.

暗示者的权威性，权威性来源于教师的自身素质、知识面和相关领域的专业度等方面。教学中教师必须要严于律己，保持良好的状态和自我角色的高度认知，才能保证暗示教育的效果。

为人师表是教师职业的标准，因为教师的一言一行都能对学生产生影响，教师还应该不断学习，提升教学能力和专业知识的累积量，为学生树立良好的榜样，在教学活动中起到标杆作用。教师还要注意培养与学生之间的感情，在进行暗示教学时要从积极角度出发，尊重学生的个体差异和人格，让学生感受到教师带来的安全感，值得信任的教师才能得到学生同样的情感对待，这样暗示教育的实施才能更加顺利而有效。

（4）情境性原则。暗示是在一定情境下进行的，相应的教育环境对暗示至关重要。要想提高暗示教育的效果，就必须创造良好的暗示教育环境。同时，运用暗示信息与学生沟通时，只有教师和学生掌握统一的术语水平系统，才能达到暗示教育的效果，学生才能接受、领会。因此，学校应努力为学生创设良好的学习情境和具有规律性的生活环境，使学生置身于良好的环境氛围之中，良好的情境本身也是一种暗示教育。

（5）互助性原则。暗示并非是教学的全部手段，直接明确的理念传达和学业指导是教学必须使用的手段，这对于未曾涉世的学生而言非常重要，因为学生正处于渴求知识、勇于探索的阶段，直陈式的教育适用于学生的大部分学习需求。暗示教育则适用于部分知识或能力的传播方面，能为学生带去更好的影响。

2.暗示教育的特点

暗示教育的特点，如图 3-2 所示。

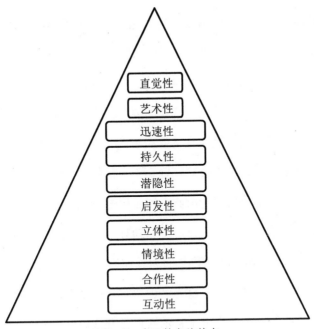

图3-2　暗示教育的特点

（1）直觉性和艺术性。暗示教育的艺术感染力强，多采用直觉的手段发挥影响力，给人以情感体验和美的享受，能够通过受暗示者的直觉思维迅速植入信息，达到信息传达的教育目的。随着学生天长日久地被感染，暗示教育逐渐影响到学生的各方面，成为学生行为和内心准则的标尺，助力学生的个人品质、理想、信念、思维逻辑符合社会的客观要求。个人素质及行为习惯具有稳定性，难以被改变，因此暗示教育对学生具有长远意义。

（2）迅速性和持久性。从影响效果的角度来说，暗示教育具有持久性。因为一个细微的暗示往往会产生常规教育中需要花大量精力才能达到的效果。

（3）潜隐性。它是暗示教育的重要特点，接受暗示教育的学生正处于逆反心理较强的阶段，对于道理的接受程度和说教的接受程度都不高，具有心理上的反感，对教育的对抗使学生能接收到的有效内容大幅度降低。因此暗示教育的潜藏性和含蓄性就成为青少年教育有效的优势因素，使学生在无意识中受到熏陶，并获取教师所传导的理念。

（4）启发性。上文提到暗示教育的潜隐性，决定了其同时拥有的启发性作用。简单地说就是教授给学生方法，引导其探寻知识，培养学生学习的能力，这也是教育的真谛，"授人以鱼不如授人以渔"。同理，教给学生知识不如教会学生如何获取和掌握知识，就是在教学时要先激发学生的学习欲望，引导学生思考。暗示教育所具有的启发性意义就在于此，相较于答案的给予，更重要的在于拓展学生思维，鼓励学生合理怀疑，不迷信权威，培养学生敢于质疑、勇于求证的科学精神，学生的潜能由此也得到更充分的发掘。

（5）立体性和情境性。凡来自环境、地理、社会、家庭的刺激，都是对于整个人的活动发生作用的"酵素"，因为其作用于人的心理。来自周围环境的信息通过人的眼、耳、鼻、舌、身等多种感官从多个方面、多条渠道影响着人们，这种立体化的信息途径决定了暗示教育具有立体性。

暗示的立体性要求暗示教育具有情境性，即要求教师在学生周围设置特定情景，统一协调多种信息，进而形成特定的教育氛围，对学生的心理产生积极影响，使学生的心理与教育内容协调一致，形成理性与非理性的高度统一。

（6）合作性和互动性。在教育中，教师不应紧紧固守教师高高在上的权威地位，而应该以民主、平等的心态与学生交往，这样才能真正了解学生的思想，才能有师生心灵间真正的沟通与交流。

具有互动性和合作性的师生关系也有不同类型，可细分为以下几种不同情况：一是具有共识的即时性关系，教师与学生能够在原则上和教学原理中达成一致，师生有共鸣，教师能够积极地开发学生潜能；二是具有共识但有延时性的关系，一方（教师）对沟通交往的内容具有明确的定义和深入认识，但另一方（学生）则需要用一段时间来消化；三是无共识的交往关系，这种关系的交互性较差，双方观点各异，达成共识的难度较高。具有共识的交往能够引发师生的共鸣，形成顺畅的、完成度高的教学关系，完成度最高的具有共识的即时性师生交往关系也具有一定弊端，它限制了学生的思考，师生关系容易形成单向的知识传输，并非是完全意义上的暗示教育。

暗示教育是即时的共识性交往与延时的共识性交往的有机统一。同时，在教育实践中，要允许非共识性交往的存在，教师对学生与自己想法有差异但又有一定道理的观点，应该允许其存在，不能直接纳入是非对错的二值判断中。若教师始终以一把对错的尺子去"裁剪"学生合理的、发散性的思维，久而久之就压制了学生的创造和探索精神。暗示教育是在师生互动与合作基础上的教学相长，只有承认三种交往关系的合理性，才能有真正的暗示教育。

（二）暗示教育的主要功能

1. 愉悦功能

暗示教育强调教育的艺术性，艺术的使用会产生情感因素，而艺术的情感大多是愉快的。暗示教育的重要原则之一就是愉快，其要求学习过程保持愉快、自由，使学生感到学习的每一分钟都是享受，教室里始终充满了乐趣、欢快、轻松和舒适的气氛。在教学中，教师的妙语连珠、体态情趣、故错解颐等，都是有效地消除疲劳、使学生乐学的"推动剂"。

2. 激励与导向功能

语言是人在社会生活中使用最多的信号，也是暗示教育采用的主要手段。运用语言进行暗示教育要把握分寸，讲究暗示语言的艺术。该功能需要注意的内容包括以下几点。①注意暗示语言的准确性和明确性，做到言简意赅。②注意暗示语言的语气、语调。暗示教育采用含蓄、间接的方式和手段来传递信息，因此，课堂气氛是轻松的，学生的精神是愉悦的，师生关系融洽和谐。在这种气氛下，学生的兴趣、动机被激发出来，学习的积极性被调动起来，作为能动性的潜能有了施展空间。

　　暗示教育的激励功能，源于激发学生主动学习的动机。学习动机是学生学习的内驱力，它促使学生奋发向上，使教育内容等对学生有强大的吸引力和推动力。在富有激励作用的教育下，教学目标才能顺利达成。

　　在暗示教育施行中，虽然教师不直接地、明确地表明自己的想法或意思，但是每个暗示信息都是有意的提示，学生会从教师含蓄、间接的言语和举动中领悟到教师真诚的期待，从而使自己的思想和行为与教师的期望相一致。所以，暗示教育具有明显的导向功能。

　　3. 协调与移情功能

　　为了发展学生的认知水平，可使学生在认知过程中运用逻辑思维对信息进行判断、推理、分析。而暗示教育则注重对意识心理倾向和无意识心理倾向的激发，所以能使教学活动中学生的理智和情感、智力和非智力因素获得同步发展。

　　暗示教育必须有情感因素的参与。爱是暗示的升华，也是暗示的超越。一切暗示都离不开爱。因此，暗示教育强调理智和情感的统一，具有全面的教育功能和潜移默化的情感陶冶功能。生动活泼的教学气氛、和谐的师生关系、教师出色的课堂表演、双向的师生交流，都是渗透思想感情的教育，都起到潜移默化的作用，并且起到持久的美育效果，因而能给学生留下深刻的印象。

　　暗示教育的移情功能，源于教师对学生的积极期待和真诚关爱，有赖于教师高超的心理沟通和调控艺术，需要教师掌握不露痕迹的暗示教育技巧，妙在悄无声息地淡化教育的痕迹。

　　"换位思考"或"移情理解"，其实际含义就是教师置身于学生的立场上考察或认识学生的所想、所为，教师如果可以随时对学生做出"移情理解"，那么师生关系自然是和谐良好的。更为重要的是，教师"无为"的现象背后都是"有为"的悉心设计，但是却没有任何斧凿痕迹，给人以"无为"的自然感觉，让学生在潜移默化中受到深刻教育。

（三）暗示教育效果的影响因素

第一，暗示来源。暗示来源对于暗示教育效果的影响是直接的，暗示来源通常是教师，而教师在教育过程中直接面向学生，教师的个人及职业影响力对于学生而言都有十分重要的作用。个人影响力即非职业影响力，与教师个体的能力、人格、知识以及与人的关系等方面有关；职业影响力与教师本职有关。

第二，学生个人状况。暗示教育起效的重要前提是学生无对抗，在此基础上学生需要对暗示内容有兴趣，才能够顺利接收暗示教育的内容。学生的个人生理状况和心理状况对于暗示教育能否达成预期效果有很大影响，教师在暗示教育中应当了解学生的具体情况，要先培养良好的师生关系，再采取适合的方法开展教学。

第三，暗示教育内容的价值和强度。信息的价值和强度对于暗示教育能否达到预期值具有重要作用，信息的价值能够通过权威渠道的印证提升可信度，如科研成果、名人名言以及书籍典故等，教师可以在教学中灵活引用，从而提升教育内容的价值，由此提高教育效果。

第四，场景、氛围。良好的场景和氛围能对暗示内容的传达起到加成作用，能带给学生安全感，有效消除学生的抵触心理，增强暗示内容的感染力，有助于教师通过轻松愉悦的氛围引导学生思考。因此情景的营造是暗示教育的重要环节，需要教师加以关注。

三、暗示与潜能开发关系分析

（一）心理学分析

从心理学的角度而言，暗示是个体所固有的普遍心理现象，是根据动物对外界刺激反应的条件反射中引申而来的心理规律，是指人与环境之间、人与人之间未意识到的外来刺激的影响作用。在暗示教育中，教师的言行、组织的活动都会产生暗示作用，使学生在无意中受到某种信息的暗示，进而将这种影响实现于行为实践中。

可暗示性是指大脑接受暗示并受其影响，使观念现实化为行动。人在放松且无对抗状态下，可暗示性和有意识的判断能力同时出现。因此，当个人意识到暗示行为存在，而且对它采取积极配合的态度时，有助于增加学习的效率。

环境是暗示的重要来源。暗示可以由人施予，也可由环境施授。暗示可以采取言语形式，也可以用手势、表情、体态及其他暗号等方式，而环境是暗示信息的重要来源。教室的环境、标语以及教师的体态语和态度都是影响学生学习的重要因素。

虽然现代人提倡终身学习，但大部分脑细胞的潜能都未得到发挥。其中有两个重要原因，一是学习者低估自身能力，二是教育方法不恰当。这两个原因导致了学生学习中的心理障碍。想要提升学习效率，需要师生共同努力，注重双方和谐关系的建立，一起创造优质的学习环境，消除二者的隔阂，使学习成为教学双方的良好互动和沟通。

人脑的两个半球为暗示教育提供了有效的心理学依据，人脑的两个半球分工有所区别，存在互补关系。大脑具有潜能是公认的，对潜能利用的不充分对社会和人类而言都是极大的浪费，这也正是暗示教育所需要解决的问题，暗示教育是通过无意识的手段来促进教育目标达成的教育方法，暗示教育能够激发使用率较低的脑区，使整个大脑保持协调，更好地发挥作用，从而提升学习效率。因此教师采用积极暗示的方法辅助教学，可以消除学生的紧张心理，促使学生更好地理解教学内容，对学生的学习情绪有提振作用，还能降低学生的用脑疲劳。

（二）教育学分析

从教育学的角度看，暗示教育能够激发学生自主学习的动力，主要通过建立无意识心理倾向完成，能够帮助学生发展，激发其潜能，从而完成学生想象力和创造力的建构，培养其解决问题的能力。

学校教育不仅仅只有明示教育的单一引导，学生处于学校中，无意识的影响也潜移默化地对学生的观念和行为产生着作用，其中就包括暗示教育。从暗示教育的角度看，对人的潜能教育有如下理论。一是显意识与潜意识的协同性对潜能向工作效率的转化有决定意义，二者协同一致能够促进学习和工作效率的大幅提升，反之则效率大幅度下降。在潜意识教育不足时，教师需要激发学生的潜意识，引导其转向学习内容，配合显意识共同作用，提高学生的整体学习效率。二是暗示教育就是为了达到高效学习的目的，激发学生个人潜能。三是教师的暗示，激发学生潜意识，有利于学生吸收和理解信息。由此可知暗示教育完成的潜能开发方式是学生的无意识心理活动，即暗示教育的教学理念。

人脑的潜能是可以被无限激发的，教师在此种观念的基础上开展教学，能够灵活运用暗示教育，结合客观实际和学生情况制订教学计划，利用学生的无意识心理活动完成对其潜在情感的影响，促进学生心理上和行为上的正向发展，从而完成教学目标。

教师和学生作为暗示教育中的两个重要角色，教师是暗示者，扮演信息输出和潜能激发的角色，学生作为被暗示者，扮演着信息接收和潜能被激发的角色，这种潜移默化的影响方式就是暗示现象的基础，即无意识心理倾向。激发潜能于无意识当中最易被受暗示者所接受，其中包含着情感、期望、需要等感性因素，内心情感产生共鸣能够促进信息接受度的提升，唤起内心情感是主动接收信息并吸收的积极前提，对于被暗示者具有良好的教育促进作用。但不能忽略暗示教育的消极作用，为防止消极作用的出现，教师应在教学计划的制订和教学实践中避免消极因素产生作用，促进积极因素发挥作用，营造良好的教学氛围。

明示教育与暗示教育在学校中是并行不悖的，起着智育化作用的明示教育和起着情感化作用的暗示教育都对学生有说服力，应将二者有机结合，共同参与到教学当中。暗示教育的情感说服力激发学生学习兴趣，明示教育的智育说服力完成内容教育，二者相辅相成，促使教学目标顺利完成，也能有效提高学生的学习效率。

第二节 潜能开发中存在的问题

近些年，学生潜能开发已经成为教育界的重要研究课题。据研究，人类的多元智能种类繁多，涵盖了语言、数理逻辑、触觉运动、视觉、听觉、交际、自省、观察等多个方面。由于个体不同，呈现出的多元智能不尽相同，而且组合智能的情况也多种多样。所以，教师开发学生潜能特质要根据学生个体特点制订不同的智能开启模式，扬长避短、趋利避害，使之全面综合发展。目前人们研究的潜能开发理论能够为人们提高潜能认知水平奠定理论基础。所以，在学校教师中普及智能开发理论，使教师掌握潜能开发基本理论知识，对学生的教育培养将有很大裨益。

一、潜能开发中实践方面的问题

在实践中，我国教师也十分关注学生的智力开发，开展了一些专业课题研究。而且学校根据教学目标的调整、教育制度的改革等任务，开始着手研究学生潜能开发项目。随着人们对教育工作重视程度的提高，学校和家长对潜能发展和研究的关注度与日俱增。教学中的潜能开发实践也为学生潜能开发和培养提供了可靠素材，有利于学校进一步全面开展学生潜能研究[1]。

但是，有些学校对学生潜能开发的重视程度还不够，有重口号、轻实践的现象，没有将潜能教育理念完全渗透到教学过程中。教师的主观观点可能会埋没学生的潜能，由于教师没有实施正确的培养和引导，导致学生错失发

---

[1] 李珂.暗示教育对学生潜能开发的作用探析[D].开封：河南大学，2009：11-26.

展的良机。

因此，在教师的观念和行动中，对学生潜能的忽视会影响学生自身的观念和行为，使学生潜能开发工作在教育教学中难以开展和实施。

二、学生潜能开发的问题

在教育改革的历程中，教育观念、方式、内容、教材等方面都发生了转变，这些变化促使学校发展空间更为广阔，学生的学习生活更加丰富多彩，受到的硬性约束、负担变轻，学生的个性得到自由发挥，潜能开发效果更加明显。当前，虽然学校教育工作已经开始重视学生的个性发展和潜能开发。但是在摸索前进的道路上，结合教学教育实际，仍然存在以下几方面的问题。

（一）教学内容丰富性、综合性有待提升

1. 课堂的知识量无法满足现代的学生

随着网络技术的发展，学生每时每刻都在接受着新鲜事物，教室作为学校教学的主要场所，教师每天都会在教室中讲解教材知识。由于教材内容存在信息滞后的不足，导致学生在课堂上无法得到知识满足。

2. 学校和家长过于看重文化知识的学习

为了符合国家的相关规定，学校设置各年级课程时，虽然安排了文艺、体育等课程，但忽略了正确的实施方法，导致学生仅限于知识学习，自由支配时间少，课外学习少，也就对自身的课外发展缺少规划和想法，缺少实践操作课程。

学校与家长的极端行为包括以下几点。①早期智力开发过度。随着现代人生活水平的不断提高，家长十分重视优生优育，对孩子早期智力开发着手较早，投入较多。客观来说，虽然提前开展认知能力培养有些成效，但是过度

追求早教，会对儿童后期发育和智力潜能开发产生不良影响，这些都是学校和家庭急于求成的结果。有些低年级学生很早就超前学习高年级课程，家长们也希望孩子能够赢在起跑线上，走在前列。甚至一些家长给孩子报了很多补习班和早教班，这无疑加重了学生的学习压力，使其对学习产生不小的心理负担。②学生智育开发过度。在"智育第一"思想下，学校与家长对学生进行知识灌输，过度追求学生成绩，掩盖了其许多发展的可能性。③才艺培养过度。学校和家长容易走入过度培养学生才艺的误区，认为学生才艺特长的开发和培养依赖于自身的条件以及用途合理的学习和训练。二者都在忽视学生自身条件和兴趣爱好的情况下，强制要求其学习某项技能，造成学生的逆反心理，使其产生抵触情绪。同时，大量的特长班学习，使得学生身心疲惫，对其发展造成不利影响。

多数学生认为课堂教学以知识、智力开发作为潜能开发的主要方面。学生对学校教育、潜能教育的开发都非常信任。但是智力开发如果占据了很多时间精力，就会减少其他特性潜能的发展，对于学生发展具有局限作用。一部分学生喜欢开发想象力、交流、表达能力等潜力，希望学校侧重这些素质培养。所以，目前学校中的学生已经具有了更高的学习需求，自身发展要求提到了更高层次，不仅要求提高智力水平，提升其综合能力和素质培养也迫在眉睫。

（二）课堂内外延伸不足

在教学实践中，教师苦于课内不能准确把握学生状态，如果课内外没有很好的教学衔接，就会导致学生学习潜能及其他能力的提升不足。

当前教师应该考虑学生的课外学习如何有效衔接课上知识学习，是否给予学生更广阔的课外学习空间；将一些开放性课题留给学生，是否激发了学生的学习主动性，是否收到预期效果；课堂的教学时间十分有限，学生的课外时间比较宽裕，如何指导学生树立自主学习理念，加强其对知识的探索精神，指导其有效开发自身学习潜能和综合素质，是师生需要共同探讨和解决的问题，需要双方共同努力，找到好的解决途径。

（三）大班教学致使学生个性发展不足

目前学校大多采取大班制，一个教师每天都要面对几十个学生，不能很好地照顾到每个学生的潜能开发，学生的个性很难充分发展。教学中，教师通常面向大多数学生开展普及教育，适合一般水平的学生。如果学生有特长、爱好，或是具有某些方面的优势，就很难被老师发现并重点培养。由于男女生性别差异、接受知识的能力差异、学习习惯差异、个人阅历差异等，班里部分学生爱好、特长和个体潜能不能得到充分开发。这种教学方式容易忽视学生的主体作用，教学方法单一枯燥，学生提不起学习兴趣，限制了学生的潜能开发和个性发展。大班制使学生逐渐丧失了自主探索意识，没有个人学习观点，缺乏合作交流能力的培养，学习处于被动局面。久而久之，没有针对学生个体进行个性培养，会造成个人潜能淹没或潜能得不到合理开发。

总而言之，"填鸭式"教学，重智力开发、轻能力培养的思想长期以来影响着人们的教育观念，很多教师教学中更侧重智力开发，也就是智育，对于学生潜能的早期开发没有系统研究，阻碍了学生综合素质和潜能的全面发展。从学校、家长、社会三个层面来看，大都追求学生的学习成绩、智力水平开发，对学生的德育、体育、美育等其他能力关注度不够，教学目标不够完善。而且学生认为学习成绩是重中之重，学校和家长只要求成绩和知识，不进行能力培养，片面追求智力开发，影响了学生潜能发展。

传统教学中，教师对知识讲解较多，概念、规律等描述占据了课程教学的大部分，没有留给学生学习的想象空间和答疑空间，对学生的学习思维方式产生了很大影响。刻板、传统的教学方式使课堂气氛沉闷、没有生机和活力。学生只要上课认真听讲，不参言，就是"好学生"。全体学生发展都是一个模式，个性化得不到充分锻炼和展示。课堂的主动权掌握在教师手里，课堂进度也完全按照教师备课方案进行，所有学生全部为相同的教学进度。师生互动较少，课堂气氛严肃紧张，学生课堂提问和交流环节设置不多等。这些问题都对教学效果产生影响，学生的学习积极性和主动性得不到提高，教学效果就不会太好，而且学生潜能不能充分发展。

潜能开发的不全面性会导致学生才华被压抑，特长和个性化发展较差。一些学生对文艺、体育、演讲等方面有很大兴趣；有些学生的组织能力、领导能力很强，在业余活动中表现优异；有些还酷爱写作、绘画等。学生展示出多种多样的才艺，这些都需要学校和老师给予足够关注，因材施教。目前大多数学校在这方面做得还不够好。所以，要充分发挥学生的主体性，在教学中照顾学生的个体差异和特点，以开发、培养学生的学习兴趣和潜能为出发点，摒弃"重知识，轻文体""重智力、轻能力"的思想，促进学生综合素质能力的全面发展。

第三节　自我激发潜能的心理训练方法

心理训练，最早是在体育运动中出现的概念。从广义的角度而言，心理训练是指对运动者进行有意识的影响，使其心理状态发生变化，以达到最适宜的程度，满足提高运动成绩、增强身心健康的需要；从狭义的角度而言，心理训练是指采用专门仪器、动作等具体手段，改变运动员的某一心理因素，使其在最佳状态下，满足运动训练或比赛的需要。心理训练是一种心理干预方法，采用专门仪器和手段，具体改变人的某种心理状态，以达到最适宜强度、最佳状态的过程[①]。心理训练的基本方法，如图 3-2 所示。

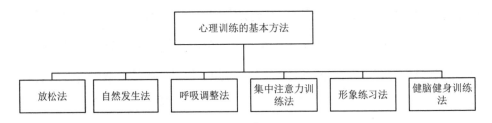

图3-2　心理训练的基本方法

一、放松法

（一）潜意识放松全身

放松练习可以消除身体紧张，放松练习也是对潜意识的触碰，意识联系一旦建立，消除紧张就轻而易举。

---

① 李克明.潜能开发与训练 [M].北京：中央民族大学出版社，2002.

第一，选择一个安静的地方，舒适地坐在椅子上，也可躺在床上或地板上，做伸展运动，并缓慢地转动脖子，来改善头部血液循环（下巴下垂，头部从右到左转）。想象身体的骨骼和肌肉，感受它的重量，闭上眼睛。

第二，深深地缓慢地吸气，呼气时体会紧张随之而去。

第三，深深地缓慢地吸气，呼气时体会紧张正被气流带走。

第四，深深地缓慢地吸气，呼气时想象紧张全部离开了肌肉。

第五，两脚脚趾绷紧，并尽量弯曲，从 1 数到 5，然后突然放松脚趾。

第六，再绷紧脚趾、脚和小腿的肌肉，身体其他部分保持松弛，从 1 数到 5，然后突然放松。

第七，绷紧大腿、小腿，脚和脚趾肌肉绷到最紧，体会身体中和头脑中的紧张感；从 1 数到 5，再突然放松。

第八，绷紧臀部从 1 数到 5，再突然放松。

第九，绷紧背部及腹部，体会整个身子都处于紧张状态，从 1 数到 5，然后突然放松。

第十，绷紧躯干上部的肌肉，耸起两肩，使胸部、背部肌肉紧张，从 1 数到 5，然后突然放松。

第十一，绷紧双臂，握紧拳头，从 1 数到 5，突然后然放松。

第十二，绷紧脸上全部肌肉，绷紧下颌，皱起头皮，眼睛旁视，从 1 数到 5，然后突然全部放松，体会放松的快感。

第十三，全身肌肉紧绷，从脚趾开始，上升到腿部、腹部、前部、胸部、肩膀、手臂和拳头、脖子、脸。绷紧全身每一块肌肉。从 1 数到 5，然后突然放松，体会放松的快感从头流到脚，又从脚流到头。

放松练习使人消除紧张和疲劳，使头脑保持清醒、敏捷和活跃并容易集中注意。

放松练习也可以简化。绷紧全身肌肉，从脚到头直至全身都感到紧张为止，从1数到5，然后突然放松，让放松感流遍全身，反复2~3次。

（二）想象放松全身

第一，自己尽量舒适地坐在椅子上或躺在床上，调整身上的衣物，闭上眼睛，做几次平静、缓慢、深沉的呼吸，使心静下来。

第二，心静下来以后继续做深呼吸，呼吸时想象自己在一座楼房的第七层楼上，四面的墙壁都是鲜艳的、温暖的红色，穿过红色的大厅来到一座标着"下"的自动扶梯旁，想象它是一座银白色的自动扶梯。

第三，踏上银白色扶梯，感到自己开始移动，手搭放在扶手上，无声无息，慢慢下降感到轻松、舒展。鲜红的色彩在身边飘过。

第四，走下自动扶梯到六楼，看到橘黄色的墙壁，印着"六"字。穿过橘黄色的大厅，走到另一座自动扶梯旁，踏上扶梯，缓缓地、平稳地下降，感到自己的紧张正在解脱，好轻松、自在。继续下降到五楼。

第五，走出自动扶梯，这是淡金黄色的五楼大厅，穿过金色走廊，来到扶梯处，踏上扶梯，下降，心中安详、自在。

第六，来到翠绿色的四楼，穿过大厅，继续乘电梯向下。

第七，电梯停在蓝色的三楼。平静、安详的蓝色渗透进全身，使自己完全放松，仿佛看到蓝色的湖泊、一望无际的大海、蓝天底下的田野与群山，心中无限舒畅。

第八，电梯再下降，经过浓郁的紫色的二楼，来到淡紫色的一楼。感到安详、喜悦。这时已到了心灵的底层，可随意想象自己的希望看到的景像。

第九，睁开眼，再深深吸口气，放松，结束想象。

（三）自我催眠放松

自我催眠法用于解除身心压力和智力自我开发，具体包括以下几个放松步骤。

第一，端坐在椅子上，心情平静，后背离开椅背坐直，双手平放于膝盖上，手心向上，平稳地慢呼、慢吸。

第二，把手翻过来放在膝上，暗示"手臂和肌肉放松"，双手配合呼吸。节奏慢慢翻动，同时头微微下垂，身体稍向前倾。

第三，身体晃动，暗示自己"全身左右晃动"，连续几次，全身就自然地晃动起来，一点也不要用力，精神集中于晃动上。再暗示："晃动停止，停，停。"晃动就停止。然后暗示："身体顺时针方向转动，顺时针方向转动……身体转动停止，停，停；身体逆时针方向转动，逆时针方向转动……转动停止，停，停。"

第四，身体向后倒。在坐正身体后，暗示："身体向后倒，后倒，后倒……"自己身体就后倒，舒服地靠在椅背上。

第五，根据自己的需要反复暗示自己。如"注意集中""大脑清醒"并出现自己用心、积极思考的形象。自编暗示语要简短、具体、直接和肯定。

第六，结束放松。举起双手、伸个大懒腰，深呼吸，再慢慢睁开双眼，开始学习或工作。

二、自然发生法

自然发生法即大脑身体训练法或心理体操，做一套 7~10 分钟的练习，就能逐渐产生自动反应。当出现紧张时，身体会放松，使整个身体和大脑恢复到协调状态。自然发生法使人达到最佳状态，是一种积极的自我指导方法。它可以减少疾病概率，提高学习工作效率，促进人际关系，使人保持健康快乐。

自然发生法包括两个阶段。掌握了这些方法，就能让自己在 1 分钟内进入放松的自然发生状态。

学习自然发生法时，要选择一个舒适而不受干扰的环境，最好是在饭后1~1.5 小时以后练习。

（一）自然发生法的第一阶段

1. 选择适合的姿势

（1）自然坐下，选择在交通工具或旅行途中进行，椅子或凳子皆可，坐下时保持双脚平放，脚尖自然向外，胳膊轻轻在身前放下，手自然落于腿上，头微前倾，闭合双眼。

（2）放松的坐姿。选择一张舒适的软椅，同样双脚平放，脚尖自然向外，放松后靠，头靠靠背，胳膊选择最放松的方式放在腿或椅子把手上，闭合双眼。

（3）平躺。头部放松枕在舒适的枕头或靠枕上，双臂自然微曲放在腿侧，手心向下，腿部自然伸直，脚尖放松向外，闭合双眼。

2. 准备动作

将精神集中于面部，逐步放松额头、眉毛、脸颊、嘴巴，让整个面部轻松自然地舒展开，肌肉舒缓放松，眼睛看向鼻头慢慢闭合，嘴微微张开，舌尖贴于上方牙龈。

开始深呼吸，动作要慢，幅度要小，然后吸气，感受腹部逐渐隆起，慢慢将空气呼出，最好比吸气时长一倍以上。继续深呼吸，逐渐拉长每一次吸气呼气的时长。第一次吸 1 秒，呼 2 秒，最后吸 6 秒，呼 12 秒。然后再反过来，吸 6 秒，呼 12 秒，逐次降到吸 1 秒，呼 2 秒为止。

做 2~3 分钟上述准备动作，接着开始练习。

3. 练习的步骤

（1）四肢的沉重感练习。闭上眼，从右（左）手开始重复默想：

"我的右臂变得麻痹和沉重（大概 6~8 次）；

"我的右臂越来越沉重（大概 6~8 次）；

"我的右臂重极了（大概 6~8 次）；

"我感到极度平静（1 次）。"

重复练习到有直接感觉为止。练完后，睁开眼，抛掉沉重感，弯曲几下胳膊，做几次深呼吸。然后重复前面的动作，每天做 2~3 次，每次 7~10 分钟。

注意事项包括以下几点。重复句子时，要用有节奏的、缓慢的语调，同时要有真实的感觉。要全神贯注，不要用力，若想象不出沉重感，就在两次练习之间举下重东西，体会深重感，并强调地说出："我的胳膊越来越沉重。"

相同的位置需要连续练习 3 天，如双臂变得麻痹和沉重 3 天；右腿变得麻痹和沉重 3 天；左腿变得麻痹和沉重 3 天；双腿变得麻痹和沉重 3 天；四肢变得麻痹和沉重 3 天。练习共 21 天。如果 21 天之前已经产生了沉重感，也可以提前做四肢的热感练习。不过最好要做足天数，以便打下坚实的基础，才能收到更好的效果。

（2）四肢的热感练习。自然发生法的训练中，要简要地重复前面做过的练习，方可做下一种练习。重复一遍臂部和腿部的沉重练习，只需要 45~60 秒即可。诱发起沉重感以后，就可以开始做热感练习。在内心重复默想：

"我的右臂正变得麻痹和燥热（大概 6~8 次）；

"我的右臂越来越热（大概 6~8 次）；

"我的右臂热极了（大概 6~8 次）；

"我感到极度平静（1 次）。"

在重复上述句子时，要想象所表达的意思，尽量有真实的感觉。根据这种程度，做 3 天右臂练习后，再做 3 天左臂，3 天双臂，然后右腿、左腿、双腿、四肢各 3 天。结束时，把第一种练习和第二种练习的最后部分合起来做一遍，心里默想：

"我的四肢正在变得麻痹、沉重和燥热（大概 6~8 次）；

"我的四肢越来越沉重和燥热（大概 6~8 次）；

"我的四肢沉重和燥热极了（大概 6~8 次）；

"我感到极度平静（1 次）。"

做完后，睁开眼睛，活动一下，抛掉沉重和燥热的感觉，然后再重复一遍，在默想上述句子时，想一想过去手臂真正感到热的时刻，想象手臂正浸在盛满热水的澡盆里，或海边的骄阳正晒着自己手臂时的感觉。若有必要，可在两次练习之间把手臂放进热水盆里，强调性地说出："我的手臂正变得越来越热。"借此来得到热的感觉。也可以想象正在把躯干内的热量输送到四肢去。

（3）平静心脏的练习。学习使自己的心跳平缓而稳定，先做准备活动，简短地重复一下沉重感和热感的练习，把每个短句念 3~4 遍。练习平静心脏，开始要仰面躺着，感觉自己的心跳。在胸部、脖子或其他地方用手感觉心跳，也可以将右手放在左手手腕脉搏处感觉心跳，默默地重复：

"我的胸部感到温暖舒适（6~8 次）；

"我的心跳平缓稳定（6~8 次）；

"我感到极度平静（6~8 次）。"

这种练习要做两个星期，每天做 2~3 次，每次 7~10 分钟。

（4）呼吸练习。学习控制自己的呼吸节奏，先做准备活动，重复下列练习，心里默想：

"我的四肢变得麻痹、沉重和燥热（1~2 次）；

"我的四肢越来越沉重和燥热（1~2 次）；

"我的四肢沉重和燥热极了（1~2 次）；

"我的心跳平缓而稳定（1~2 次）；

"我感到极度平静（1 次）；

"我的呼吸极为平静（6~8 次）；

"我感到极度平静（1 次）。"

这样的练习做 14 天，每天 2~3 次，每次 7~10 分钟。成功控制自己呼吸的标志是，进行一次轻体力活动，或者神经受到某种刺激后，仍能保持平缓和有节奏的呼吸。在练习的末尾，也可以说："平静渗透了我的身心。"

（5）胃部练习。学习在内脏神经丛，即在腰以上、肋骨以下的胃部引起一种愉快的、温暖的感觉，先做准备活动，简短重复沉重感和热感练习、心跳和呼吸练习，然后说：

"我感到胃部柔软和温暖（6~8 次）；

"我感到极度平静（1 次）"

也可以说："我的内脏神经丛正散发着热量；平静渗透了我的身心。"

如果愿意的话，在做练习时也可以将右手放在内脏神经丛部位，就会逐渐清晰地感觉到温暖感。

这一练习做两个星期，每天 2~3 次，每次 7~10 分钟。

（6）额头的练习。学习使自己的额头产生一种凉爽的感觉。先做准备活动，像前面一样简短重复沉重感、热感、心跳、呼吸和胃部练习，然后说：

"我感到我的额头很凉爽（6~8 次）；

"我感到极度平静（1 次）。"

在练习的末尾也可以说："平静渗透了我的身心。"

想象一阵轻风吹过自己的面颊，使额头和太阳穴感到凉爽。要体会一下这种感觉，可以在练习时站在空气调节器或电扇前，大声对自己说："我的额头感到很凉爽。"当能确实感到这种凉爽感时，就成功了。这一练习做两个星期，每天 2~3 次，每次 7~10 分钟。

每做完一遍练习，睁开眼睛，逐渐开始活动，伸展一下四肢，动动关节，抛掉沉重感，然后从事正常工作或学习。

学会以上介绍的自然发生法第一阶段的六种练习，就掌握了最基本的自然发生法。一般都很快体会到其效果：自信心普遍增强，担忧和烦恼大为减少。

当人们掌握这些方法以后，就不必再花很多时间重复那些练习程序，只要重复一两次，就能够使自己进入冷静的状态。不断有规律地使用这些技术，会使这种状态增强，需要时立即使自己放松进入最佳状态。

为巩固这一方法，每天应练习 2 次，每次 5 分钟，念句子要集中精力和带有感情，使这些话融入自己的意识中。一边暗示，一边想象。

这一练习的总公式是在心里默念：

"我感到我的四肢沉重和燥热；

"我的心跳和呼吸非常平缓和稳定；

"我的胃部柔软和温暖；

"我感到前额很凉爽；

"我感到极度平静。"

每个人所处的环境不同，所期望的也不同。所以在掌握自然发生法练习技术基础上，要运用自己设计的公式来有意识地影响自己行为的暗示。进入放松的自然发生状态后，每天 2 次，每次 3~4 分钟。刚开始进行练习，一次最好只涉及一个题目。取得预期效果以后，再转向其他题目。暗示语要简洁、具体，句子应当是肯定的口气。暗示以后就决心让暗示随自己一起进入行动。

只要有空，这种练习随时随处都可进行。不论遇到什么困难，都要有信心，要改善自我形象。使用自然发生法，不仅靠意志力，还要依靠想象。

自然发生法第二阶段的练习主要是训练和增强人的想象力，这些能力包括清晰地想象颜色和物体形状；体会一些抽象概念；改善自己的形象；调整与别人的关系；从更广泛的意识领域里获取信息。这种能力对解决生活学习和工作中遇到的困难会有很大帮助，能帮助人们很快寻找到解决问题的方法。

其主要方法是"大脑电影"。先做几分钟自然发生法的放松练习，然后可根据自己的需要，一步一步地放出要进行的全部完善动作，观察自己是如何灵活地、自如地、准确地完成全部动作，像真正的摄影师一样，充分运用自己心灵的摄像机，在关键的地方运用特写镜头反复从各个角度观察。也可以运用慢镜头，譬如存在着失败自卑、消极苦闷的自我形象时，就需要改善和转变自我形象。可先从外形上想象自己高大无比，昂首挺胸，眼睛正视前方，阔步向前，把一切困难都踩在脚下。还可以想象雄壮的音乐伴随着自己，前程五彩缤纷、光辉灿烂，周围有无数人鼓掌欢迎自己，放大镜头，见到别人目光对自己是那样的亲切、羡慕……让自己沉浸在美好的想象之中。

想象可以为人们服务，也可以与人们作对。用协调意识学和自然发生法来驾驭自身的想象力，使之为己服务，本身是一种大胆的极有用的创造过程。

（二）自然发生法的第二阶段

1.颜色练习

颜色练习的目的是发展想象力和平静大脑。先选择合适、舒服的姿势，如坐或卧。然后闭上双眼，眼球略朝上，用鼻深吸一口气慢慢地呼出，同时感觉一股放松的暖流从脚趾流遍全身，用自然发生法使自己放松，想象一些彩色的光点，逐个出现在离自己不远的地方，观察它们，再盯着一个彩色光点时，其越变越大，越来越近，然后越来越淡以致消失。如：①想象一个红色的光点，如鲜红明亮的电灯，越变越大，越来越近，颜色开始变淡，逐渐消失；②想象一盏橙色的灯，越来越近，越变越大，开始褪色，变成一朵淡淡云朵，逐渐消失；③逐一想象黄色、绿色、蓝色等不同颜色。如蓝色越来越大，越来越近，最后完全包围自己，缓缓地将自己托起来，身体越来越轻，自己乘着白云飞上天空，朵朵云彩在身边飘过，一种平静幸福的感觉流遍全身。然后白云带着自己慢慢地飘回原来的地方，自己变得机敏、清醒，慢慢睁开眼睛，做几次深呼吸，伸伸手臂，使身体各部分都活跃起来。

2. 集中注意力

（1）拿岩石做练习。拿起一块岩石，反复观看，感觉它的质地；进一步放松，闭上眼睛，想象自己越变越小，小到能钻进那块岩石，四处观看；想象自己就是那块岩石，一块躺在草地上的岩石；想象毛毛雨正落在身上，雨停了，温暖的阳光照在身上；想象剖开岩石外壳，又慢慢恢复自己本来面目。回忆一下刚刚经历过的事情，然后从一数到五，睁开眼睛，感到头脑机敏，精力充沛。

（2）用水果（橙子）做练习。拿起橙子，反复观察，感觉其质地，闻闻其香味，加深对橙子的印象。进一步放松，想象自己越变越小，钻进橙子，想象里面的样子、颜色、味道。想象自己离开橙子内部，恢复原来的样子。回忆刚才的经历，慢慢地数五下，睁开眼睛。

总之，可以使用周围的各种物体，以同样方式进行实验练习。

3. 摄像机

舒服地四处张望着，使自己进入放松状态。想象自己的大脑就是摄像机，眼睛是镜头。将注意力集中在屋内陈设上：一盏灯，一把椅子，一本书，一张地毯，一盆花等，然后把注意力移到空白的墙上，这一切都要睁着眼睛进行。练习一开始一个物体、一个物体地看和想，进而可同时到两个、三个、四个，最后达到对屋内所有物体看一眼，脑子里就有它们的照片，再把图像放映到墙上。细细回忆屋内每一个物体的情况，然后闭上眼睛，想象面前有一块巨大的白色屏幕。睁开眼睛观看几个物体，然后闭上眼睛把物体的图像放映到大脑的屏幕上。

4. 改善自我形象

通过这个练习，了解自己，然后按照自己最希望的模样来改进自我形象。

采取舒适姿势，眼睛微微向上看，然后闭上眼。接着慢慢地、深深地通过鼻子吸气，慢慢呼出，体会一股放松的暖流从脚流到头部。

放松后，想象自己正在一个美丽的海滩上，温暖的阳光照在身上，沿着沙滩漫步，脚感到沙子的温暖，沙不断地从脚趾缝里挤出来，海水轻轻地拍打着脚踝，远处海鸥在相互应答。看到前面不远处，有一个五彩缤纷的东西半掩埋在沙子里，原来是一个大大的、圆圆的彩色塑料球。拿起来抛到空中，再接住它，一次比一次抛得更高，并且感到更加放松。再把球抛上去，看到球的颜色在阳光中闪烁，抛出球时，深深地吸气，当球落下和接住时呼气。

抛了几次球后，再深吸一口气，将球抛到空中。这一次球飞得非常高，最后消失在云间。自己在柔软、温暖的沙滩上躺下，继续放松。随着呼吸，越来越放松，身体也变得越来越轻巧，最后竟飘飘然飞上天空。

眼前出现了七色彩虹，一道一道彩虹，颜色鲜艳。看完后，已经来到那个特别的、安静的地方——房间。

坐在地毯上，感到轻松和舒适。现在，自己想一想，自己是什么样的人？对别人有什么影响？（要站在局外人的角度，正确评价自己）消除否定的态度、经验和心理，使自己变成不受束缚的人，首先要诚实。可以用"电视屏幕技术"体验自己希望避免的情况，譬如担忧、缺乏信心、胆怯等。

站起来走到桌子前，舒舒服服地坐在椅子上，回忆一次愤怒时的情景，按一下电视的"开"按钮，电视屏幕上开始放映出这种情景，体会对自己和周围人的影响。

按一下"关"，把这幅图画从屏幕上和头脑里完全抹去，完全消除否定的情绪。再按一下"转换"开关，让图像出现在屏幕上，出现的是理想的结局，处理时不是愤怒，而是宽容和谅解。按一下"关"，清除图画。

再将另一件事情搬上屏幕，比如对朋友的成功感到嫉妒。回忆嫉妒别人时的感觉，想一想这种感情怎样影响周围人。按"关"，把这种感情清除出屏幕和大脑。按"转换"开关，把事件重新搬回屏幕，让它按自己的希望发展，不但不嫉妒朋友的成功，反而支持他，为他的成功感到高兴，成为称赞朋友的人。

回忆感到了自卑、感受了委屈，或者错怪了别人时的情况，打开电视，使屏幕重现当时情景，体会当时的感觉，看看周围人，对这件事进行的反应。然后抹去这些否定的、不愉快的情绪，把人和人的关系变成亲密的、协调的关系，然后关上大脑电视。

重新坐在地毯上，想象头顶上有一条逐渐加宽的路，一直通到无限广阔的宇宙。清洁、纯净的能量通过这条道路不断注入自己的大脑，从头部流遍全身，冲刷了过去那些伤害、愤怒、嫉妒和其他否定的情绪。体会这种能量从头部注入胸腔，然后分散到手臂，直到手和手指；从躯干流到腿和脚底。否定的能量被转变为肯定的能量，感到真正的"自我形象越来越清晰"。

感到这种能量从身体的每一部分辐射出去，自己已经变成一个崭新的人。体会一下自由、欢乐、能力传遍全身时的感觉。克服消极和否定的情绪或印象时，都可以用"能量想象法"。

然后，走到书桌前，坐在玻璃杯和那一排瓶子前面。想象这些瓶子里装着所有自己想要的东西。瓶子中装有各种各样的特性：自尊、自信、仁爱、理智、诚实、欢乐、美丽、温柔、自由、友谊、肯定、才能、安全……可以把这些东西从瓶子里倒进杯子，调成想象中的鸡尾酒。

喝这杯酒时，体会杯子里的各种特性流遍自己的全身，体会它们浸透肌肤，变成身体的一部分。喝光以后，站起来走到穿衣镜前，从镜子中发现，自己变成一个理想中的人，做任何事情都会取得成功。

如果希望字写得好，面前就出现自己的书法；如果希望成绩好，自己已能轻松地考到好分数；如果自己缺乏信心和软弱无能，那么现在已经是充满信心和自信。

体会自己完全变成全面发展的人，相信喝下去的大脑鸡尾酒将保持效力，那些性格将永远成为自己身体的一部分。

数五下，一边数，一边感觉自己正回到平日的环境中，数到第五下时，徐徐睁开眼睛，做几次深呼吸，舒展一下身体，这时会感到精力充沛，大脑机敏。

5. 醒着做梦

醒着做梦这种方法综合了放松和想象技术，可以帮助人发挥大脑的创造潜力，使人真正感觉安详和平静。

采取比较舒服的姿势，眼睛微朝上看，然后闭上双眼，用鼻深吸一口气，慢慢呼出，感觉一股放松的暖流从脚趾流遍全身，全身放松。

想象自己正沿着一条崎岖小路行走，路边长满了绿树、青草，前面是一个长满青草的小山坡，自己缓慢、轻松地走上小山；看着路旁草地里五彩缤纷的野花，听听脚下石子发出的"嚓嚓"声，来到山顶时，停歇一会。看山脚下，一条小河蜿蜒流过。慢慢地下山，向小河走去。踏着感到清凉、柔软的小草。沿着小路来到小河边，顺小河望去，垂柳弯弯地挂在水面上，低头看看岸边棕色的肥沃土壤，清澈的河水在流动，水面上反射着阳光。再往前走几步，又看到水面上有一只木筏。

木筏是用粗圆木做的，表面很光滑，上面覆盖着一层柔软的青苔。这是个安全的木筏，自己走过去，爬上木筏，用桨轻推河岸，筏子向河中心漂去。坐在木筏上，感到一阵轻松的暖流传遍全身。

水波轻轻地荡漾，木筏慢慢向前漂时，柔和地左右摇动着。倾听着水波轻拍木筏的声音，渐渐驶进一条小河汊。在这里，太阳暂时被遮住。在远处的水面，还能看到阳光在水面上闪耀。当进入这条舒适而阴凉的河汊后，自己就昏昏入睡。眼前一片漆黑，各种思维在头脑里尽情出现和跳跃。

驶出河汊，温暖、明亮的阳光再次沐浴着木筏，阳光使自己精力充沛并感到快乐。

一阵轻风拂面而过，嗅到青草和泥土散发的香气，打开自己所有感官的大门，使自己完全融入周围的大自然中。木筏旁边大大小小、五颜六色的鱼正在水中嬉游。抬起头来，看见岸边树上的枝叶垂在水面上，美丽的小鸟在树枝中飞来飞去。抬头看看天空，自己就像是天上的一朵小小白云，无声无息地向前飘浮着。

温暖的阳光沐浴着全身，仔细地体会周围一切，木筏的漂移、温暖的阳光、泥土的芳香、水波的声响，种种感觉交融在一起。

然后，自己慢慢摆脱这段经历，数五下，然后慢慢地感觉到现在周围的景物，睁开眼睛，四下打量一下，使身体各部分开始醒来，舒展一下身体，做几次深呼吸，感到身心轻松、机敏。

6. 大脑疗养

为了加强注意力和想象力，要在头脑里创造一个独特的地方。这是一块个人开展创造活动的土地，可以在里面放心地休息、解决难题、做出决定。

现代生活的烦琐，使人不得清静。在头脑这块创造之地，可以清楚地想象和回味事物，摆脱纷乱嘈杂。

可以设想在任何地点，自己所喜欢的海滨、群山、大海海底，甚至宇宙空间，可以想象设计一间或几间房子，并把一些东西放在屋里。

采取较舒适的坐或躺姿势，眼睛微向上看，闭上，用鼻缓慢地深吸一口气，再慢慢呼出，同时体会一股放松的暖流流遍全身。

感到完全放松以后，想象自己正在花园、公园或田野里散步，一边走一边看路旁的树木和一丛丛灌木。前面是一小片空地，那里有一棵参天古树，从精壮的大树枝上吊下来一个结实的秋千，走过去坐在秋千板上。

开始慢慢地荡秋千，每当自己向后荡时，深吸一口气，向前荡时将气呼出。就这样向前、向后，呼气、吸气，慢慢地越荡越高，感到全身越来越轻。荡得很高时，看到面前飘浮着一朵巨大的、鹅毛般雪白的云彩，深吸一口气，再向高荡去，就落到软绵绵的云朵里，这片云彩把自己安全地带到任何想去的地方，然后慢慢地站在自己选定的安静地方。

想象建造一座房子，可以是任何风格、颜色和装饰，并仔细地整个查看，是不是房子里的每一件东西自己都喜欢，然后按自我喜好做一些必要变动。

将一块自己喜欢的地毯铺在地板上，坐上去，立刻感到全身放松，并获得足够的能量，使自己可以从事任何工作。

选几把椅子，选一张大的、漂亮的书桌，要放上一台大电视机，坐在桌边可以看到它的屏幕。在桌上再安装一个电视控制板，上面有三个按钮，"开关""抹去"和"转换"。

在桌子上放一排瓶子和一个大杯子，在墙上挂一面大穿衣镜。

环顾一下房间里的东西，看看是否已经将自己喜欢的东西都摆进去。在屋里走一圈，感到好像在自己家里一样，坐下来时，对自己说："每当我想到这里来时，只要放松，并且想象眼前有一道七色彩虹就可以做到。"

数五下，感觉自己慢慢地回到原来的地方，睁开眼睛，做几下深呼吸，伸展四肢，感到精力充沛和身心轻松。

三、呼吸调整法

（一）吐纳的步骤

吐纳是指呼吸练习，呼吸影响着人的整体机能，一刻也不能停止，这样才能维持旺盛的生命力。呼吸达到深度细匀，就能排除杂念，清静意识，完成心理训练任务。古人有"心息相依，息调心调"之说。呼吸调和，意识就清静无杂。

第一，站立，全身放松，两脚分开与肩同宽，两手下垂在身体两侧。默念：

"杂念放下，放下，放下；

"清净提高，提高，提高。"

慢慢吸气，意想，全身的毛孔中吸进洁净的空气，洁净的空气进到全身的气血、细胞、体液、淋巴液、骨骼、骨髓和脏腑中，然后从一身毛孔中呼出混浊之气，这样做3遍。从第四遍开始吸进洁净的空气，呼出洁净的空气。总共做9遍。

全身放松，两脚分开与肩同宽，两手放在身体两侧自然下垂，手心向内，然后吸气。两手臂缓缓提起与肩平，手心相对。两个臂回收，十指相对，掌心向下放于胸前，接着慢慢地呼气，两手掌缓缓地用内劲下压，边压边扫脚跟。当两手掌压到胯前时，两脚跟落地，全身放松直立。反复做9遍。

第二，有节奏地呼吸、端坐、放松、闭眼。缓慢地吸四拍，屏气四拍；呼四拍，再屏四拍。再吸、屏、呼、屏各六拍到各八拍。

第三，单孔呼吸，端坐，放松，闭眼。右手拇指按住右鼻孔，用左鼻孔吸气2秒，再用右手中指按住左鼻孔，同时放开大拇指，从右鼻孔呼气4秒；反过来，用左手拇指按住左鼻孔，让右鼻孔吸气2秒，再用左手中指按住右鼻孔，放平大拇指，从左鼻孔呼气 4 秒，如此反复做 9 次。

第四，深呼吸。闭目，放松，慢慢吸气，吸足气后屏住数秒钟再慢慢地呼吸。

第五，腹式呼吸。腹式呼吸可以促进人体新陈代谢，使横隔膜上下运动，刺激位于心口窝的太阳丛神经系统，使自主神经系统活动旺盛，使人精力充沛、注意力集中，促进记忆，增加腹压，防止腹部血液循环的停滞，保持身心健康。

端坐，闭目，先吐气，使腹部凹进去。气吐完后，闭上嘴，用鼻吸气，使腹部慢慢凸起，吸足气后，停止呼吸几秒钟，再从鼻孔悠悠地出气，使腹部慢慢凹下去。送气时默数 1~10，反复 5 次。

吸气时可想象腹部有一个气泡，从身体前面上升到头顶；吐气时又从身体后面落下来。

第六，丹田呼吸。端坐在椅子上，背部伸直，下颚微收，闭目静心，全身放松，呼吸要细、长、深、匀，不急促，不发出声音，意守丹田，脸似笑非笑，用鼻子呼吸。成人吸气用 6 秒钟，呼气用 12 秒钟，少年儿童一般吸气为 4~5 秒，呼气为 8~10 秒。每次呼气后，暗示自己还有 30% 的新鲜空气留在丹田中。反复做 9 次，可活跃自律神经，安身养神。人们在逐渐熟练以后，就能在无意识状态下进行这种呼吸，收效更好。

（二）呼吸方法

1. 腹式呼吸

腹式呼吸是指靠膈肌运动来进行的呼吸，空气的吸入和呼出仍然只限于肺部。胸腔与腹腔之间的肌肉和中心腱组成了膈肌，以中心腱为中心，上下运动。上下运动是膈肌所具有的机能。膈肌收缩，中心腱下降。膈肌收缩下降，增大胸腔容积，腹腔受压。但是，由于腹腔充满了各种内脏，腹腔容积不易收缩，因此，腹壁向前方鼓起。于是，腹部一鼓一收的腹式呼吸形成了。

吸气时腹壁鼓起，呼气时腹壁收缩的呼吸类型就叫腹式呼吸（即膈肌呼吸），其与胸式呼吸不同。由于腹式呼吸改变着胸腔和腹腔的压力，因此，促进了各内脏器官的血液循环，提高和加强了整个身体的机能。

2. 胸式呼吸与丹田呼吸

胸式呼吸的机理是具有扩大胸廓机能的肌肉的相对收缩和松缓，是一种最基础的呼吸类型。若长期以此种方式呼吸，有益于身体的健康发育。

丹田呼吸是呼气、吸气均产生腹压的呼吸方式，是伴有强腹压的呼吸方式。丹田呼吸可以分为以下几种。①吸气型丹田呼吸。吸气型是吸气的同时形成强腹压。从生理解剖学观点看，其是膈肌和腹肌协调收缩的结果。如果用力进行吸气型丹田呼吸，那么在此作用下，膈肌、腹肌与胸廓肌三肌协调收缩。②呼气型丹田呼吸。呼气型丹田呼吸，呼气时形成强腹压，原因在于膈肌、腹肌以及胸缩肌三者协调收缩。这种包括腹肌在内的协调收缩方式的呼吸型，与单纯的腹式呼吸不同，腹壁很少出现随着呼吸一鼓一收的现象。因此，丹田呼吸从外部不易看出来。但是，若用手触压腹壁，即可感到有较强的腹压存在，若用腹压计测量，就会一目了然。

丹田呼吸可以形成强大的腹压，使腹腔中所有内脏器官的一部分静脉血以较大的力量回升心脏，并获得动脉血。这样，各内脏器官就可以保持极其旺盛的机能。丹田呼吸是一种极有效益的内脏强化法。丹田呼吸，呼气和吸气均伴有强腹压，因此，稍加注意其呼吸要领，即可给机体功能带来惊人的效益。

丹田呼吸具有调整体内各系统以及强化协调各内脏器官的功能，是永葆充沛精力和健康躯体的不竭源泉。

丹田呼吸，尤其是呼气性的强腹压呼吸，是一种走路、跑步、工作以及进行各种体育活动时均可采用的呼吸方法。人们若能掌握并长期坚持这种呼吸法，必将获得一个有活力和聪明的头脑。

丹田呼吸法的要点在于"呼气"。因为，只有完全地"呼气"，才能自然并充分地"吸气"。具体要领包括以下几方面内容。

第一，掌握好深长呼气的要领。为此，推荐呼气训练标准：开始为5秒、10秒，进而增加到20，30，40秒，直至1分钟。上体放松，力入心窝，以此姿势进行深呼气。

第二，初练时，不能做到深呼气，待到呼气已尽时，即可全身放松，然后将力再次落入心窝，上体向前弯曲，同时将气呼出。开始训练时，呼气只能达到5秒、10秒，但是，只要坚持下去，就会延长到20，30甚至40秒。把气深长呼出，能让胸部的呼吸肌和膈肌得到锻炼；能提高腹压；改善脑循环。屈伸呼吸的目的是提高和加强机体各器官的功能。

第三，选择性手握空拳，感受气流沿胸腔上行，用鼻子慢慢吸气，打开胸腔。保持身体直立向上，颈部微仰，吸气完成，转为呼气。

第四，呼气时随着缓慢的气息呼出，双手平稳下落至心窝，感受到力量通过心窝下落到丹田，感受丹田的平稳充实。然后开始下一次吸气、呼气。要尽量拉长呼吸时间，尤其是呼气时，要尽量保持连续长时间呼出，将气体呼出殆尽。在此期间，要随时注意丹田，上身逐渐前倾下弯，上身弯曲直至气体完全呼出，此时上身与腿部应成90°角。只有丹田呼吸才能够帮助机体功能增强，平时呼吸仅供日常所需，无须动用整个肺部，也就没有额外的强身健体效果。

第五，缓气。深呼吸完成呼气后，可以进行三次正常呼吸，再进行下一次深吸气，深呼吸之间进行的正常轻松呼吸能够放松全身。这时，要放松肌肉，从肩直至下半身，让全身松弛宽舒。

总之，如果想真正掌握上述呼吸法，不需要任何器具，何时何地都能进行呼吸锻炼。

四、集中注意力训练法

第一种方法。首先制作道具，用黑色硬纸板剪出边长为 38 厘米的正方形，再取一白色硬纸板剪出边长为 5 厘米的正方形，贴于黑色硬纸板中央。选择浅色墙壁，正对墙壁放置椅子，确定坐下时眼睛平视墙壁的位置，将道具钉上。在距离道具 1.5 米处坐下，闭目养神 2 分钟，放松全身和大脑，想象面前的黑色屏幕温暖而柔和。慢慢睁开眼，注视白色方块 2~3 分钟，尽量保持注视状态，不要眨眼，也不必太过于紧张，将目光自然放在白色方块处即可。接着将视线从白色方块移动到墙壁任一空白处，此时应该有两个颜色倒置的方块（白色大方块和黑色小方块）出现在墙上，注视这一图像直至消失。再去想象它们会再次出现，重复之前的行为，注视直至消失，反复几次直到图像不再出现。闭上眼睛再次想象看到的图像，保持这一状态 2 分钟。再次睁开眼重复之前的过程。

第二种方法。制作道具，同样准备一个边长 38 厘米的黑色正方形硬纸板，这次用白色硬纸板剪出一个宽 20 厘米的五角星置于黑色硬纸板中央。重复第一种训练方法。

所制作的道具可以略有偏差，不影响训练。此种训练应至少持续一周，以 15 分钟一次为宜。如果不方便做道具，也可以在有影子的地方进行练习。在有光源的地方面向自己的影子，看向影子的脖颈处，持续 2 分钟，然后将目光移到浅色空白区域（可以是墙面或天空），同样会出现刚才所注视影子的清晰图像，注视直至消失，闭目想象。

第三种方法。同样制作道具，选取白色硬纸板剪出 38 厘米边长的方块，再用蓝色硬纸板剪出直径约 12.5 厘米的圆，粘在白色正方形中央，与方法一相同，将道具放在浅色墙壁视线平行处，同样坐下闭目，放松 2 分钟后注视图像蓝色圆圈处，同时想象自己处于摄像机视角中，逐渐拉近镜头观察蓝色圆圈，此时蓝色部分会逐渐变大，充满屏幕。想象镜头拉远，蓝色区域逐渐缩小，慢慢恢复正常大小。以上训练反复进行几次，可以增加更多的摄像机运动。之后将视线落在蓝色圆圈圆周上任意一处，沿圆周顺时针、逆时针方向各转5圈，速度由慢变快，蓝色圆圈逐渐开始旋转，如同椎体一般。注视一会儿，旋转的椎体速度逐渐放慢，训练时长以5分钟为宜。这一训练可以将圆圈替换为五角星，同样可以达到旋转效果，也可以替换为其他具象物体，练习时将图像放大为一个数倍于图像的实物，发挥作用。如一个打火机，逐渐放大到一棵树大小，打火喷射出巨大火焰，再熄灭恢复到图像大小。

五、形象练习法

形象练习法的具体训练方法包括以下几点。

第一，心情平静，端坐，闭眼，想象自己睡在床上，双腿是混凝土铸成的，身体是混凝土铸成的。于是整个身体都沉到床底下。

第二，想象自己的身体是由胶皮气球组成的，把脚上阀门打开放气，从脚开始变瘪；其他的阀门都打开，整个身躯变瘪。

第三，回想自己最愉快的事，想象自己将来的幸福，使心灵充满快意，感受生活充满幸福，情绪乐观，心情舒畅。加快回想以往学习的乐趣，学习的成功会使人感到由衷高兴。这也许是最近的事，也许是很久以前的事，重新回忆它，尽量完整地体会这种愉快学习经验的细节，回味当时对于学习的渴望和兴奋的心情，体会自己大脑和记忆的轻松、高效。保持这种快感，让它流遍全身。

第四，集中能量练习。静坐，放松，想象热和力充满全身，然后像喷泉一样从头顶喷出。

第五，神秘的盒子（提高触觉能力和改进形象思维）。取盒子一只，一端封闭，一端能使手伸进去。里面藏样东西，把手伸进去摸，感觉它的形状、颜色、质地、用途等，并想象性地描述。

六、健脑健身训练法

大脑输送营养和氧气决定了大脑的活力，因此为了改善大脑的活力，需要保证大脑的血行通畅，提供充足的氧气。凡是对于向头脑提供氧气和必要营养的血液循环起改善作用的训练都是有用的。要改善大脑活力可进行如下运动。

（一）改善上半身血行的运动

第一，端坐，放松入静。慢慢吸气时双肩带动两上臂尽量往上耸；慢慢呼气时两肩两肘尽量往下垂。上述过程重复 5~6 次。

第二，两手臂向背后伸直，两手相握，吸气时上抬，呼气时下沉至腰间。

第三，两臂前伸，手心向下。吸气时臂和手心向上翻动；呼气时，手掌翻向，手指交叉，同时头低垂到两臂之间。如此反复 5~6 次。

第四，两手叉腰，吸气时双肩和臂后翻，挺胸；呼气时肩、臂前翻，含胸。反复 5~6 次。

第五，两臂抬高与肩平，手指交叉，掌心向下，吸气时，左肩、左肘往上抬，呼气时复原。再吸气时右肩、右肘往上抬，呼气时复原。交替进行 5~6 次。

第六，颈项运动。首先进行环形回转运动（先逆时针，再顺时针），其次做前后仰俯运动，再做左右旋转运动，然后做左右偏倒运动，最后再做环形回转运动，做时速度慢些，每个运动做 4 拍。

第七，下颚运动，让口大开大合 10~20 下，脑里的血行情况，也可大大改善。

以上动作，不仅可以改善头部供血，还能缓解肩肌僵硬，进行完以上动作的练习，这时再去学习和工作，头脑活动效率可提高几倍。

（二）调整神经系统的运动

调整神经系统的活动，能治疗颈歪背驼，并使骨与骨、骨与肌肉、肌肉与皮肤等部位之间的结缔组织柔韧化，变得活力充沛，从而改善脑活力，使大脑灵活。

方法一，悬垂活动，抓住铁棒等物体，使全身悬空下垂，每次做 30 秒到 1 分钟。

方法二，"真向法"体操。具体操作包括以下几点。

①屈膝跪地，上身伸直，慢慢吸气。呼气时上身缓缓前倾，至头部着地为止。重复 5~6 次。②两足前伸坐下，上身伸直，然后上身缓缓前倾，至头触及膝盖为止。重复 5~6 次。③坐下两腿伸直，然后尽量张开成扇形，上身缓缓前倾，至头部着地为止。重复 5~6 次。④跪地，两膝微开，然后上身缓缓向后倒，至头着地时，躺着让全身松弛，经过约 1 分钟，再起身运动一次。

（三）按穴位

穴位是中医学上所指的经络在皮肤表面的点。人体中有向各器官输送能量的"筋"即经络，其中特别容易发生显著变化的部位叫"经穴"。穴位疗法对一些病症有舒缓效果。

对穴位刺激，就能改善与此相应部位的血液循环，进一步通过行经此处的支配血管的自律神经，对内脏的机能加以调节控制。穴位疗法具体有以下几种。

第一，用双手中指肚按压百会穴。百会穴位于头顶端，从左右两耳尖经直上行之线，与眉心经直向后之线的相交处，即穴位所在。据说这是周身经络的交汇之处，自古以来认为"能治百病"，对促进头脑活力特别有效。

第二，双手手指交叉，手掌放在后脑勺部用大拇指肚按压"风池""天柱"

两穴。下颌抬起，头向后仰，来回按后，随即放松，反复5~10次。

古来相传按压天柱穴能明目（所以称眼点），对此两穴的刺激，使头脑清醒，思维增强，对紧张性头痛起治疗作用。

天柱穴在颈后发际上行一厘米处，"凤池"在"天柱"上行颈凹陷处。

第三，双手手指相对成拱形放于头顶，用大拇指指肚按压"天冲""率谷"穴，对治偏头痛有良效，同时还能刺激大脑，对衰退的记忆起恢复作用。

"天冲"在耳上1厘米处，"率谷"在"天冲"后上角1厘米处。

第四，双手中指按压肩井穴，能使流向头部的血行大大改善，让人感觉神清气爽。古传为治疗肩肌僵硬、眼花、耳鸣、牙痛的穴位。

肩井穴在两肩棱线从颈根至肩角的半中间位置上。

（四）健脑健身其他方法

1. 眼球操

眼球操是活动眼球的训练，运动眼球，对大脑特别有好处，因为视神经离脑神经最近，有人说视神经就是脑神经，锻炼视神经，就是锻炼脑神经。

研究表明做眼球操老少皆宜，功效神奇，从1985年在中小学生中传授眼球操开始，凡坚持做的学生，都感到记忆力加强，思维灵活，学习成绩大有提高，而且视力好转，不少人从0.2，0.3进步到0.9和1.0。

做眼球操时，站，坐，卧都可以。关键是大脑入静，全身放松。每天至少做2次，有空多做，则效果更好。

准备动作，大脑入静，全身放松。两眼微闭，双掌搓热，然后成拱形，覆于双眼上，这时眼睛睁开。

第一节，眼球从左到右平视移动18次，稍息。

第二节，眼球从右到左平视移动18次，稍息。

第三节，眼球从右上到左下按逆时针方向转动 18 次，稍息。

第四节，眼球从左上到右下按顺时针方向转动 18 次，稍息。

第五节，眼睛微闭，手心相对，合在眼前，向两旁拉开再恢复原来姿势 6 次，稍息。

第六节，双掌翻动，手心在两眼向前拉开再恢复成原来姿势 6 次，稍息。

第七节，双掌从右上到左下按逆时针方向围着眼眶转动 6 圈。稍息。

第八节，双掌从左上到右下按顺时针方向围着眼眶转动 6 圈。稍息。

结束部分，双掌覆住两眼，心中默念：

"我的视力很好，非常好；

"我的眼睛明亮，非常明亮；

"我的眼睛灵活，非常灵活；

"我的目光敏锐，非常敏锐；

"我的头脑清爽，非常清爽；

"我的心情舒畅，非常舒畅；

"眼前一片光明。"

接着放下双手，慢慢地睁开眼睛。感到心情无比舒畅，头脑格外清爽。

2. 埃克巴尔·阿波尔训练法

该方法运用气功原理开发智力，具体有以下几个步骤。

第一，盘腿而坐，将双臂轻轻举至齐胸高，掌心向下，头、目、肩尽量向右扭转，眼睛尽力看右肩，接着向左扭转，眼睛看左肩，反复数次。双臂向右扭转，头、眼向左扭转。再双臂向左扭转，头、眼向右扭转，反复数次。双臂向右扭转，头向左转，眼向右看。接着双臂向左扭转，头向右转，眼向左看，反复数次。

第二，盘腿而坐，全身放松，头向左转动和向右转动时，眼睛始终向前看，反复数次。

第三，头向正前方，眼球按逆时针方向和顺时针方向转动。反复数次。

第四，闭眼，出现闪光点。捕捉住正面的一点，设想它在移动，眼球随它一起移动。接着想象点描绘出各种几何图像。

3. 斯坦因的浴池训练法

第一步，洗澡时，双手拉住毛巾的两头，放在颈后，收拢下颌，手往前紧拽，持续 6 秒钟，脖子使劲往后仰。

第二步，用同样方法，把毛巾放在腰部。

第三步，毛巾放在左右脚趾下，脚往外蹬，双手用力向内拉。

4. 多多良纯氏健身法

端坐，双臂伸直向前；立掌，掌心向前；五指尽量分开，使劲，出现颤抖现象。同时，将双手腕慢慢转动至掌心向上，同时嘴巴张大，发出"哈"声，吐气，双腿伸直，双腿尽力向内勾，全身运动，体会紧张感，然后突然全身放松。如此反复进行 2~3 次。做完后，感到全身无力，双肩有摇摆之感，再进行 5 次腹式呼吸。

5. 乔治观念法

乔治观念法是一种运用大脑潜意识帮助自己处理日常生活和解决各种问题的非常有价值的方法。乔治观念法是通过影响大脑的潜意识，去激发大脑潜能，按照自己的主观意识工作。通常人们的大脑使用率都不高，存在巨大的潜能可供开发利用，乔治观念法就是利用这部分潜能为人所用，不再仅限于用语言激发大脑工作。

乔治观念法的具体运行方法如下。

第一，想象目标完成后或难题解决后的心情，体会目标达成后的感受，不仅有情感感受，还有感官，如嗅觉、味觉以及听觉等，这一切都是为了利用细节使想象的情景更加真实可信。接着，自己与大脑潜意识通话，如说："乔治，我不要踌躇和怀疑，我要的是信心和力量，要的是智慧和成功。"（说话时要充满激情，不断重复目标形象的细节）然后，自己转移一下注意，有意识地想想别的愉快事情。这样重复数次，大脑的潜意识（乔治）很快会接受自己的目标形象，并且会制止怀疑、犹豫对自己意识的纠缠。

第二，运用上述方法使自己非语言的大脑潜意识部分与语言的目标建立联系。接着自己用语言清楚地说明目标及为什么要达到这一目标，并明确告诉自己，一旦达到目标以后，要做些什么。

第三，结合以上两部分，使意识和潜意识共同为自己服务，为达成目标设定合理的解释。将达成目标的方法和步骤记录下来，做成行事计划，顺序排好后，就着手做好每次必须做的事情。

"乔治"是指自己的潜意识中的代号，可以是任何自己喜欢的名字，利用代号观念法确立目标和达到目标的过程中，会促进大脑潜能的发挥，使自己综合地运用大脑的意识和潜意识去实现目标。

乔治观念法的运用是多方面的，可以帮助学生快速地、轻松地和有成效地学习，帮助自己摆脱困境，协助自己实现生活中的目标，还能鼓励自己劲头十足地工作，处理好人际关系等。总之，从小事到大事，都可以应用。乔治观念法确实是一把打开人类大脑储备库大门的金钥匙。

第四，目标达成后，不要忘记鼓励或感谢"乔治"，可以通过拍肩膀或后背的方式，强化语言的"谢谢"所传达的感情，促使想象中"乔治"的下一次出现更加自如。

第四节　潜能开发中的暗示教育方法

学生教育实践中，教师要善于利用各种暗示策略。利用得好，会产生事半功倍的教学效果。好的暗示通过教师作用于学生身上，也许短时间内并没有明显效果，但能对学生产生长远影响，有时甚至会伴随其一生。正确的暗示能够对学生起到积极正向作用，包括建立健全人格和提高学习成绩以及全面提升综合素质。教师应潜心学习和研究暗示教育的策略和方法，将蕴藏于学生体内的巨大生理机能和心理潜能通过成功、有效的暗示激发出来，从而充分发挥他们的主观能动性，在有限时间内获得无限动力，收获更多劳动果实，如拓展知识、启发思路、陶冶情操、约束行为以及养成良好的生活习惯等。

暗示策略的应用以心理学和教育学为理论基础，情境性、速效性、互动性和尊重性四个方面是教学的重要特点，其形式丰富多彩，功能也非常强大，既能树立学生的学习信心，又能提升学生的认识水平和逻辑思考能力，同时引导学生朝着积极、健康、向上的方向发展。因此，教师需要不断研究和探索，不仅要创建并营造和谐、良好的教学氛围，还要努力使教学双方的素质得到提升并形成良好的师生关系。同时，灵活运用各种暗示方法，以引导学生进行积极的自我暗示为目的，才能充分发挥和实现暗示教学的理想效果。

一、情景策略

情景策略是指将学生置于特定环境下，即教师利用客观具体的设施、设备而有意营造相关氛围，促使学生朝着积极正向的方向思考和发展的方式。在此种情景暗示下，学生的热情将持续高涨，包括对学习方面的热情，也包括对生活的热情，同时其为理想而奋斗的信念也会更加坚定。并且，在一定程度上加深了学生对美的认识和理解，为审美标准的发展打好心理基础，使其形成既具有宽广胸怀，又具有乐观积极向上精神的高尚人格。

（一）恰当暗示情景的创设

恰当暗示教育情景的创设，可使学生置身其中，避免学生形成对抗防备心理，从而在潜移默化中完成思想品德的形成和知识文化的掌握。暗示情景既包括物质环境又包括精神环境，二者是不可分割的统一体，同时具有强大的感染力和约束力。

创设暗示教育情景就是要求教师能在现有的物质基础上巧妙运用各种暗示手段，因此需要注意：一是重视教育环境设施建设，有利于学生产生积极健康、奋发向上的心理倾向；二是重视精神文化的建设，营造先进文化的氛围。

由于师生所处地位不同，学生与教师交流时，多少会存有紧张或戒备的心理，不利于师生间的交流。教师要充分估计到这方面的因素，运用鼓励、倾听、对话等暗示手段尊重地对待学生，打消学生的顾虑，创设宽松、友好、平等的教学交流氛围，引导学生畅所欲言。

师生相处中，教师要善于捕捉学生流露出的种种暗示信息，并对此做出积极反馈，增加亲和力。在暗示教育的实施中，教师不仅是开发学生潜能的艺术家，还是倾听者。在倾听时，教师不能表现得漫不经心或做些无关的动作，而应该多对学生进行鼓励性暗示，鼓励学生说出自己的真实感受，将自己心中的疑惑讲出。只有进入学生的内心世界，双方才能建立起真挚的友谊，教师才能真正地了解学生，从而提高暗示教育的效能。

师生真诚的沟通是教育有效的前提，幽默感是沟通的润滑剂，可以为暗示教育营造愉快、不紧张的教学氛围。富有幽默感的教师善于通过自我解嘲来化解师生正面冲突，巧妙教化学生。教师在教学交往中应当保持平和、乐天的心情，以豁达的胸襟和敏锐的观察力去欣赏和对待学生，以幽默的方式含蓄地指出学生的不足，这样既能达到暗示教育的效果，又能增进师生亲密度，有笑声就不会有冲突。

（二）加强理智与情感的统一

暗示教育强调感情、意志等非智力因素的作用，暗示手段能调控非特定知觉，学生受有意识和无意识的综合影响，在无对抗的状态下受到教化。没有渗透爱的教育是技术的教育，没有融注爱的暗示，往往是失败的暗示。

暗示教育主张学生的理智和情感同步发展，二者不可或缺，要求教师在开展暗示教育时，不能只关注左大脑或右大脑的培养，而要协调左右大脑同时活动，满足平衡需求，促进理智和情感的协调发展。同时，不能忽视情感在学习中起到的促进作用，因为情感是一个不稳定因素，它在思维中交织而成，既能产生刺激作用，又可能成为学习的阻碍。因此，情感与理智密不可分，不能忽视任何一方，只有协调发展，才能保证学生发展是全面的、平衡的，而不至于出现片面发展的情况。

未来社会要求人们面对社会发展的挑战，具备观察、分析、判断的能力，具备自我评价、自我控制的能力以及积极的自学能力、交往能力。暗示教育摒弃单方面追求学生学业成绩的优异，以学生的主观感受为出发点，着重培养学生的潜在能力。潜在能力的发展将有利于提高人们处理各种问题的能力和对未来生活的信心，能促进人们发挥个人的积极主动性和优势特征，使每一个人都能在社会相应位置上充分发展自己的个性。

（三）发挥愉悦功能

为了消除学生的学习压力和教师的"厌教"情绪，暗示教育进行了有益的尝试。暗示教育致力于激发学生的学习兴趣，使学生感到学习的每一分钟都是享受，学生在无意识当中开动脑筋，发挥个体潜能，使学习活动成为真正轻松愉快的事情。

在暗示教育的课堂实践中，教师需要将学生心理和生理的对抗情绪消除，让学生处于愉快、集中、放松的心理状态。通过引导，使学生感知学习是主动满足求知欲的乐趣，其学业成绩才可能迅速提高；学生的信心增强，紧张和焦虑才能消失。

暗示教育营造的愉快而不紧张的学习气氛，是利用无意识心理活动，消除心理和生理的紧张状况，使学生思维活动处于最活跃状态。这样，教师的教学活动始终是获得快乐的过程，学生自然不会出现疲劳症状，反而常常伴有轻松的感觉，因此学生就易于接受教师的暗示信息，无形中受到教化。教师应该在教学过程中通过多种方式、各种途径，创设和谐、愉快、轻松的暗示教育气氛，激发学生积极的情绪，帮助学生建立自信，促进学生主动学习。

二、优化策略

优化策略的实施主要以三个标准衡量，包括学生认知水平和逻辑思考能力的提升、学生信心的建立和健康向上情感的培养。因此，教师要发现学生创造潜能的窗口和突破点，并有意无意地"敲打"，帮助并引导学生学习潜能的开发。而要做到这一点，并为每个学生的发展寻找适合的方法和途径的信心源泉是坚信每个学生都能成才。这就要求教师一方面要在教学理念和方法上下功夫，不局限于传统教育观念和方式，同时深入研究和探索教育规律，改善并优化传统教学方法的不足；另一方面要尊重学生的喜好，支持并认同其主观感受，引导其个人爱好朝着积极正向发展，同时注重对学生非智力因素的开发，并将学生的潜能充分激发出来。

（一）暗示形式多样化交替使用

暗示教育形式各异、丰富多彩，其所采用的手段和途径不同，暗示的形式也不同，但主要分为以下五种。

第一，形象暗示。形象暗示是指教师通过榜样或外在形象进行的暗示。如在师生思想交流和情感沟通中的眼神、手势、肢体动作以及服饰等都能起到暗示作用。

第二，情景暗示。情景暗示是指创设或营造特定的氛围，为教育提供一个适合当前需要的环境或情境，如教师可以通过榜样力量对学生的行为方式起到暗示或规范作用，因此，有人认为情景暗示的效果直接关系到暗示教育的效果。

第三，言语暗示。言语暗示依托于外在的语言、符号、图形等，也可以简单地理解为旁敲侧击。轻松、舒适、充满乐趣的情景贯穿于教学的整个过程，因此，在此种氛围下，教学的暗示作用也能明显地突出出来。

第四，活动暗示。活动暗示是指将教学目的融入各种活动中，并按照既定计划有组织地进行，从而让学生在活动中受到启发，达到暗示教育的目标。因此，暗示教育也要求教师不断提升自己的专业能力和教学言语水平。

第五，综合暗示。综合暗示即综合各种不同暗示手段和方法，并根据实际情况应用于教学过程。比如在活动中，学生的状态最佳，身心轻松愉悦，因此也最容易将内心的真实想法和个性特点展现出来，这时教师要善于发现学生的性格特征、了解其心理活动，进行因地制宜地教育，将暗示教育落实到位。综合暗示最典型的方式是采用艺术手法，因为艺术相对来说比较感性，注重非理性知觉，不管是表现形式，还是节奏和韵律，都具有上述特点，艺术是直接诉诸无意识知觉、情感和直觉的，能达到打动身心的效果。

（二）重视消极暗示的影响

消极暗示是指传递给潜意识的是消极信息，这类信息重复多次，被暗示者将形成消极的心态。消极的心态对学生潜能的发挥起到很大的限制作用，因为消极的心态可使一个人产生沮丧、恐惧、悲观、焦虑等负面情绪，这种情绪必将影响到学生对自我的认识，会使他们感觉不到希望，缺乏自信心，进而激发不出动力。例如，教师在课堂上努力营造积极的教育环境，这时一个学生打了个哈欠，趴在桌子上，不久之后部分学生的积极性也会下降，这就是教育环境中的消极暗示。

消极暗示导致的消极心态会消释学生的意志力，摧毁他们的信心，学生自身的潜能会被埋没在消极的心态中，以致其发展受到限制。因此，教师在实施暗示教育时必须重视消极暗示。下面一则故事，可以充分说明消极暗示的危害。

第一天，某某马戏团团长为了吸引观众、丰富表演内容，引进了一头小象。

第二天，马戏团的驯兽师开始训练小象。小象天性自由、调皮、玩性大，不服从管教，不听驯兽师的指令，到处乱跑，挣脱绳索，使驯兽师头疼不已。

第三天，驯兽师将小象用绳子拴在木桩上。刚开始小象不舒服，不想被束缚，不停挣扎，过了许久都无法将木桩拖出来，脖子被绳子摩擦得疼痛不已。于是小象放弃挣扎，安静下来。

时间慢慢流逝，小象在日复一日的训练中，成长为大象，在马戏团中可以做很多表演，力大无比，可以搬很多东西。但是在表演后，却很安分地被绳子拴在木桩上。原因是它根据从小的经验，潜意识觉得木桩的力量比自己大，是唯一可以拴住自己的东西，便不再试图挣脱木桩，这就是大象的悲哀。

这个故事告诉人们，小象反复多次的失败经验、多次的暗示信息，使它的潜意识接受了"跑不了"这一信息。从此以后，只要被拴在木桩上，大象就会认为跑不了了，即使是成年的大象，由于先前的消极暗示信息先入为主，主导了其意识，它就放弃再做任何尝试。虽然成年的大象只要尝试，就可以轻而易举地把木桩拔掉，逃脱约束，但现状是由于"在木桩上跑不了"这一消极暗示，大象产生了自卑心理，恰是这个自卑心理，限制了大象潜能的发挥。

这个故事告诉教师，学生也如同大象一样，在碰到一次又一次相同的小挫折时，会潜意识觉得自己不会做、过不了、不敢想等，用一系列理由否定自己，说明自己不能完成。但事实上，并不是学生不可以凭借自身能力完成，可见，消极的暗示信息一旦进入学生的潜意识，必然限制学生潜能的自由发展。

为避免消极心态，就要减少消极暗示。消极语言，同样是一种消极暗示，消极语言说多了，就会产生自卑心理，使人意志消沉，失去自信，一事无成。

"快慢班"是多数学校的分班机制，此种机制下，暗示教育的方法有着关键作用。教师的言行直接决定了学生的学习态度。具体表现为以下两点。①积极暗示带来的效果。教师经常使用鼓励性语言对学生进行暗示，当学生缺乏学习的动力和信心，出现消极心态时，教师常通过正面鼓励，或为其描绘未来蓝图、树立人生的目标和奋斗理想，在积极的正能量和暗示的熏陶下，学生的潜力和激情得到充分挖掘和发挥，学习成绩和人生态度方面也朝着更好的方向发展。因此，正向的教育和暗示能够更好地促进学生潜能及各方面的协调发展。②消极的暗示带来的影响。教师以一种常态或习惯性方式面对暂时落后的学生，认为其学习不好是智商偏低或自身原因导致的正常情况。因此，教师的潜意识里相当于放弃了这些学生，同时也不自觉地将消极和失败的暗示信息流露在教学过程中。潜意识是会传染的，久而久之，这种消极的状态和信息就会被学生所接受并深入潜意识，从而产生消极的情绪并进行自我否定，更不用谈自身潜力的挖掘和发挥。

因此，消极的语言有可能令原本可以成功的事情走向失败。因为消极的话会导致消极的心理，潜移默化地弱化被暗示者的自信心和奋斗动力，从而使人处于一种意志消沉、缺乏斗志的状态中，认为失败也是情理之中的事，就不会再付出努力，这就是消极暗示带来的严重后果。所以，一个人要想树立自信，从学生时代起，就要避免消极暗示，看问题从积极正面的角度出发，积极健康的暗示，将产生愉快、自信的心情，为个人潜能的发挥开辟道路。

（三）教师修养对暗示教育效果的影响

师生关系是相互的，态度决定许多东西，教师的个人修养直接影响暗示教育的效果，因此，教师需要注意的内容包括以下几点。

1. 师生关系的良好建立

暗示相互作用的原理是以暗示者、受暗示者相互尊重、相互信任为基础的。因此，暗示教育成功的前提就是建立良好的师生关系。教师必须鼓励学生积极参与，努力建立民主和谐的师生关系，调动各种暗示手段以促进学生个性的全面发展，突出暗示教育的积极作用。师生之间平等、融洽合作的人际关系，就是欢快、轻松、趣味的教学气氛。

2. 引导学生进行正确的自我暗示

学生在学习过程中应该信任教师，放松精神，通过教师的引导懂得学习是头脑要做的最自然事情之一，事情会比想象中容易。这时学生就会放松身心，消除紧张与焦虑心情，在轻松的教学环境中，更好地学习。

教师进行暗示教育时，有义务指导学生正确地自我暗示，通过有效地帮助树立学生的自信心，从而卓有成效地实现暗示教育的预期效果。

不过，教师与学生交流时，要注意表达内容与肢体语言的协调性。因为交流的过程中，学生的注意力重心是教师讲话的内容，而教师的肢体语言，如态度、表情、手势等则是学生额外关注的地方，称之为注意力的外围。只有交流的中心与外围保持协调一致，才能达到最佳的交流效果，同时也能将更多暗示信息传达给学生。

教师的形象能够对学生产生深刻而长远的影响。学生良好习惯的养成、优良品质的培养、健康向上精神的树立，都萌芽于真善美的土壤，并来源于教师严于律己和以身作则的示范和榜样力量。教师的身体语言主要通过视觉形式进行展现并传达给学生，因而特征鲜明、生动、形象，而且具体。这些无声的暗示信息有利于课堂教学突发事件的处理，既能让教师悄无声息地解决问题，又不至于对全班学生的学习产生影响。

总之，暗示教育代表全新的教育观点和理念，同时需要加强教学艺术的培养和参与。因此教师不仅要开展常规的教学活动，还要不断探究和提升业务素质与教学规律，以灵活运用各种暗示教育方法和手段，达到课堂教学艺术性和科学性的统一，实现学生主体潜能的开发和挖掘，让教与学齐头并进，同时发挥出最佳效果。

三、合作策略

合作策略以师生合作和学生合作等教育的主体为前提。一方面，教育的过程从某种意义上来说就是合作的过程。因此，合作的效果决定着暗示教育的成败。所以师生之间建立相互尊重和信任的关系在暗示教学中起着非常重要的作用。只有这样，才能将无意识的活动与特定的知觉协调起来，同时不管是有意识还是无意识的影响都能让人综合接受。而教师对于自身相关专业知识、能力和个人素养的提升也就显得相当重要。另一方面，学生作为暗示的接受者，对于认同感和归属感有着强烈的期望。因此，教师要重视学生与学生之间的合作认同感，不仅要对其进行积极引导，还要将这种情感纳入暗示教育中，通过尊重、鼓励和肯定等方式进行正向激励，在制造精神愉悦的同时，创造并提升学生的学习动机和动力，激发学生最大的思维积极性，使其充分发挥个体潜能。

（一）教学风格的培养

课堂氛围需要师生共同创造，师生的心理、情感在教学过程中，不断磨合，相互作用。课堂教学以课堂氛围为心理背景，课堂氛围是一种教学心理环境，是通过课堂教学的而形成的。教师要了解并把握学生的心理特征，利用综合暗示方法，使课堂的心理氛围更加轻松和谐，让学生在心理上和身体上都得到放松，降低疲劳感、紧张感和抵触感，为暗示教学提供良好的环境基础，同时，也能更好地促使学生智慧潜力的发挥。因此，和谐融洽的师生关系在暗示教学中起着至关重要的作用，并为心理暗示的成功实施提供保障。

教师应"以学生为中心"，因为暗示活动是正面的积极诱导。学生必须对教师具有充分的信赖和期望，才能在暗示中获得启示，受到感染，产生相应的情绪反应。平等和谐的师生关系是暗示教育得以成功实施的基础。

暗示教育的效果有赖于师生间的相互关系及内在态度，不仅要建立教师的权威，师生之间、同学之间还要相互信任、尊重、友爱。这种师生关系不仅有利于把握学生的情感，还能使学生通过有意识和无意识两种心理活动渠道，更多、更快地接受知识。这就需要教师具有一定的心理学理论素质，尊重学生发表个人意见，鼓励学生大胆尝试。

对于那些自卑感强的学生，教师的态度需要更加亲切和蔼，多给他们表现的机会，让他们更快地树立学习信心。当他们经常感到自己被尊重和关爱并处于积极环境中时，健康的情感便会被激发出来，不但学习动机增强，而且能在和谐的氛围中主动学习知识，充分发挥潜能，同时，整个人的状态也会充满生机与活力。

在教育中，教师的个性既是教育活动和教师本人独特性的展现，又是教育力量的源泉，因此，每个教师在教学和教育工作中都应注重个性培养，将自身特长和教育理论及方法结合，形成鲜明的区别于他人的教育特征和教学风格，这不仅是教师人格魅力的彰显，还能够更好地帮助学生开发学习潜能。

（二）群体与个体间的暗示优势

暗示教育理论依据为：由于个体心理的团队从众性，而且其行为在意识上倾向于与群体行为保持一致，也就是说，同一群体或团队的情绪氛围既具有感染性，又能起到暗示效果。因此，群体的凝聚力能够对暗示教育起到强化作用，同时，在良好的群体环境中，学生人格的形成和发展也能得到加速。

相同的兴趣爱好促进了学生间的相互交流和沟通，而以情感和共同喜好为基础建立的非正式群体，通过他们发自内心的相互影响，学生的归属感和认同感得以增强。所以，加强班风建设，形成良好的班级氛围，熏陶、感染学生的行为和作风，让其在积极的环境中形成自我个性，为以后的长远发展奠定基础。因此，教师对它的引导要持慎重态度，联络情感、积极感化，把它们规范到暗示教育范畴中来。在暗示教育中结合群体与个体的心理特征和他们相互之间的联系，营造积极向上、团结协作的群体教育氛围，及时制止或消除群体的负面情绪；发展个体特征并将其置于群体环境中，引导并激发学生的潜能，使其得到最大化发展。

对教师而言，巧妙地设置暗示教育的环境，应淡化教育意图，增进与学生的心理距离，使教育环境变得更轻松、和谐，学生在学习知识的同时，也能更好地发挥潜能。不仅要改变传统的说教教育模式和体制，还要灵活运用各种暗示教育方法，以培养和促进学生个性的健康成长。因此，一方面要优化学校的育人环境，另一方面也要强调并积极突显暗示教育的作用。

教师应及时关注心理学动态，将最新研究发现和成果应用于当前的暗示教育工作中，为教育工作注入新力量，提升教育工作的活力，同时加强与学生之间的交流，建立互助互信、协同合作的师生关系，将教育的意义通过非语言符号系统进行积极传达，尤其要注重教师领导的民主作风建设。因为民主作风不仅能加速信息的反馈，在师生交流中发挥积极的促进作用，还能在更深层面上推动教育工作的开展，保证暗示教育的顺利进行。同时，要加强教师德育工作的实施，积极树立榜样，达到正向的暗示效果。因此，要求学校加强校园文化建设，营造充满正能量的环境，既有教书育人的氛围，又有积极向上的价值取向和行为方式，通过正面暗示的教育情景，让学生的思想水平和品德修养得到提升，同时也使学生的潜能得到更充分的发挥。

（三）教师言行中透露的暗示行为与信息

教师在学校不仅使用语言符号与学生交流信息，其行为同时也传递给学生各种信息，一言一行都寄托着教师丰富的内心语言。不同的语气与眼神产生的感觉不同，教师行为时刻都影响着学生，尤其是感官效果更加明显，同时其暗示作用也让学生的行为举止发生变化。而且，学生是教育的接受者，教师行为也属于教育和暗示教育的一部分，学生只能默默接受这种教育。换句话说，学生的行为时刻受教师行为潜移默化的影响。因此，教师要时刻注意自己的行为，包括热爱工作、爱国爱家、严谨治学的态度以及关爱学生、高度自律的习惯等，以积极的行为和方式对学生产生正向的暗示教育，让其获得真善美的影响并作为榜样加以模仿，这些暗示作用将伴随学生一生，使其受益无穷。

教师应当严格禁止体罚、挖苦学生等自私、刁蛮的教学行为，如果对自己的行为觉而不察，那么，这样的教师很可能充当危害社会不法分子的塑造者，而与自己的使命背道而驰。教师需要起到表率作用，给学生最有力的积极暗示。教师的暗示行为包括以下几种。

1. 教师的表情暗示

首先，眼。眼睛是心灵的窗口，能够显现各种各样的情绪，包括对事物的态度、看法、情绪等一切情感变化因素。因此，教师在教学过程中，要善于利用目光的沟通作用和效果，选择恰当的时机，把要说的话通过目光加以暗示。

其次，面部。人的面部表情不仅丰富多彩，还能准确传达出形式各异的心态和情感。微笑不仅可以给人带来亲切感，还能鼓励学生，增添其勇气和信心。比如以点头的方式赞许学生的某个行为，以微笑的方式表达对学生成功的祝贺等，都能起到很好的鼓励效果。真诚的微笑，既能让人心情愉悦，又是连接师生感情最好的纽带。教师在与学生的沟通过程中，多使用微笑的表情，在增进与学生情感的同时，也让学生的自信心得到保护，而且能使课堂的效率和暗示教育的效果得到有效提升和体现。

2. 教师的仪表暗示

教师是一个崇高的职业，应该受到学生的尊重。教师的外在形象源于内在的心理活动，能对学生起到很强的暗示作用。而教师的喜好往往反映在仪表上，并以暗示的形式传达给学生，让学生受到潜意识的影响。因此，教师要注重自己的仪表，并将积极健康的暗示效果传递给学生。

3. 教师的人格暗示

教师的人格对学生也是一种暗示，同时能对其行为产生影响，包括性格、气质、能力、习惯等多方面因素。只有正直、高尚的人格才能对学生产生较强的积极暗示作用。如学生学习态度端正、学习动力充足、性格正直阳光等，都是教师人格暗示力量的体现，也能展现出教师的威信。在这种暗示环境下，不但学生的学习效率高，事半功倍，而且教师的教育工作也更加得心应手。因此，教师只有不断提高自身素养和师德修养、深入研究教学规律、提升人格魅力并树立威信、为学生带来更多的积极暗示，才能在教学方面取得更好的效果和收获。

将积极向上、健康的暗示应用在教学中，有助于提升教育效果，更好地实现预期的教学目的。而要将暗示教育运用于实践中并落到实处，无私奉献的精神和对学生的爱心是前提条件，这也是教师献身教育事业的动力源泉，同时，在这片土壤上，可以让教师的教育能力不断得到生长、提升和发展。

第四章　教学过程中的潜能激发

教学是潜能教育活动整体的主要环节。潜能教学不仅是对知识、经验、方法、能力的传授过程，也是学生实现潜能开发、充实、壮大个人内涵的学习环节。本章重点研究教学管理创新中的潜能激发、课堂的设计与创意的潜能激发、教师能力培养中的潜能提升、记忆与自信心潜能的激发、体力与意志力潜能的激发以及"三走"活动对身心潜能的激发作用。

第一节　教学管理创新中的潜能激发

潜能教学所要实现的不仅仅是知识的传授，其要完成的任务始终是全方位的，既有知识的获得、智力的发展、能力的培养和提高，又有思想品德的完善、基本技能的形成、个性特长的发展等，此种全面发展的实现只有潜能教学才能做到。

一、相关的课程观

课程观是人们对课程的基本看法。具体说来，课程观需要回答课程的本质、课程的价值、课程的要素和结构、课程中人的地位等基本问题。课程观支配着课程设计、课程实施，影响着学生的发展。

课程观分为两种。第一种课程观是知识或学术理性主义课程观，其代表是结构主义；第二种课程观是经验或自我实现课程观，其代表是自然主义。

（一）结构主义的课程观

1.结构主义课程观解读

课程观的概念源于《结构主义》，该书是一部纯哲学著作，也是从宏观的方面论述结构主义的名著，对结构主义课程观的剖析仍具有很强的现实意义[①]。潜能教学接纳了结构主义课程观的合理内核，在不笼统否定或肯定的同时，抛弃结构主义课程观的症结并以潜能发展心理学为基础，对其提出改造，提出更为科学和实用的基础教育的课程范式，对于我国当前的课程改革有很好的参考价值。

任何学科的基本原理都可以用在智育，这是正确的方式，可以有效地教给任何发展阶段的任何学生，即著名的"三个任何"假设。这一思想与知识表征方式和学生智力发展阶段的观念、学科的基本结构及螺旋式课程的思想等分不开。

知识表征的三种形式有：动作式表征、图像式表征和符号式表征。人的知识结构就是形成由动作、图像、符号相互关联的、越来越复杂和抽象的模式或者体系。人们借助这种体系贮藏、转换、再现新学习或已有信息。相应地，在发展理论上，学生智力发展有以下三个阶段。第一，动作式再现表象。大约5岁以前的学生都处于这一阶段，这是他们最初的认知结构。在这一阶段，学生通过行为、动作来表征世界，形成初步的认知结构。第二，图像式再现表象。6，7岁至10岁的学生大约处于这一认知阶段。这一阶段的学生对世界的认识主要源于视觉、听觉等表象以及内在的意象，相当于智力发展阶段中的具体运算阶段。第三，符号式再现表象。10岁以后的学生主要通过语言文字等抽象

---

① 邱章乐，杨春鼎.潜能教育[M].北京：线装书局，2012.

符号来表征事物。

将一门科目所涉及的最基础的知识和利用这门学科去解决问题的方法称为学科的基本结构。应该如何帮助学生更好地理解所学知识？如何在知识中提炼出新知识？如何将所学知识运用在多个领域？掌握学科的基本知识结构，对解决这些问题有着非同小可的作用。掌握学科的基本结构会使学生快乐地学习，有兴趣地学习这门学科，不但如此，还会激发学生的潜能，开拓学生的智力。基本结构这一概念中包含着所有与学科相关的理论，所以，人们对于如何理解学科基本结构的问题并不会感到烦恼。与此同时，它还具有一些基本特征，比如连续性和系统性。利用这两种特性，学习科目知识并不会十分困难，正所谓温故而知新，可以结合新旧知识，从而更加系统地理解和掌握所学内容。

因为存在"三个任何"的假设，所以在教学中实现对自然、社会、数学和文学的教学也是可行的。如果研究过程中发现学生智力发展与学科基本结构息息相关，那么说明教师也能够对学前儿童传授科学知识。换而言之，可以通过了解学生智力开发阶段对事物如何认知的那些特点，去完成对孩子们早期传授基础科目的基础教育。详细地说，利用其他方式，比如表象水平或是动作水平的特点，来加深他们对还不能完全理解的抽象概念的理解，从而使其更好地掌握。举例来说，小孩子们都喜欢坐跷跷板，但如果直接和他们讲述跷跷板背后的物理杠杆原理，他们一定会充满疑惑。那不妨有些耐心，引导他们将这些抽象的公式联系实际，他们一定会发现，坐跷跷板小朋友的重量与跷跷板到中心的长度有一定关系，如果小朋友比较重，就让他坐在靠近中心的位置，另一边比较轻的小朋友远离中心点，这样跷跷板才能保持平衡。如此一来，学生就理解了杠杆原理。

传统的教育理念将难度放在教育的重心上，而忽略了基础知识。但在自然科学和智能数学的学习方面，从娃娃抓起，更能开发孩子们的智力，培养孩子们的能力。但不论哪一个学科，要想掌握知识的基本结构也并不简单，这是一个循序渐进的过程，原理中可能会再生出新的原理，所以科目教育要提倡早期教育。教师们从其他学者身上所获取的经验，在基本知识上加以灵活变化，可用于解决不同类型的问题，由易到难，如螺旋的花纹，由里到外，由高到低，所以也称教师对知识材料的储备为螺旋式课程。在这些知识的基本结构、基本观念的基础上，将知识开拓出更多内容。与此同时，还要在教育过程中，多加温习旧知识，更加充分地掌握它们，这样更加有利于对学生提供基础知识的理解。

2. 结构主义课程观的优势和缺陷

首先阐述结构主义课程观的优势所在。结构主义课程观，在一些学科上可以有效地帮助学生解决一些问题，使其能够从事物的基本概念和基本原理出发，剖析事物。

一般把结构看成是一个个单元的组合体。将事物分割出来，单元化，从较小层面进行学习有助于人们理解、看待事物，是一种化大为小的形式体现。

其次就是结构考察时，通常人们不会只看到处在事件当中的单一主体，会将主体周围的许多事物和单元都考虑进来，将许多其他事物也作为课程当中的学习对象和探索对象。

结构元素还包括基本原理之间的关系。这一做法使得结构内容更加丰富，也深深加强了人们对结构的认知，将关联也作为一种成分存在于结构中。相比于我国传统教学方式所提出的原理所具备的要素，这一方式涉及更加宽广的范围，观念明显深刻一些，即所传授的不仅仅是要素，还有其中的原理和原理间的关系，而"要素说"仅仅只是对要素的描绘。

事物都具有两面性，所以看到结构主义课程观优点的同时，也要反过来发现其弊端，有助于使教学水平达到新高度，帮助师生共同进步。

结构主义课程观的首要缺点就是人们往往过分夸大其作用，实际上并不是所有学科都适用于结构主义，如此，便犯了一个很明显的错误，即想要用一个公式，去套用所有问题，往往使用这种方法，总是不能够得到理想效果。

结构二字，让人觉得很有条理性、框架性，即典型的理科思维。其主张从事物的原理和方法解决事件。就像是化学反应，知晓其中的原理，之后的反应都可以从这一原理出发，然后逐渐演变开来。但是生活不是这样的，生活是千变万化、不可预料的。许多课程也不可以用原理去学习，比如那些人文性课程，其更多注重学生们的思考，需要学生们融入、体会。哪怕是数学这一逻辑性极强的学科，也是具有感情色彩的，逻辑是解决问题的好办法，但不能够仅仅依靠逻辑来解决问题。

俗话说"一千个人心中有一千个哈姆雷特"，即每一个人看待事物的态度和想法都不一样，甚至同一个人，在不同时期，对同一件事物的看法也可能不同。对于文章的理解，很多时候都是感性理解，在阅读时，将自己的情感代入，将自己化身于文字当中，成为其中一个角色。学生们阅读同一篇文章，不同时候会有不同的感悟。学生们学习是心理成长、进化的过程，也是对外界树立新认知的过程。教学过程应该是真情实感、有所投入的，但是也不能被一种感情所困住，就是不能一直在同一种结构上徘徊。这就是结构方法的共时性。

结构主义课程观更加注重逻辑性，所以一定会造成学生们更加注重逻辑方法和分析方法，对学生们的理性思维能够有很大的开拓、帮助作用。但是人不应该只发展这一类型的思维，应该全面发展，所以，结构主义课程观在一定程度上，也会影响人的思维发展，也就是会对学生的思维发展造成局限性，不利于思维的全面健康发展。结构主义课程观能够让学生们变得更加聪明，但是聪明和智慧是不一样的，就如同给学生们自主思考的空间是一个矛盾点，有的优秀教师知道要给学生们自主探索的余地，让学生们尽情地、没有约束地去探索、去发掘，结构主义课程就是同这一观点相悖的观点。

　　然而，实践过程中发现，结构主义课程观所带来的结果并不是很好。统计每一门课程的讲授，不难发现，利用实际生活、实际例子来教学具有非同小可的意义，但这种教学方式在结构主义课程实践中并未体现。一般而言，当人们真正地在实际生活中实践过，或者说体验过某种现象，那么人们结合这些现象会更加容易并且更能深刻地掌握现象的原理，能够具备举一反三的良好效果，人们收获的也不仅仅只是原理。正所谓举一反三，是一种从特殊到一般的发散性思维。

（二）经验主义的课程观

1.经验主义课程观解读

　　利用课程帮助学生实现对知识的掌握，将这一过程视为一种经验，因此便产生了一种观点，这种观点被称为经验主义课程观。这种观点将学生作为中心，从学生的角度出发，从人的本性出发来传授课程。

　　近十几年来，学校教育课程的主体观点便是知识，但这种课程观点的地位不断动摇。相比于经验课程观来说，以知识为中心确实缺少以人为本的方向，在学习和传授知识过程中，如果能实现真正地以学生为中心，利用经验将知识发散开来，让学生在知识学习中自我拓展，那么这种教学方式对学生的智力发展有着不可或缺的作用。目前，应试教育问题也成了教育研究中最热门的话题，当抛开应试教育方式，利用新模式——经验课程，无疑将会在教育领域迈出崭新的、具有里程碑意义的一步。如果学校的课程仅仅教授孩子们书本知识，那么他们将来走向社会很难成功；如果以学生为本，结合实际，那么将会实现对个体真正的自由和解放。如何理解生活的深刻？只有作为独立个体，在生活中去探寻，才能找到答案。当这些观点真正地实施起来，那么一定会得出一种结论，就是学生们结合自己的生活经验所理解的课程才是真正的理解，效果会远远超过仅仅依照课本来学习。所以，课程是老师们向学生传授生活的经历，这种经历也作为一种文化产物，在生活中存在，也在生活中传承。

经验主义课程观给教育注入了新鲜血液。人的生命意识是经验主义课程观中最重要的关键点，经验主义课程观十分注重人在生活当中存在与价值之间的关系，其实就是要求在教育学习中，教师和学生们各自把握好学习关系中的主次地位，还有对一切生命都保持敬畏之心。不仅仅是学习过程中需要把握好人与世界的关系，日常生活中也需要人们时刻关注人和世界之间的依存关系，所以对学生进行生活教育时，主张身临其境式教育，换言之就是将学生放置到模拟关系当中，让学生亲身经历之后，有一种切实体验，自然就能够学会如何处理应对遇到的问题。最后，不能忘记人与生活世界之间的动态关系，关系并不是静止不动的，而是活动的、时刻变化着的，所以就要求用与时俱进的变化观点来看待一系列事物和人。

教育在生活中可以被定义为是另一种形式的生活。教育不是生活的垫脚石，教育应当牢牢掌握好自身的主动性地位，应该主动地探索人的生活，教育应该将重点放在关怀二字，人们当下的生活、当下所处的环境、当下在身边的人，都是需要教育关怀的重点。教育的特殊性可以启发引导人们去探索自己，去向内开发自己，教育告诉人们要尊重个体的差异性，人们都是有独立思想的个体，不能够同一而论，应当对每一个体都有独特的处理方式，不能用单一的模板框架将人们束缚。教育带给人们的影响应该是正面的、积极的、向上的。老师对学生们进行教育就是教学，教学就是学生和老师共同参与，通过想象来进行一些有意义、有价值的事情，是创造和分享的过程，是师生之间情感的交互过程。在整个教学当中，并不是老师单方面地对学生进行教授传输，双方是有互动的，师生双方均要投入这一环节当中，融入教学活动中。

2. 经验主义课程观的意义

经验主义课程观就是以经验为主，在日常生活中获得经验，以此作为教育的方式和内容。实际上就是将实践活动融入教育中的过程。其也是教育关注点的转变，由此将对考试成绩的关注转移到对人的关注上来。在此之前，人们对于教育的关注点逐渐走偏，人们太过关注学生的分数，而忘记学习的本质是为了更好地生活。

首先，人们要从自己设计的环境中走出来，人们在现实中生活，不是在理想中生活。从始至终，教育方案都由教育专家们制定，教育专家存在教育生活不足的情况造成教育方式和方案容易脱离生活，不符合现实生活的要求。学校教育过度关注人们的未来生活，反而忘记现在学生们所处的状况。教育应该是教导人们如何去生活，教人们去面对现实，如何在现实当中生活。所以教育绝对不能够脱离现实生活而存在，教育只有同生活相结合时，才能发挥出自己的力量。

其次，如何从以前的教育方式转变过来，如何将关注点从理想拉回到现实，这就要求教师将教育过程中阻碍在中间的"墙壁"给拆除掉，让学生们更多地投入生活。从书本出发，但不能只局限于书本。

最后，要将教育世界拉回到多样、复杂、个性中来，而不再沉浸在自己所创造的、单一的、必然的、格式化的世界中。有人说，生活才是最好的剧本，生活远比电影要来得更戏剧化。教育过程所能给予的不是标准化、格式化的公式，而是如何应对生活，如何改善生活。生活是一个又一个未知数，人们甚至无法预料下一秒会发生什么，应该学着如何去应对发生的状况。要着重把握学生们的差异性、个体性，每一个学生都是独立的个体，教育的关注点应该多放在学生的特性上，而不是只关注如何普遍化。

学生是有生命的、鲜活的，他们不是公式里的符号，教师应该深刻认识到学生受教育过程中的不一般性，每一个学生都不同，他们都是有自己想法、会独立思考的个体，任何一个学生都会成长为大人。具体来说，学生所具有的意义，更重要的是他们有生命价值，不仅仅局限于文化意义。

综上所述，课程不应该只局限于知识，也不仅仅是经验课程主义的单一化。课程应该在经验的基础上教授，同时也让学生们在自主活动中获得经验。从外界获取经验，然后再将自己的经验重建、加多，这就是课程的意义。课程是引导人思考、引发人思索的过程，让人们参与到创造性活动中来。这就要求参与者们进入现实生活中，只有在生活中，才能够开展实际创造活动，否则一切都是空想。总而言之，就是要将教学重点放在生活中，不能够将过多的关注度放在课本、分数、知识上面。相比较来说，人们的生活经验要比只学习书本知识更加切合实际，也更有用。要在现实生活中思考，要在现实生活中反思和批判。

（三）潜能教学课程观

潜能教学课程观既不是结构主义的，也不是经验主义的，但是它却将两者的优势很好地结合起来，形成了自己独特的课程观。

1. 对结构主义课程观的吸纳和改造

潜能教学吸纳结构主义思想在课程中的合理性，这一合理性是基于结构存在于许多课程之中的事实。并且，有意识地、自觉地运用结构方法，可以提高学生的分析能力、理解能力、逻辑能力，有助于把厚厚的课本"读"薄。结构方法是学生掌握课程的有效武器之一。

从总体上看，认知结构主义学习理论十分强调基础学科的早期学习，并且十分重视语言、文化、师生交往等教育要素或手段在学生发展中的作用，上述两点都与潜能教育的基本观点相一致。

但是，认知结构的学习观是通过对中小学生的学习过程进行研究而提出的，当该理论自上而下地推及学生的学习活动时，难免会表现出年龄阶段的限制性。因此在某些具体的观点上，两者可以做出如下的比较和区分。

认知结构的学习观认为知识有三种不同的表征方式：动作性的表征，即知识是用动作的方式来表达的，如学习骑自行车等；图像性的表征，即知识是用表象、图形来表达的，如想象 1 千米的距离有多远；符号性的表征，即知识是用符号来获得和表达的，如阅读文章。

同时学生智力发展水平不同，其再现或表征知识经验的方式也不同，知识表征的发生、发展顺序也是按照上面描述的三种形式。

动作性表征在个体智慧的发展过程中发生得最早，是幼儿认识外界事物的主要方式。因此把这种模式看成是学生认知或智力发展的第一阶段或知识掌握的初级水平。在学生的认知发展中，图像性表征在动作性表征之后出现，而且在 6~7 岁的学生认知活动中表现得最为明显。因此将它看成是学生认知发展的第二阶段或知识掌握的第二级水平。

符号表征出现得最晚。符号表征指运用符号、语言文字为依据的求知方式。认知至此，表示心智能力发展臻于成熟，可直接从抽象思维，从彼此相关的事件中，发现原理原则，从而解决问题。

尽管个体的知识表征存在上述顺序，但是这三个阶段并不是与年龄相适应的，个体的智力发展存在着质变，这三个阶段既构成从幼儿到成人的长期宏观的大循环，又构成短期微观的小循环。

潜能教学认为，发展是一个连续的难度递增的过程，是一个经由许多个量的积累到许多次小的质的变化的过程总和。在具体教育过程中，通过"学习"和"发展"两个维度来进行教学设计，提出"多元学习、梯度发展"的教学方案。所谓"多元学习"指强调多感官、多领域、多维度、多落点、多变式、多方法的学习策略。所谓"梯度发展"指"小步骤、阶梯化"的发展策略。而层级的划分原理就是根据不同阶段的学习特征，同时综合了教育心理学中所涉及的一些学习理论，将整个学习过程分成"六段式"发展层级。

潜能教学十分看重学科自身的结构，尤其是学科结构中的关键要素。将这些关键要素像建筑中使用的预埋件一样在早期植入，并且抓住与质量关系最为密切的特征要素进行重点训练，反复强化，从而达到学习事半功倍的效果。以阅读能力为例，认读、获取和概况信息等要素是所有学习者都具备的平衡要素，而视觉速度要素就是一个特征性要素，需要专门加以训练。开始阅读时，进行阅读速度训练，而不是去直接抓阅读量，这样的训练方法带来的结果是，由于速度技能的成熟和提高，接下去的阅读量自然会大幅度提高，远比仅仅抓阅读量而忽视阅读技能的训练的结果要强很多。

2. 对经验主义课程观的吸纳和改造

学生生活是学生学习的方式之一，也是学生教育开展的重要方式之一。虽然生活即学习，也就是生活即教育，但是完全不加干预、顺其自然、"放养"的童年生活不能等同于学生教育。教育应该能站在学生发展的前面，设置合适的发展环境，有目标、有方法地引领学生学习，才能在学生的发展上达到全面、和谐、高质量、高效率的目标。

全面理解学习概念，全过程安排学习时间，高弹性分配时间。反对用一切机械的方式理解学习过程，更不赞成学习就是"我教你学""课堂学习""知识学习"的观念，也不认同学生的学习就是顺其自然的生活、游戏的观念。这里认同广义的学习概念，强调学生的主导活动就是学习，强调一切活动对学生的影响，强调学习的多元性，强调学习的拓展性，强调学习不仅仅发生在教育者的指导下，学习是全天候的过程，学生只要清醒时，学习过程就在发生着。

与生活即学习类似，游戏即学习，但仅仅强调游戏学习也是难以实现学生理想发展的。原因是游戏仅仅只是一种学习方式，而且游戏的设计难以建立起明确的难度等级，很难一步步地提高。

学生的学习方式是多种多样的，提倡多元拓展学习，强调利用学生常见的学习方式，包括游戏方式进行多元学习。

然而，比分析问题、解决问题的能力更重要的是以学生身心健康、和谐、全面、高质量、正迁移、可持续、多选择的发展为目标，在尊重学生人格的前提下，站在全程发展的高度，强调全过程设计、低重心起步、无接口过渡、主干性塑造、多维度提高、反馈式管理、高弹性选择、小组式教学、个别化辅导、个性化培养、重点性突破、持久性推进、超常规发展。潜能教育的课程强调以下八大要点。

（1）突出一个中心。强调以学生潜能发展为中心。反对三个中心，即反对以教材为中心、反对以教师或家长为中心、反对以学生为中心的观念或行为。评价教育教学行为和方法的标准就是看这一行为或方法是否符合"学生潜能的理想发展"。只有以学生潜能的理想发展为中心，才能最终有效和高质量地促进学生全面发展。

（2）贯彻"两全目标"。强调用"四全方针"贯彻"两全教育"，实现"群体普通学生理想发展"。潜能教育采用全程脑建构教育方案，始终强调"全员参与的、全过程、全天候、全方位的"的"四全方针"，来全面贯彻"面向全体的全面教育"的"两全目标"。

（3）兼顾三个层次。强调能量型、信息型、动力型三层次脑力开发。在教材改革上，强调抓中间促两头，紧紧抓住信息型脑力开发的信息优选，科学合理地整合教材体系，带动能量型和动力型教材改革；在教学改革上，强调抓两头带中间，以动力推动、能量建构型脑力开发为主要目标，在进行动力型、能量型开发的基础上，兼顾知识的积累，促进信息型脑力开发。

（4）覆盖四类课程。强调生活实践课程、潜在课程、微型课程、领域课程四类课程的全天候覆盖，高效、科学地利用和分配时间，创造发展与学习的机会，注重脑的学习方式，不断转换目标内容，提倡积极休息的学习观念，使大脑各区轮流休息。

（5）重视五大领域。强调重视基本的运动操作领域、言语领域、认知领域（科学领域）、艺术领域和社会领域。

（6）协调六段发展。对整个教育阶段的课程采取"六段式"整体设计，其中基础教育阶段涉及前三个阶段。这六段分别为：脑力开发（0~4岁）、能力培养（5~8岁）、知识扩充（9~12岁）、学科多元化（13~16岁）、探索发现（17~20岁）、创造发明（或个性张扬，21~24岁）。人们认为不同时期、不同阶段，课程设计有着不同的重点。但这些阶段并不是相互分离的、无关的，它们既相互独立，又有机联系；既相互分离，又互相重叠。

（7）强调多元学习梯度发展。反对对学习进行狭义的理解或解释。学习不仅是"你教他学"的过程，学习不仅发生在课堂，学习不仅是知识积累的过程。强调广义学习的概念，认为学习不仅是直接经验的获得，更是间接知识的掌握。但在系统学习过程中，不仅要"坐"下来学，更要"站"起来学。强调学习是多元性的、多途径的、多形式的，而且学习是递进式的。因此，提倡多元拓展性学习，强调梯度性的发展。在学习的过程中，还要将所谓自然学习或自然获得的规律与间接学习或系统学习的规律整合起来，构成一个更加完整的学习系统。

（8）实施全程管理。强调全程管理最主要的是战略管理，即前瞻性总体目标设定，反馈性阶段性目标管理，全过程成长环境及教学质量控制，全过程学生发展质量动态管理，全天候课程设计，全方位身心目标。在宏观上采取"维度、内容、时间、过程、目标、质量"十二字管理方式，即采用维度确定、内容选择、时间把握、过程控制、指标评价、综合实施等手段，确保学生身心发展三部曲（达标保底、超标发展、脱标分化），即第一阶段达标保底，第二阶段超标发展，第三阶段脱标分化，并且强调特长发展不封顶的原则。为此，老师要掌握有关学生早期发展的各项指标，知道它们在某个年龄阶段中所处的位置，有效地确定出每一个学生的最近发展区，促进学生高效、全面地发展。

二、潜能课程的教和学

教与学是矛盾对立统一的双方。教，是教学中矛盾的主要方面。教学设计控制着教学节奏、教学方向、教学过程，决定着教学目标的实现，教师在教学中起主导作用。学，是教学中的次要方面，尤其在课堂教学中，学生始终处在被动一方。但教学目标的实现要通过学生来完成，学生是教学活动的主体。教与学的概念是从教学现象和教学实践抽象和概括出来的，教学的内涵也随着历史的发展而发展。

（一）潜能教学的主导——教师

潜能教学的主导者是教师。教师是人类灵魂的工程师，广义上看，教师还包括对学生产生最初影响和最长久影响的家长。

父母是学生的第一任教师，也是终身的影响者。他们对学生直接或潜在的影响几乎超越所有的职业教师。然而，今天的有些家长对学生成长的关心已经走到了极端，在缺少科学养育知识的背景下，他们用最原始的爱和本能推动自己的教育，并永远坚信自己是对的。这些父母们付出了极大的代价，然而，一部分的学生在成长的过程中发生了偏移，离开了正常的成长轨道。他们缺少责任感，以自我为中心，自私自利，追求功利，没有远大理想、缺乏创造力、实践力与行动力。他们被培养成为"索取的一代"，而不是奉献的一代。

因此，今天学生的父母是最应当受到教育的人。创造教育的第一步不仅是创造教师，更重要的是创造父母。父母的创造是有关灵魂与品德的重塑、是有关胸怀与见地的重塑。只有父母们自己成为一个有责任、有高度、有胸怀、有理想、有追求的人，才有可能用自身的力量去引领学生走上正确的道路，才有可能学会科学育儿，整个教育才会少走许多弯路。

职业教师作为"传道授业解惑"的引路人，应对工作有着极高的热情、耐心以及爱心，也只有这样的教师才能实现教书育人的崇高理想。教师对教学有着极高的责任意识，有着为人服务的奉献精神，为人师表是教师应坚守的职业信仰，在教学过程中应该对学生施加关爱、尊重、鼓励和支持。众所周知，教育质量主要决定于教师的教学质量，提高教育质量可以实施国家倡导的"人才强国战略"，从而培养更多人才。

教师、教育、科技三者之间有着不可分割的联系，科技的发展受制于教育，而教育决定教师的教学工作，当教育、科技在一定程度上得到提高之后，我国的综合国力也会随之增强，即"科教兴国"。教育科学的快速发展，会受到教育者、教学人才的影响，我们要在教育者的帮助和鼓励下，培养更多人才，真正做到超常教育、资优教育。

每个人都具有无限的潜能，要想培养出超常或者资优的学生，就要有超越常规或优质的教育。

学生的发展不但具有可塑性而且极易受环境和教育的影响。提倡用环境影响学生，用心灵塑造心灵，用爱心温暖童心，用知识拓宽视野，用人格塑造人格，以智慧启迪智慧，以能力培养能力。为此，"塑造灵魂的灵魂"已成为希望超越传统的最关键、不可缺少的第一步。

为了成为理想的教育者，教师首先要重塑自己的学生观、发展观、教育观、学习观、游戏观、环境观、自然观、先天观、成熟观、智力观、教学观、教师观、育儿观、天才观、早教观、差异观、潜能观、职业观等一切与学生发展相连的观点，并且重新认识早慧与超常、早期发展与早期教育、早期学习与早期教育、先天与后天、个性与共性、种系与个体、发生与发展、阶段性与长期性、生理与心理、成熟与学习等一系列相互关系的问题。

人们接受教育，不仅仅是出于社会的规范、道德的制约，更重要的是出自人们对教育本身的敬畏，对教育本身的热爱与追求。当教师进行教学活动时，自身的言传身教能够引导、鼓励和支持学生，能够以自身作为榜样，以自己的行为影响和感化学生，让学生在潜移默化的影响下，学到更多文化知识，有效地提高思想文化素养，成为祖国未来的人才。学生作为一个独立的个体，能够在教师的教育下成为具有独立人格、能够独立思考的优秀人才，同时还能增强自己的创新意识和实践精神，从而在各个方面都得到快速成长，成为国家的栋梁之才。学生的变化发生于每时每刻，对于学生的成长而言，没有一刻是无关紧要的。

虽然学生是一个独立的个体，有自己的思考能力和学习、生活精神，但是依然需要教师的指导和帮助，才能将自己的能力发挥到最大化。比如教师可以根据学生的特点，因材施教，规定学习时间，制订学习计划，对学生在学习中存在的问题要及时给予回答和帮助，要为学生创造更多的学习活动、实践活动等。要充分发挥教师的作用，关心学生的学习需求，关心他们的学习生活，帮助学生实现全面发展。

一位优秀的人民教师，将扮演各种各样的角色，比如父母、教师、心理医生等，她们既要有父母对学生的爱心、耐心，又要有教师的为人师表榜样，还要有心理医生关注学生的学习压力、学习情绪以及生活中的烦心事，帮助学生排忧解难，使他们健康成长。

最为重要的是，一名理想的教师不仅关注学生的成长，还会关注学生的家庭与父母，并积极向父母传递科学育儿知识。父母是教育的另一个重要对象，教师只有意识到父母和家庭的重大作用，并努力影响家长，才是最理想的教师。任何一个出类拔萃的学生都是家园、家校共育、配合的产物。全面的教育必须超越课堂，只有教师与家长携起手来，才能创造出理想的教育。

（二）潜能教学的主体——学生

在一个民族、一个国家中，学生是最具发展活力的人群，是最具塑造潜能的群体，是国家进步最重要的力量，是未来的全部希望。塑造他们、引导他们成长不仅是父母们的需要，也是国家发展的需要、民族昌盛的需要。

学生是发展的主题，充满着勃勃的生机，但需要成长的关怀和正确的引导。学生处在人生发展最敏感、最具可塑性的关键时期，是性格与习惯、态度与价值、责任与能力形成的关键时期。学生时代养成的习惯与性格等一切品质，不仅与学生的未来命运有关，也与民族、国家发展的命运相关。一代代人命运的决战不在终点的冲刺，而是始于成长过程中不断地积累与塑造。

毫不夸张地说，一个国家的"学生发展战略"就是国家的发展战略。可以说，所有发展都是为了人，所有发展都要依靠人。

对学生发展关注的程度，不仅取决于国力，更在于认识、观念与态度。一个民族、一个国家对学生发展的态度，是对民族的考验、国家的考验，更决定着民族的未来、国家的未来。

1. 调动两个积极性

广大青少年学生是主宰 21 世纪的未来主人，重视祖国的未来，应注重当前的教育培养机制，积极构建以学生为主体的主体性教学体系，努力提升学生学习的积极性和创造性。主体性教学需改变传统沉闷的课堂氛围，加强师生之间的教学互动性，提升教师和学生的课堂主动性，让学生能够在民主、和谐、轻松的氛围中学习知识，掌握技能，激发其学习的主动性和创造能力，从而得到全面发展。建立主动性教学体制，就是坚持以人为本，追求教育的全面性，以教师为主导，以学生为主体，达到教与学相互促进、教学相长、良性循环的目标。

教学改革不仅要充分调动教师教学的积极性，更重要的是调动学生的学习主动性和积极性。随着教改工作的不断深入，课堂教学会越来越生动，学校会越来越具有生机和活力。反之，如果不重视学生的主动性，教改的成效则不明显，课堂教学效果会不理想。目前，教育改革呈现出两个特点：一是从素质教育角度出发，与简单的应试教育和升学教育相对，重视提升学生的综合素质，促进学生的心理、智力、生理等方面的全面发展；二是强调教育体制改革的整体性和完整性。从培养、教育的系统性和全面性出发，重视办学理念、教学内容、课堂设置以及教学手段、教学方式全方位改革。从单学科改革到所有学科改革，从课内改革到课外改革，都体现出教改的整体性。改革的出发点和归宿都是强调学生的主体性，素质教育也是为了学生能够真正掌握能力素质，成为21世纪的主人公。整体推进教育改革，构建以人为本、以学生为主体的能力素质教育，是教育改革的基本要素。

2. 主体性教学的模式

主体性教学模式形式多样，内容丰富，包括自学辅导式、问题探索式、学导式、结构化定向式、情景式等各种形式。这些教学模式形成了主体性教学的一般模式：研究以学生为主体的发展规律，围绕主体发展制订相应的教学目标；诱发学生的学习心向，研究学生的心理发展需求，促进学生产生学习的主动性、自觉性；启发学生产生积极的学习意识，使之会学习、会思考；树立自主学习的目标和方向，引导学生自主活动，发展学生的自主能力；引导学生自主反馈教学效果，培养具有自我调控的学习能力；课堂上充分发扬民主，使每个学生都能参与到教学过程中来，塑造其良好的学习心理，营造教学相长的良好教学氛围。

（1）研究以学生为主体的发展规律，围绕主体发展制订相应的教学目标。教学目标是指教学需要达到的标准和具体培养方向，是教师对学习效果的预期目标。教学目标设置是否科学直接影响教学成果能否成功。在传统教学方式中，教学目标主要强调教学知识是否传授到位，学习能力是否得到提高。传统教学中的目标订立建立在对学生片面认知的基础上，认为学生主要是教师传授知识的接收主体，并没有将学生真正作为课堂主体，发挥主体的独立性。所以传统的教学模式难以激发学生学习的积极性和创造性，他们只是被动接受知识，这不是主体性教学的目标。主体性教学希望学校将学生学习作为一个整体和系统来研究，尤其研究学生主体发展规律、认知规律、学习意志培养、观察力、记忆发展规律、思维规律等，研究学生的学习动机、兴趣培养、情感认知、学习毅力和习惯养成、三观养成、动手能力培养等。

由此，主体性教学达成了三个不同层次的目标，即认知能力、技能能力、心理素质三个方面。认知能力就是学生通过学习，掌握限定课时内须弄懂、会用的知识范围；技能能力就是在完成课程作业之外，掌握知识运用和相应技能情况；心理素质发展目标就是以学生的身体发育规律为基础，在一定阶段，学生心理、情感、思维等达到的程度和心理状态。

（2）诱发学生的学习心向，研究学生的心理发展需求，促进学生产生学习的主动性、自觉性。主动性学习心向指学生学习时心理状态的发展趋势，具体指学习动机、学习态度和求知欲等，能够促进学生三观的养成。主动性学习心向中最重要的是学习动机，没有正确的学习动机，学生的学习就是盲目被动的，不会成为真正的课堂主体。研究学生的心理发展需求，促使学生学习心向朝着正确的方向发展，能够使学生形成长久的学习动力、较强的学习欲望，而且可以培养学生成为学习的主人，发挥主体作用。因此，诱发学生具有好的学习动机，学习主动、自觉是提升学习效果，更好、更快掌握知识技能的关键所在。

从历史上看，学生学习被动的重要原因就是教师没有重视学生的学习心向培养。很多学生具有"不想学""不愿学"的学习心理倾向，师生之间的关系也由此受到严重影响。教师没有考虑到学生是课堂的主体，而是认为学生就要被动接受教师指导，如果学生不想学，也要学生学，学不会就要教会。这样领导式的师生关系，将学习过程变成了知识硬性接受过程，没有考虑学生愿不愿意接受、喜不喜欢这样。长此以往，学生学习会很痛苦，教师也教得很辛苦。相当一部分学生内心滋生了厌学情绪，甚至不喜欢教师和教学环境，对学校和教师产生反感和恶意。这样不协调的师生关系很大程度上阻碍了教学进程。虽然大多数学生都有求知欲望，但是处于身心发育不成熟阶段，不想学和不愿学心理主要是被强迫学习或觉得课堂没有吸引力造成的。要正确引导学生的学习心向，就要做到以下两点。一是强调学习目的，引导学生对每门学科及知识树立正确的认知方向，每门学科都是人类进步、社会发展和国家建设所需要的，也和个人成长、价值体现有着紧密联系。要建立科学的教学目标，通过主体性教学使学生养成系统学习、自主学习的习惯。二是采取灵活多样、内容丰富的教学模式，营造和谐、愉悦的学习氛围，引导学生愿意参与课堂学习，并产生内生学习动力，自觉主动投入到学习过程中。这种有主动性、创造性的学习动机能够大大提升学生学习的记忆力、思维想象力，甚至可能达到无师自通、超越自我的境界。此种学习方式无疑使学生真正成了学习的主人，具有了强烈的认知欲望和学习动力。

（3）启发学生产生积极的学习意识，使之会学习、会思考。通过主体性教学，启发学生的积极思维，促使学生主动学习，自觉思考，培养学生的独立思维能力和思辨能力、创造能力，从而达到会学习的效果。积极启发学生的独立思维是主体性教学的核心内容。虽然传统教学中也一直强调学生要独立思考、自主学习，但是具有局限性。教师往往想到学生是否能够真正理解消化教授的知识，在记忆基础上思考。此种学习方式使学生的思路不通畅，往往百思不得其解，固化了思维。传统的教学方式，使学生成了知识的"存贮器"，而不是灵活运用的主人，最终削弱了学生自主思维的能力。如何让学生成为学习的主人，由记忆型思维转向创造型思维，就成为了主体性教学的重点任务。

（4）树立自主学习的目标和方向，引导学生自主活动，发展学生的自主能力；引导学生开展自主学习活动就是教师针对学生不同特质，因材施教使学生独立进行智力行动，从而顺利完成教学目标。自主活动不仅包括作业，还包括自学、自评、自测。教师在课堂学习中灵活设计教学活动，让学生能够进行独立思考、独立演算、阅读等活动，使之能够适应时代发展需求，锻炼和培养自主能力，也只有这样，教师才能真正推动主体性教学的发展。

教师不能够一直主导学生的学习，而只能够给学生提供一时的学习方法，不能够一直牵着学生走。作为教师，也要给学生探索的机会。在以往的传统教育过程中，教师总是认为教学就是要以教为关键点，让学生自主探索，反而会造成一种混乱现象，而且会造成时间的不合理利用、浪费课堂的有效时间。所以，在以往的上课过程中，大都是教师在台上讲，学生在底下听，教师和学生之间很少有互动，有时候会有一些，但也只是一些简单的提问，也很快就结束。但是，这种互动的、让学生自主活动的过程，其实也是让学生自己探索自己、开发能力的过程，也是教育的另一种形式。如何让学生参与到这一过程中呢？作为教育方，教师和学校可以适当在学生之间组织一些小队伍，让学生自己讨论一些遇到的问题，让学生自主地、自发地去解决一些问题。可以不将所有课程规定化，留出一些适当的空闲时间，让学生自己选择参与一些自己感兴趣的课程。多开展一些自主性活动，留给学生充分的空间去探索，也表现了教师和学校的信任。但是充分的空间并不是完全放任，学生的三观尚未完全建立，还需要教师引导、帮助学生去学习。学生们要学的不仅仅是知识，还有探索的方法、学习的方法。学生不仅要记得学习的结论，还要多注重过程，学会用思维去看待问题、思考问题。要对学生们有约束，也要有表扬，让学生在规范学习的条件下，也能够有积极性。

（5）引导学生自主反馈教学效果，使其具有自我调控的学习能力。教学反馈是对比学生的学习效果和教学目标，找出差距，并作为调整教学行为的依据。教学反馈环节在教学体系中非常重要，主要包括以下几方面。建立师生互动双向循环反馈机构，以学生的学习效果为核心。多形式反馈，从学习态度、学习目的、学习情感、学习方法等多方面进行分析，研究教学速度是否得当、教学深度和难度是否适中。引导学生从自身方面查找学习效果不佳的原因，进行自我认知，体现学习的主体地位。教学需要建立经常性反馈机制，主要用于查找教学过程中的不足，进一步改进教学方式，提高教学水平。要经常与学生互动，培养学生自觉养成自我约束、自我评价的习惯。

（6）课堂上充分发扬民主，塑造良好的学习心理，营造教学相长的良好教学氛围。课堂教学充分发挥民主作用，能够培养学生积极参与到教学过程中，实现自身主体作用。教师与学生之间要建立和谐的师生关系，互相信任、互相配合。课堂上，教师发挥主导作用，积极让学生进行阅读、思考等自主活动，使其养成自主学习的习惯，营造轻松的学习氛围可以促进学生更好地形成学习心理，促进教学顺利进行。

健康正常的教学，不应当是谁绝对服从于谁，或者是谁管理谁。教师和学生的关系是绝对平等的。想要教学民主，就一定要确保教师和学生的人格是平等的。教师要尊重学生，在教学过程中，不能够动不动就呵斥学生，应该在教学过程中，根据学生的特长和优势，因材施教。用自己的方法以及教学优势教育学生，教育不仅仅是知识层面的提高，还要对学生进行心理、道德教育。不是每一个学生都热爱学习，所以作为教师，要做的工作就是培养学生的学习兴趣，"授人以鱼不如授人以渔"，要使学生自主热爱学习，才能够形成良好的学习氛围。教师们可以适当地举办一些活动，让学生参与进来，有助于班级凝聚力的汇集，有助于学生之间良好关系的形成。

以上六个方面是主体性教学的基本条件或基本环节，它们相互联系，相互制约，相互促进，形成比较完整的系统。

当然，主体性教学是一项复杂的系统工程，需要师生全身心地投入，需要教师不懈地努力，需要教师不断更新教育教学观念，全面提高教育教学素质，还需要良好的外部环境（如尊师重教的社会风尚、完善的教学设备条件、优美的教学环境）和配套的教育改革政策和措施。

（三）潜能教学的策略

在教学方法上，采用班级式管理、分组性教学；集体性设计、个别化督导；总体性目标、阶段性实施；主干式发展、分支性巩固；领域式维度、整合性操作；集中式学习、分散性巩固；小步骤循环、阶梯式递进；重点性突破、不间断强化；反馈式调节、倾向性选择、个性化发展等教学原则，强调动静结合、学做结合、听说结合、家校结合、保教结合、长短课结合、室内外结合、进退结合，强调通过"程序教学动力定型"，利用"环境教育潜移默化"，借助"养成教育习得自然"，并牢牢抓住以下原则。

（1）按思维发展规律开展教学。思维发展有其自身规律，从直观行动思维到具体形象思维，再到抽象思维，三种思维代表三个阶段的思维发展，不同的阶段应抓不同的重点。

表象思维的基础是表象记忆。表象是人们未开发右脑的极大宝库，右脑的开发能够改变获取知识的方式、表现的方式和思维的方式。表象思维训练由表象记忆训练开始。表象记忆训练遵照由简到难、由慢到快、由短到长等难度梯度原则。表象是外在对象的内化，因此既可以是独立的、静态的，又可以是连续的、动态的。大脑加工表象的能力是一个技能化过程，表象再现能力是一步一步训练获得的，特别是大脑有意识地快速提取表象并清晰稳定地呈现在脑海里，是一种因训练而获得的大脑品质。

（2）按概念形成规律开展教学。概念形成有自身规律，并按一定的过程发展。概念形成不是一次完成，而是在不同年龄中反复学习而逐步获得的。因此不应希望学生一次达到了解或掌握概念的目标，而是在不同的年龄阶段，达到本年龄阶段的目标。概念形成规律仅仅适用于自然发展，超常发展需要超常规律，需要对概念形成的本质有更深层次的了解，只有这样才能在最短时间内达到最佳的教育效果。这就是大题量、多维度、短时间、浓缩性、递进型、尝试顿悟发现式概念快速形成教学法。

传统学习，追求理解学习，总是希望每个目标各个击破。不同的年龄阶段独立地学习完整概念，使不同年龄阶段的学习任务及学习方式几乎一样，违背了概念形成规律，学习效果低下。

为了改变传统学习方式，采用概念形成层次的学习方法，即第一个阶段学习认识一些事物；第二个阶段了解这些事物的功用特征；第三个阶段理解这些事物的多项特征；第四个阶段对这些事物归类及分类，并初步了解这些事物的本质特征；第五个阶段掌握其中部分概念的本质特征。

（3）按技能形成规律开展教学。智力技能是指组成活动方式的动作在头脑内部实现，是在头脑内部分析与综合、抽象与概括事物等智力活动方式。

操作技能是指组成活动方式的动作由一系列外部活动或操作构成，是通过练习形成和巩固的随意行动方式。因此，练习或训练就成为操作技能发展的最基本方式。其中，熟练化、自动化、动力定型、随意化是技能成熟的表现。

教师必须充分理解和掌握技能学习规律，高效率组织有效的教学活动，高度重视效率概念，反对一切无效的教学活动。

（四）潜能学习的策略

全面理解学习概念，全过程安排学习时间，高弹性分配时间。反对一切机械方式理解学习过程，更不赞成学习仅仅是"我教你学""课堂学习""知识学习"的观念，也不认同学生的学习就是游戏的观念，更加认同广义的学习概念，强调学生的主导活动就是学习，强调一切活动对学生的影响，强调学习的多元性，强调学习的拓展性，强调学习不仅仅发生在教育者的指导下，学习是全天候的过程，学生只要处于清醒时，学习过程就在发生。为此，生活即学习，交往即学习，游戏即学习，模仿即学习，探索即学习，尝试即学习，训练即学习，坐下来学也是学习。

追求生动活泼的"主动学习"，但不反对"被动学习"概念。"主动学习"不仅是一种能力，更是一种发展目标，其是一种因学习而获得的能力。学生主动学习的能力需要培养，被动学习是通往主动学习的阶梯与桥梁。

强调直接经验的重要性，但也坚信间接经验的获得是个体高质量、快速发展必不可少的条件。个体无法事事用自己的亲身经历去领悟、去发现、去总结，人类文明财富需要通过系统的间接经验来获得。因此，学校系统的学习必不可少。学习场所不仅是学校，家庭、社会也是最重要的学习场所，对于学生来说，家庭尤为重要。参与及实践有着重大作用，兴趣是学习的最大动力，快乐是成长的最根本要素。

教学内容的基础性、连续性与超前性十分重要，对课程全面的理解有助于对学生心理结构与功能的长效影响以及教学内容与学生心理发展水平的对应。

第二节　课堂的设计与创意的潜能激发

一、创造良好的课堂氛围

（一）创造良好课堂氛围的技巧

1. 激发学生的兴趣

巧妙的课堂导入是创设良好课堂教学氛围的重要环节，可将学生的注意力迅速集中起来，使其饶有兴趣地投入到新的学习情境中，提高学习效率。

巧妙地导入、创设愉悦的情境，使学生的大脑和整个神经系统处在良好状态，有利于他们进入积极的学习状态中。

2. 引导师生互动

首先，教师必须在思想上平等地对待学生。教师在教学中应把学生当作研究者、合作者，而不是接受者。其次，学生接受教育的过程也是学习研究的过程，从这一角度来说，教师与学生也是平等的。课堂教学是教师和学生的双边活动，教师只有把学生当成研究者，才能使课堂出现其乐融融的学习氛围，真正将教学的重心从"教"转到"学"上来。

教师要善于开发学生的思维潜能，在学习上打破师生界限，增进师生间互动，使学生在自由民主的学习氛围中形成自主的学习心理。如语文教学诗词课堂中，教师和学生可以一起比赛朗读，并制造比赛氛围，学生会读得抑扬顿挫，铿锵有力，给人以美的享受，在教师讲解词句时学生就能透彻地理解词句的豪放、磅礴。如此，引起学生的兴趣，教师就可以顺水推舟，鼓励他们查找资料，写一篇赏析文章。这样的课堂充分展示学生的自主风采，发挥他们潜在的能力。

3. 培养自主学习

一个真正的文化人，不应该是知识的容器，而应是善于思考的人。要营造良好的课堂氛围，教师就应培养学生的思辨能力与自学习惯。

学生有一个共同特点：随着知识面的扩展和理解能力的提高，他们总希望有较多机会表现自己独立思考问题、研究问题的能力，显示自己特有的才能。养成学生自主学习习惯的渠道很多，以阅读教学为例，鼓励学生查资料，了解作者及写作背景等都能帮助学生养成自主学习的习惯。在教学过程中，教师可要求学生查资料，做背景知识准备，让他们懂得不这样做将影响阅读理解的过程和结果。激活学生思辨的火花，就是要敢将矛盾引进课堂，引发学生的自主思考。教学的主要目的是培养学生终身学习的能力。学生拥有自主学习能力和思辨能力，有助于提高其自学能力，有利于其以后的学习。

4. 激活创造思维

创造想象是教学过程中的重要因素，应贯穿于课堂教学的始终。想象训练主要有两种形式：顺向思维和逆向思维。在语文课堂教学中，巧设问题可以激发和引导学生的创新思维。受传统观念的影响，人们对于某个问题的认识往往形成一种思维定式，教师应尽可能鼓励学生发挥逆向思维，彰显个性。

5. 教学中的熏陶渐染

在语文阅读教学中，教师要引入创设与教学内容相适应的具体场景或氛围，引起学生的情感体验，使学生在情境中动情，在情境中共鸣。

教学不是简单的传承，不是外在的灌输。阅读教学中，教师应引导学生从美好的情感入手。人的情感培养主要不是依靠说理，而是依靠人类情感的传递，阅读是传递、培养情感的重要途径。教师在阅读教学中注重营造和谐的情感氛围，调动学生丰富的内心情愫，让他们用心去感受和体验作品中对自然和生命的关心与思考、对生物命运的把握和喜怒哀乐情感的宣泄。当然，营造良好的课堂氛围，不仅包含以上内容，还有伦理、心理、情感等。教育所要培养的不只是拥有语文知识和修养的人，其完整目标应是培养"完整的人""全面的人"。要树立"以人为本"的理念，不断探讨课堂教学，科学而艺术地捕捉教学细节，改变教学行为，引导学生与文本对话，与作者对话。

（二）心理教育对课堂氛围的作用

课堂心理氛围是学生课堂学习赖以发生的心理背景，作为学习心理活动与学习的个性特征之间的中介因素，通过影响课堂活动中学生的学习动机、学习行为、学习情感体验以及评价效应，进而制约学生的课堂学习效果。在不同的课堂心理气氛中，学生的学习积极性、学习兴趣、学习情感体验、学习注意力存在很大差异，学习中的智力活动和操作活动也有较大区别，这些必然会影响学习效率。人的心理状态既能提高人的各种心理机能，也能降低各种心理机能，活动效率对心理状态依赖程度的变动幅度比较高。积极良好、和谐愉快的课堂心理气氛能使学生大脑皮层处于兴奋状态，有利于学生的智力活动。在此种心理气氛下，学生思路开阔，思维敏捷深刻，想象丰富活跃，记忆力增强，精力旺盛，积极主动，且容易受到"社会助长作用"的影响，能引起学生兴趣，从而更好地接受新知识，并在新知识的基础上分析、综合、联想、推理，开展创造性学习。而消极压抑的课堂心理气氛易使学生的智力活动受到抑制，思路狭窄，思维变得呆板拘谨，虽然被迫接受了一定知识，但难以独立思考、积极探索，不利于学生的创造性学习。

积极良好的课堂心理气氛也是促进学生社会化的重要条件，主要通过暗示和流行来发挥作用。因为课堂心理气氛会通过教师和学生的言语或非言语而暗示他人。暗示在无压力的情况下产生，表现为无意识的屈从，使被暗示者产生与刺激者相同的情绪，并有可能产生由相同情绪控制的行为。同时，课堂心理气氛也会使许多学生追求某种行为方式，从而导致学生间产生"连锁性感染"。流行的行为往往会被打上切合时宜的印记，促使学生们追随它，发挥统一学生行为的功能。同时，流行又能引导学生们摆脱现状，具有创新功能。

综上所述，课堂心理气氛影响着学生的学习效率和人格发展以及社会化进程。良好的课堂心理气氛，对于提高教与学的质量具有重要影响。而良好课堂心理气氛的营造，需要教师的精心组织和主动创设，教师是良好课堂心理气氛的创设者和维护者。

（三）改革课堂教学，开发学习潜能

新时期的课程改革要求从关注教师的"教"转到关注学生的"学"，这一视角的转变对我国现行的课堂教学、教师教学行为及其相关的教学管理等都带来了巨大的冲击和全新的启示。新课程改革倡导发展性评价，要求教师用发展的眼光看待每一位学生。教师应对学生进行全方位评价，促进学生学习潜能的开发。综观教师的评价，主要有以下三方面策略。

（1）定位，对学生的学习状况进行标准描述。要关注学生的个体差异和不同学习要求。只有具有针对性和指向性的评价，才会对学生有直接促进作用。评价一方面要明确指向，体现针对性；另一方面要给出准确而恰当的结论。"说得对""说得清楚明白"和"说得具体""说得生动、形象"等评语，其内涵和作用各不相同。它们各该用于什么时机、什么场合，都有一定的讲究，合理使用能使评价具有实在意义。

（2）引导，为学生的学习指引努力方向。评价既是前期活动的终结，又是新活动的开端。二者中，后者比前者更有意义。所以评价要尽量为新的训练引

路导向，使评价具有导向性。导向性评价既是评价，又是导向。此种导向建立在肯定评价的基础上，学生易于理解便于接受，所产生的效能多半大于专门性导向。对于不同的情形，教师应给予灵活有效的评价。对于非此即彼，有唯一答案的问题，教师一定要加强评价的针对性、诊断性，以总结性评价澄清正误，明确是非；对于多元解读，见仁见智的问题，更要采用导向性评价，其将直接影响学生思考的方向和思维的深度、广度乃至教学的效果。

（3）激励，给学生的学习注入不竭动力。在新课程理念的指导下，教师要善于运用巧妙、机智的语言纠正、鼓励学生回答问题，注意情绪导向，做到引而不发。亲切的话语既能保护学生的自尊心与积极性，又能积极引导学生深入思考，使整个课堂显现出融洽和谐的氛围。

（四）增强课堂教学的开放性意识

培养创造型人才是当今世界各国教育改革的共同目标，素质教育的重点就是培养学生的创新精神和实践能力。打破传统的教师中心、教材中心、备课中心的封闭教学模式，实施开放性的课堂教学是创新教育的重要组成部分。课堂教学是实施创新教育的根本途径，是培养学生创新能力的主战场，而培养创新能力首先要激发创新潜能。开放性课堂教学的实施能更加有效地激发学生的创新潜能，培养具有创新能力的新型人才。

人作为教育之本，是教育的出发点和归宿点。应试教育向全面素质教育的转变，实际就是把教育的目的转到培养人的目标上。教师重技法传授和技能训练，而忽视学生能力培养的现状，滋长了教师以自我为中心的思想，造成了学生投师所好，认为临摹得像就是画得好的错误想法，阻碍了学生创新潜能的开发。因此，在实施创新教育的今天，教师必须转变观念，增强课堂教学的开放意识，努力开发学生的创新潜能。

1.开放学生个性，激发学生的创新意识

没有个性就没有创新，个性的全面发展是培养学生创新能力的前提。创新教育在面向全体学生时，对于学生之间存在的个体差异要坚持自主选择和主动探究原则，将学生的需要、动机和兴趣置于核心地位，鼓励学生质疑求异和勇于挑战，从而促进学生的个性发展，激发其创新意识。

在教育中，学生经常会提出一些不同寻常的问题，产生一些不同寻常的想法，这是学生灵感的闪现，也是创造思维的初现，其中有些特点很有可能就是显露学生创造意识和艺术才智的"闪光点"、出佳作的好苗头。教师要及时发现这些特点，善于捕捉学生灵感的"闪光点"，对这些创造性思维给予高度的重视和保护，因势利导，鼓励学生充分发挥创造力和想象力，立足于自身实际，将自己的内心世界以独特的方式大胆地表现出来。同时要能对他人的作品发表自己与众不同的见解，促使其形成宝贵的艺术个性和创造素养。教师的具体做法有以下几点：一是要尊重学生不同寻常的提问；二是要尊重学生不同寻常的想法；三是要向学生表明，他们的想法是有价值的，为自主思考的学生提供机会并给予肯定；四是要给实践或学习提供一段不受评价的时期。对作业中的优点，教师要及时给予鼓励和表扬；对存在的不足，要给予耐心的指导和帮助。民主、温馨、平等的环境非常有利于创造意识的培养，为形成健康的心理素质，完善个性发展奠定良好基础。

2.开放教学内容，调动学生的创新欲望

兴趣是成功的一半，积极的思维和良好的效率往往建立在浓厚的兴趣之上。因此，在美术教学中，教学内容应力求构思新颖，趣味性强，能充分调动和激发学生学习的积极性和主动性，利于培养和保护学生的学习兴趣和信心，引发学生的创新意识，从而培养和提高其创造能力。开放的教学内容还应该在设计与实施中体现学生活动的参与性、自主性和探究性，引导学生开展丰富多彩的探究性学习活动，帮助学生学会发现、学会探究、学会创造，开阔学生创新的空间。

教师要挖掘不同层面的知识，结合学生的个性差异设计课程教学的全过程。不同程度的学生可以学习不同层次的美术内容。教师灵活地掌握课业内容，抓住基本知识点的同时，从教材内容中挖掘出具有创新倾向的知识，调动学生的学习兴趣、积极性，从而激发其创造欲望、创新潜能。教师应创造性地使用教材，优化课堂教学内容。长期以来，"教学内容就是教科书"的观念在人们头脑中根深蒂固，这种只局限于教材内容的美术教学是狭隘的、封闭的，不利于培养学生创新能力。人们周围到处有美的事物，到处有美丽的画面，教师要善于利用美术教学的特点，密切联系生活、联系周围的环境整合教学内容，拓宽美术教学的途径，创造性地使用教材，扩大学生创新的空间。

3. 开放问题设计，激发学生创新的需要

人天生具有积极探索周围环境的需要，对周围一切充满好奇心，即认识与理解的需要是个体的强有力需要，在这种需要的引导下，个体会产生一系列活动，而这种活动就是创新活动的基础。

任何创新都源于问题，开放性的问题设计，就是要求教师设置问题情境，使学生产生发现新问题、运用新方法、解决新问题的需要，从而开发其创新潜能。开放问题设计的过程是：巧设疑问，激发学生发现新问题；启发质疑，引导学生运用新方法，解决新问题；举一反三，激发学生的创新潜能。

二、课堂评价促进潜能的开发

课堂评价在课堂教学中发挥着重要作用，可以成为课堂教学的推进器，使课堂教学向着更高的境界迈进；其又是课堂教学中的调和剂，可以拉近师生、生生之间及文本与学生之间的距离；其还可以成为课堂中的清醒剂，让学生的思维活动能够向着正确方向行进；其更是发挥学生潜能的促进剂，使学生在课堂教学中焕发令人惊喜的生机与活力。

建立学生全面发展的评价体系，不仅要关注学生的学业成绩，还要发现和发展学生多方面的潜能，了解学生发展中的需求，帮助学生认识自我，建立自信。发挥评价的教育功能，促进学生在原有水平上的发展。

坚持这样的改革方向，总结实践教学在课堂评价方面的经验和教训，积极有效的课堂教学评价应该关注以下四个方面。

（1）评价的全面性。对学生的全面评价即从知识、能力、过程、方法、情感等方面对学生的学习进行多元化、多标准评价，是促进学生全面和谐发展、提高学生综合素质的有效手段。课堂教学中对学生实施全面评价的可行之路是观察，或者说，对学生的观察本身就是一种评价。如"很快做完作业，十分自豪地交了上来""学习成绩很好，却对新开设的探究课感到沮丧和无奈""某位同学的语文总考不好，但他的诗写得很有感染力""班里其他同学经常取笑他"等，这些都是对学生的评价。为求观察与评价的全面性和实效性，教师可编制较为详尽具体的多元化课堂观察评价表。当然，如果教师头脑中有较强的评价意识和明确的观察指标，那么就没有必要花费时间和精力去制作和填写表格。

（2）评价的适度性。一方面，鼓励和赞扬是开启学生心理、感情大门的钥匙，能有效增强学生的自信心、参与意识和自主意识，有利于学生人格的健康发展。身为教师，必须明确一点，每一个学生心中都有潜在的上进心和荣誉感，甚至是虚荣心。教师应成为美的发现者，善于在每一个学生尤其是学习成绩总是提不上去或性格内向自卑的学生身上发掘各种闪光之处，并及时适当地传递给学生，一旦这样做，一段时间之后，教师就会惊喜地发现教育中的优秀评价的确具有超乎想象的威力。

但另一方面，教师也应看到一味赞扬、鼓励往往会助长学生的自满情绪和浮躁心理，使他们不能及时了解自身的不足和问题所在，久而久之，学生在错误的道路上越走越远，会严重影响后来的学习和发展。因而教师对学生的赞扬应因人、因时、因情境而异，该大加赞扬时不吝溢美之词，该客观肯定时要公正适度，但在不足与问题面前，则应明确指出，以免危及以后的学习。一旦面对学生的严重错误，更有必要严厉批评，以绝后患。对于课堂上调皮淘气的学生，教师可以直接指出他的不足，而对于一向老实沉着学生的反常行为，则应谨慎处理，不可当众呵斥。

（3）评价的具体性。课堂教学中，教师的每一句评价都应具体明确，不能过于笼统，只说一句"你真棒""很好"等，简单评价只能使学生听起来糊里糊涂，起不到评价的实际意义。教师不妨借鉴如下课堂评价语言"你听得真仔细，这么细微的地方你都注意到了""你的思维很独特，能具体说说你的想法吗""读得多有感情啊，尤其是对话读得最出色，读出了不同的语气，大家都被你感动了""你是一位非常负责的材料员，每一次实验后都能把材料整理得整整齐齐"，这样的课堂评价一方面能使学生感受到教师对自己的尊重，感受到教师确实认真地观察自己的行为或听自己的发言，另一方面也会使学生认为自己确实拥有教师所说的优点，从而大大增强自信心和学习热情。

（4）评价的及时性。课堂教学中，教师应有一双敏锐的眼睛，时时注意观察学生的掌握状况、情绪态度、言谈举止，并及时给予恰当的反馈，从而使课堂教学在积极热烈的良性互动中不断得以推进，也使所有学生都能获得不同程度的启迪和提升。

及时性评价要求教师对学生的课堂行为具有较高的敏感度，要多观察，并善于发现问题，准确把握学生的思维和情绪状态。同时，教师还应不断提升自己的应变能力，对学生的种种反应做出及时而恰当的评价。

　　需要特别指出的是，课堂教学中，在没有弄清问题的实质、没有看清学生的真实意图之前，教师的及时性评价准确地说应该体现为一种恰当而及时的应对措施，这种表现为宽容、忍耐和期待的延迟性评价，与评价的及时性并不抵触。

第三节　教师能力培养中的潜能提升

一、增强自身知识储备

如果教师的知识面狭窄，讲课就会照本宣科，学生觉得枯燥乏味，久而久之就会失去学习的兴趣和宝贵的求知欲。此外，有的教师还会出现知识性失误。

现在中小学生的独立思维能力逐步增强，他们最不能容忍教师的无知与无能。这一点不仅体现在对于教师专业功底的要求上，也体现为对教师的各方面知识和素质有着较高期待和要求。学生不会因为教师是教师而对他们无理由地信任和尊敬，而是因为教师确实有知识、有能力才产生敬佩与信服。他们不盲目崇拜教师，而是经过仔细观察和审视之后决定教师是否值得被尊重。教师如果没有真才实学，就很难通过他们的"审查"关而被他们接纳。

作为一名教师，要意识到自己是知识的传播者，必须以积极的态度对待知识，不断追求新知，提高自己的修养和教育能力。如果一位教师知识渊博，授课深入浅出，语言有条不紊，就能赢得学生的欢迎。这就要求教师要不断提高学习能力，通过各种渠道获取新知。教师须具有以下知识：第一，本体性知识，即精通自己所在的学科；第二，文化知识；第三，实践性知识，即教学经验的积累；第四，条件性知识，即教育学和心理学知识①。

面向新时期，要培养全面发展的高素质人才，更要求教师一专多能，多才多艺，不仅能传道、授业、解惑，更能启迪、开发、创新。这就需要教师认真

---

① 王福强 . 挖掘学生潜能：教师必备的唤醒艺术 [M]. 长春：吉林大学出版社，2017.

学习教育理论，运用教育学、心理学的原理指导教学工作，并树立终身教育的观点。在教育能力上，从单一型向多面型、全能型发展，德才兼备，适应教育工作和发展形势的需要。

只有不断学习，吸收新鲜养分，才能以学识征服学生，为传递正能量打下良好基础。

二、教师的自我反省

自我反省是一个人不断进步和取得成功的重要途径。教育是培养人、雕刻灵魂的事业，中小学教师每天的任务繁重，要面对很多学生，工作中难免会有一些差错；而教师需要做到与时俱进，紧跟党的教育路线、方向，教师也需要认清自己的水平，不断充电、提升自己，这一切都需要教师时常反躬自省，不断改正错误，弥补不足，长善救失，这样教师才能不断战胜自己，不断取得进步。

在课堂上，教师要面对许多可预测和不可预测的各种随机性、偶然性事件，偶发事件的发生，要求教师能迅速做出某种判断和选择。作为教师，能够适应并促进教育教学工作是基本职业能力，此种能力可以通过在教育教学中不断遇到问题、研究问题、反思个人教学行为来获得，从而保障教育教学工作的展开。备课与讲课是教师的基本业务，但如果将绝大部分时间花在上面，却很少静下心思考班级出现的问题，往往人云亦云，疲于应付，对班级管理及教学缺乏全盘考虑，欠缺对教学内容的重组、教学过程的优化、班级管理策略的变革的整体设计与思考，无暇细致观察、记录自己的课堂教学行为和学生学习行为，静下心写教学反思的次数屈指可数，随着时间的推移，教育教学和班级管理逐渐形成规律，教师往往机械地重复着工作，形成"惰性"的职业惯性：书写教案、上课、批改作业、考试抽测、每年都重复类似的内容，内心安于现状、对课堂改革产生排斥心理，虽看似每日忙忙碌碌，异常辛苦，然而却很难取得良好的管理及教学效果。

教师是一个群体，但每一个教师又是独立的个体，既然是个体，那么其个性特点、思维方式、创造意识以及对问题的解决方式就会相对独特。然而有的教师已从教数年，但课堂教学和班级管理的效果却一直没有达到最佳，往往与缺乏课后反思有很大关系，课后反思的真谛就在于教师要勇于怀疑自我、敢于突破自我、超越和发展自我、最终建构自我，不断地向高层次迈进，形成个性化教学模式，从而形成自己独特的教学风格。

作为教师，如果对日常教育工作中出现的问题，缺乏反思和不断积累的意识，就很难提升自身水平。反思贵在及时，贵在坚持，贵在执着地追求。唯有通过不断地自省和反思，认清自己的缺点和不足，找准自己的定位，才能厘清下一步的努力方向，向成为一名优秀教师不断迈进。

如果教师养成自省精神，就可以在完成一天工作之后，自检自己是否尽职尽责，反省自己还有哪些不足需要改进，激励自己，积极进取。一个人，贵在有自知之明，需要有自省作为手段。不"省"，自己就不知道自己长在哪里，短在何处。如果一个人缺乏自知之明，就容易骄傲自满，时间一长，就会故步自封，就会落后甚至倒退。所以，只有勤于反思，才能不断超越自我。一个教师能在专业领域内走多远，取决于他的"内省力"和"成长力"。

在教育实践中，教师首先要做好自我反思，这是价值观的体现，也是职业思维方式的表达，更是有助于教师成长和职业发展的途径与方法。想要做好自我反思，需要做到准确的自身评价以及积极的自我改造。

教师要具有反思意识，让反思成为一种习惯。意识具有主观能动性，指导着人的行为。因此，在教育实践中，做好自我反思的前提是树立正确的反思意识，才能在工作中真正做到、做好自我反思，从而深化教育实践工作，起到促进自身成长的作用。此外，意识与行动相互促进，在教育教学反思行为中，意识不断被强化，变得更加迅速、及时、专业。当反思意识转化成一种习惯、观念和思维方式后，教师在教育工作中就会越来越得心应手、如鱼得水。

做反思笔记也是自我反思行为中很重要的环节。笔记的存在打破了时间和空间的限制，使得人们可以在任何时间、任何地点复盘以往经验，在复杂多变、未知性强的教学过程中根据需要取舍反思内容。此外，笔记有助于深化自我反思的连续性和专业性，加速教师的职业成长。

教师要善于管理和转化反思成果。管理和转化反思成果，可以让反思性成果及时见之于行动。教师个体的成长史，乃至整个教育的发展史中，都有反思笔记的身影，其将教育教学的发展规律浓缩其中，也能体现出教师自身的成长轨迹与发展规律，成为教师自身成长的一个"加油站"。

三、保持工作激情

从事同一职业的时间长久，倦怠感就会油然而生，教师也不例外。教师的工作是烦琐的，日复一日、年复一年在平凡中重复，刚刚从事教师职业时的激情会逐渐消磨殆尽。教师职业倦怠只有靠激情去唤醒，激情是成就事业的基石，教师只有保持激情，才能走进学生心灵，才能克服职业倦怠，走向事业高峰。只有充满激情的教师才会精神振奋，工作有力，不计得失，对学生倾注爱心，迸发教育智慧。

教育事业是伟大而无私的，教育工作者往往充满大爱，怀揣对教育职业理想的执着追求，肩负着巨大的责任投入工作。教育工作的性质决定了教师要面对琐碎的工作，这就需要每一位教师饱含激情，以爱心与耐心去关心爱护每一位学生，关注学生的方方面面，鞠躬尽瘁，义不容辞。有了工作激情，不断以教师的责任感鞭策自己，才能不断创新教学方式，不断改进教学方法，不断提高教育成效。

　　激情在追求事业成功的过程中起到原动力作用。特别是教育这一周期长、见效慢的事业，更需要投入极大的热情，保持积极的心态。当教育工作者不能看到立竿见影的效果时，有的人会出现职业倦怠感，工作热情消失，提不起精神；有的人无法保持从容，显得心浮气躁，无法找到合适的方法。这虽然有教育体制僵化，教育观念、手段、方法落后的因素，但是也与教师失去了工作激情、缺乏进取心有关。重新点燃教师的工作激情，是教师追求事业成功的突破口。

　　激情在教师实现个人价值的过程中起到催化作用。教师是教育工作的核心，教师的个人价值实现离不开对事业的激情。在事业遇到困难与瓶颈时，激情与热爱能够使人仍旧保持动力、克服困难、在教师的岗位上实现超越与升华。反之，如果对教育事业没有激情，只把它当作谋生工具，像面对工作业绩一样冷漠地面对学生，那么教师这一职业将被亵渎，教师本人也会庸俗化。对事业充满热情，对教学精益求精，对学生耐心关注，这些细节一点点做到，教师不仅可以实现职业理想，还会获得社会的认可与学生和家长的尊重。

　　做一名有为的教师，就要有自信、激情，要奋斗、要拼搏。在任何领域，想要做到杰出，或许都需要一定天分，教师行业也不例外。但后天的奋斗、对机遇的把握也是成为优秀教师的重要因素，每一个人通过奋斗与钻研都有成为自己所在领域中佼佼者的机会。因此，在事业发展的道路上，要不惧嘲笑，不断鼓励自己，不懈努力，告诉自己能行，才能获得成功，赢得别人的尊重。

　　一个对教育事业充满激情的教师，也一定能够踏踏实实把事情做好；一个能够脚踏实地的教师，也一定能够把教育工作中的细小之事做好。世界上并没有什么事本来就轰轰烈烈，一切大事都是从做好小事开始。教育本无所谓惊天动地，作为一名教师，每天做的大抵都是这样一些小事：备课、上课、批改作业、管理班级。只要肯在工作中投入精力，这些基本小事都可以做好，能够将工作中的小事做好的教师就称得上优秀教师。当每一位教师都能够把每一件小事做好时，真正的教育也就随之到来。

所以，一定要做一名充满激情的人民教师，全心全意热爱教育事业，关爱每一个学生，不断反思，不断进取，在激情与责任中做好教育，实现职业理想。愿每位教师都充满激情，牢记教书育人的宗旨，永葆人民教师的本色，在激情中享受快乐，收获幸福。

四、挖掘教师自身潜力

每个人体内都蕴藏着丰富的能量，如果没有外界的刺激，这种能量很难释放出来，也就是常说的潜力。潜力是一种潜藏力量，不会自动释放出来，只有靠人们或外界的力量去激发，否则，潜力将会在人的体内酣睡一辈子。

一个人的潜能之大，远超人们的想象。作为一名教师，只有正确认识和充分发掘自身潜力，不断提高自身素质，才能适应时代发展和当下教育改革需要，才能成为一名优秀教师。如果每个教师的潜力都能得到充分挖掘，那么就能实现自己原来认为不可能实现的目标，做到自己原来认为不可能做到的事。

（1）教师要正确地认识自己，科学地评价自己。正确的自我认识和自我评价，是教师挖掘自身潜力的基础。所谓正确的自我认识和科学的自我评价，就是能用一分为二的观点来正视自己，既看到自己的优点和发展潜力，又能认识自己的缺点、不足和局限性。把自己看得过高或过低，尤其对自己的缺点、弱点或错误视而不见，听之任之，都是不能正确认识自我的表现，对自己、对工作有百害而无一利。"人贵有自知之明"，应当是自我认识和自我评价的标尺。只有这样，才能在取得成绩时不骄傲、遇到挫折时不气馁，才能正确对待荣誉和批评，才能永远保持谦虚谨慎、不骄不躁、乐观自信、昂扬奋进的态度和情绪。

（2）合理规划自己的职业目标，给自己找准努力方向。一个教师如果没有远景目标，就好像没有舵的航船一样只会在原地转圈，又好像流浪汉一样无家可归，必然会导致盲目、盲从和被动，从而导致教育事业失败。只有确定目标，才会有努力方向。尤其是青年教师，正处于事业发展的关键期和黄金期，对今后职业生涯如何规划，直接影响其发展。教师给自己制订发展目标，要注意远期目标和近期目标相结合。好高骛远可能会造成教师无从着手，最终使自我发展失去动力；鼠目寸光则会造成短期行为，自我满足，故步自封。教师对自己所处位置要有清醒的认识，要科学制订和规划发展目标，善于将每个方面都击破，通过长期努力，使自身潜力得到充分挖掘，不断缩短与别人的差距，不断突破自我。

（3）通过不断地学习与反思，使自身得到更大发展。每一个教师都应该注重学习，不断充实自己以胜任越来越高的教学要求。教师是学生的榜样，只有好学的教师，才能教出同样好学的学生。反思也同样重要，反思是成长过程中的重要一环。反思是从实践到思考研究再到实践的过程，并不仅仅只是想一想那么简单，可以说反思是自己与自己、与他人的深层次对话。保持埋头苦干的态度，具有自我反思的精神，长此以往地发展，一定会成为一名合格的人民教师。

（4）注重交流合作。人具有社会属性，无法真正脱离与其他人的交流而独立存在。作为教师，与专家交流合作，可以得到专家的指点与帮助；与同事交流，可以取长补短，精进业务；与学生交流，可以了解学生的内心世界，因材施教。可见，与别人的交流对于自我能力的提升具有重要意义，因此，要敞开胸怀、虚心求教，不要孤芳自赏、故步自封，要坚信广泛的交流能够开阔眼界，大家的智慧能够帮助自身成长。

第四节 记忆与自信心潜能的激发

一、记忆的概念与潜能的激发

（一）记忆的概念与分类

1.记忆的概念

人在实践活动中，感知过的事物、思考过的问题、发生过的动作所产生的印象并不会全部消逝，其中有很大一部分经大脑加工改造成为经验，被保留下来，以后在一定条件下还会在头脑中重新反映出来，参加到心理活动之中，这就是记忆。记忆能够保障人类的智慧活动，能够延续人类的心理活动，是人积累经验、发展心理的基础。如果人没有记忆，则永远像新生儿一样。记忆是脑的功能，是人所经历过的事物在头脑中的反映，按信息加工理论，是指对信息的输入、加工、储存和提取的过程。记忆包括识记、保持、重现或再认三个基本环节（图 4-1）："识记"指通过识别和记住事物达到积累知识和经验的过程；"保持"指巩固已有知识经验的过程；"再认"和"重现"指恢复过去经验的过程。经历过的事物再度出现时能把它认出来，称作"再认"；经历过的事物不在眼前而能把它重新回想起来的过程称作"重现"。

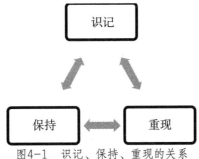

图4-1　识记、保持、重现的关系

上述三个环节之间联系紧密，是完整而统一的整体过程，"识记"是"保持"的基础，"保持"加深和巩固"识记"，二者密不可分。而二者又是"再认"或者"重现"的条件，其质量也决定了"再认"和"重现"的效果；反之，"再认"和"重现"进一步加强了"识记"和"保持"，是二者的结果与验证。

记忆的好坏不仅在于记忆能力，还在于记忆效率；不仅在于储存多少信息，更在于能够提取多少信息。

2. 记忆的分类

（1）根据记忆的内容分类，可以分为以下几种。

形象记忆：是以感知过的事物的具体形象为内容的记忆。

语词—逻辑记忆：是以过去研究过的概念、定理、公式和规律为内容的记忆，以严密的逻辑思维过程为基础，具有高度的概括性、理解性和逻辑性。人们只有借助该记忆才能把思维结果保存下来，获得丰富的间接经验。该记忆也与学生识记动作概念及个人的逻辑思维过程相联系。

情绪记忆：是以体验过的情绪、情感为内容的记忆。与形象记忆相比，具有广泛的概括性，而与语词—逻辑记忆相比，具有更大耐久性。情绪记忆往往是一次形成的，但其记忆映象有时比其他记忆映象表现得更为深刻、持久甚至终生难忘。

动作记忆：是以身体的运动状态或动作形象为内容的记忆。包括身体各部分位移对运动形式、方向、速度的记忆，对动作用力特点和时机的记忆。对建立动作概念、形成稳定的肌肉用力感觉及成熟的感觉反应有重要意义，是关系到体育教学任务完成好坏的中心问题。

在学习过程中，各种记忆形式共同发挥作用，学生头脑中既有动作概念的记忆，又有教师示范的形象记忆，还有通过练习形成的记忆，并常伴随学习过程中的情绪记忆。

（2）根据信息储存的时间分类，可以分为：以下几种。

瞬时记忆：又称感觉记忆，是记忆的开始阶段。凡是人们每天所接触到的事物，都以信息的方式传到感受器进行登记，从而形成直观、形象的瞬时记忆。因此，瞬时记忆容量很大，瞬时记忆是在刺激物停止作用后，保留感觉时间极短的记忆，如各种感觉后表象，一般只保留在几秒之间。由于时间极短，记忆信息很少经过大脑加工编码，因而瞬时记忆处于意识比较模糊的状态。瞬时记忆的作用在于使认知系统能从输入的信息中，选择需要的部分做进一步加工，为短时记忆提供基础。

短时记忆：短时记忆的信息在脑中贮存的时间比瞬时记忆的长些，但一般不超过1分钟。记忆信息从瞬时记忆转化为短时记忆时，已在大脑中进行过视、听、动觉或言语性编码，与瞬时记忆相比，短时记忆容量相当有限。

长时记忆：是信息贮存时间超过1分钟甚至能直到终生的记忆。长时记忆的信息容量没有限制，其信息以语义方式进行深层编码。从信息来源来说，长时记忆是对短时记忆内容的复述和再编码，使其系统化、深刻化，也有印象深刻一次达成，特别是情绪记忆。一般说来，人对长时记忆的信息是有选择性的，对人有重要意义的、符合人需要的信息，易被经过复述和加工转为长时记忆，与以往经验有联系的信息也易得到长时记忆的反馈作用而被长久保存。信息从短时记忆转化为长时记忆过程中，如果情绪发生激烈变化，信息就很容易遭受破坏[①]。

上述分类只是为了加深对记忆的理解。在日常生活和学习中，记忆总是作为整体系统而起作用，各种特征及各种水平的记忆都处于一个统一体之中。人的记忆首先由感官接受刺激物产生瞬时记忆，其大量信息中的小部分被注意到则转为短时记忆，短时记忆部分信息因痕迹消失或其他刺激物的干扰而遗忘，另一部分信息经过复述编码转入长时记忆。长时记忆也会发生遗忘现象，大部分经过复述达到较长时间的保持，长、短时记忆是高度相互依存的，短时记忆工作时也提取长时记忆中的某些信息进行加工。这两种记忆可看作是涉及信息的不同方面，即短时记忆涉及处于暂时活动状态的少量信息，长时记忆则涉及被相对持久地保持的大量信息。

（二）影响记忆的因素

（1）明确的目标与任务对学习具有积极影响。人们识记的效果以及能够保持的时间受目标和任务的明确程度影响。当学生明确学习的意义时，就会将学习当成自身需要，其感知就会更加清晰，理解就会更为深刻，记忆效果自然就会更好。也就是说，明确的目标与任务，会在学习中成为学生真正的愿望与需要，学生会把这一目标当作学习活动的动机，对学习产生兴趣。此时，学生的无意注意被引起，大脑开始进入兴奋的活动中，会在脑皮层中留下十分清晰的记忆痕迹，从而进行极具效果的记忆活动。

（2）积极的学习态度对学习效果有正向影响。在教学活动中，要引导学生

[①]　黄力群.体育教学中实施体验式学习的探索 [J].首都体育学院学报，2010，22（03）：81-84.

积极参与，多做思考，充分发挥主观能动性，对记忆效果的提升产生作用。如果在学生的意识中，学习只是为了应付考试，那么记忆活动的效果一定不会好。

（3）知识数量和结构对学习效果有明显影响。一般情况下，要达到某一层次的识记水平，知识数量越多，记忆活动就会越复杂，记忆的时间就会越长，需要的练习也就越多。同样，除知识数量外，知识结构也会对记忆产生相同影响。

（4）多种感觉通道结合的方式有助于学习效果的提高。在记忆活动中，可以调动多种感觉器官共同记忆，其效果与单一感觉通道相比要更胜一筹。如采取视觉和听觉相结合的方法学习，效果会比单纯使用视觉或者听觉学习要好。因为，学习过程中，听觉、触觉、视觉及运动、平衡感觉所起到的效果是不同的。多种感觉器官共同参与，能够在大脑皮层内针对同一内容建立多种联系通道，促进知识的理解与识记。比如，在体育教学活动中，针对多种感觉系统共同参与的优势，提出听、看、想、练的教学模式，可以提升学生对于体育动作的学习能力。

（三）记忆潜能的激发

教学过程中，教师讲解示例后应使学生在最短时间内及时练习，因为时间过长，记忆力易动摇、模糊，在不准确的记忆指导下，模仿练习就容易出现错误，动觉表象就无法正确形成，其清晰性也将失去。此外，除了及时练习，还要及时校正错误。

掌握遗忘的规律，及时复习。为了更好地巩固记忆，防止记忆消退，必须加强复习，强化所学习的知识。教学过程需要大脑思维，需要花费一定能量，需要感知觉，特别是思维和记忆力的协调配合，这些特点决定了学习方法和手段不能完全沿用学习知识时所采用的方法和手段。在学习过程中，复习时间的安排也不能完全套用"复习时间越早越好"的概念，而应在学习知识后的几天内指导学生复习。复习方法要多样化，以激发学生的兴趣，增加新颖感，避免单纯个人复习产生的弊病。

二、自信心的概念与潜能的激发

（一）自信心与自我效能感

1. 自信心

自信心是人对自己在活动中发挥能力的信念或确信程度，是人对自我价值的肯定，是人事业成功的重要条件。自信心分为特征自信心和状态自信心。特征自信心是指持久性的自信心；状态自信心是临时性的自信心。特征自信心一旦形成将会伴随终身。一个人从小到大，在文化知识测验、体育比赛、岗位竞聘、职务晋升等各种情景中取得成功的经历多，就能经常表现出状态自信心，久而久之就会形成特征自信心。特征自信心是良好的个性特征，一旦形成这种个性，就如同拥有宝贵的财富。

自信心是一个人走向成功的基石。只有对自己所从事的事业充满必胜信念的人，才能不断地采取相应行动，通过坚持不懈的努力，获取最后的胜利。

在事业发展拼搏的路上，自信心是一个人的精神支柱，能给人以力量，使人勇敢面对困难，敢于夺取胜利。对于成功者而言，自信是必备的心理素质，保持合理的自信可以让人面对纷繁复杂的情况时处变不惊，无惧挫折与风险，勇往直前。

自信心是人生可靠的保障。它使人不甘于落后，不甘于平庸，力争上游。它使人在努力奋斗的过程中，勇于克服困难，排除障碍，去赢得成功的机会。

自卑是因为怀疑自己的能力与价值，觉得自己不如别人而产生的消极心理，是自信的对立面。

生活中，人们往往因为自身的身体条件、智力、学习成绩、社会地位、经济收入等逊于他人而产生自卑心理。有少许自卑心理并不完全有害处。一般的自卑感是人行为的原始决定力量或向上的基本动力，可以促使人奋发向上，超越自卑。人有过度的自卑感，就会带来严重的负面影响。许多人一生碌碌无为，不是因为他们自身缺少天分，缺少机遇，而是因为他们缺乏自信，自己贬低自己，自己怀疑自己。由于自卑感强烈，形成严重的畏缩心理，好多事情不敢去尝试，不敢去迎接新挑战，不敢面对困难、害怕挫折，做事缺乏信心。越是如此就越无法尝到胜利的喜悦，造成恶性循环，最后形成逃避现实乃至于自暴自弃的不健康心理状态，因而错过许多有可能为其带来成功的大好机会。

2. 自我效能感

在现代心理学中，心理学家更愿意用"自我效能感"这一专业术语来代替传统的"自信心"这一概念。自我效能感是指人们对自己能否成功地进行某一成就行为的主观推测或判断。

自我效能感对行为的影响十分明显。当人面对未知事情时，如果相信能够通过自己的行为获得成功的结果，也就是相信自己能力的话，就说他产生了较高的自我效能感，这时，他就会产生实际的行为。否则，他就会回避那一行动。例如，一个学生如果知道自己比大部分同学跑得快，他就愿意报名参加学校运动会的赛跑项目；另一个学生觉得自己五音不全，他就不愿参加歌唱比赛。影响自我效能感形成的因素主要有以下几种。

（1）成功与失败的经验。个人行为的成败在很大程度上影响着自我效能感。

通常，成功的经验会提升人的自信心，也就使得自我效能感提高；而失败的经验，特别是反复失败，则会降低人的自信心，也就使得自我效能感降低。不过，成败的原因并不是固定的，个体对成败的归因也会影响自我效能感。比如，将成功的原因归结于运气好，那么自我效能感则未必会提升；如果将失败的原因归结于可控因素，则自我效能感未必会降低。

（2）替代性经验。人的许多效能感来源于观察他人的替代性经验。他人成败的事实经历、难易程度和自信心的表现，对自己的信心强弱都有很大的影响力。

（3）言语的劝说与鼓励。通过言语劝说与鼓励以增强自信心，这种方法简便易行。

自我效能感的功能有四个：①对人们选择活动及活动中的坚持性具有影响；②对人们面对困难的态度具有影响；③对人们新行为的获得具有影响；④对人们参与活动时的情绪具有影响。

总之，自我效能感或自信心影响人们是否敢于从事某一活动，是否有勇气去战胜困难，是否愿意去大胆尝试一种新行为，进行某活动时是否情绪饱满、乐观向上。

当今社会，日新月异，变化万千，充满机遇与挑战。人们必须有良好的自我效能感和高度的自信心，才能把握机会，迎接挑战，最终在激烈而残酷的竞争中立于不败之地。

（二）自信心潜能的激发

1. 克服过度的自卑感

过度的自卑感实际是心理的"失调"，克服它的关键就在于保持心理的健康和平衡。要克服自卑心理，就要正确地评价自己、表现自己、补偿自己。

首先，要正确评价自己。古人云，"人贵有自知之明"，"明"就是告诉人们要客观地看待自己，既要客观看待自己的缺点，又要如实分析自己的优点。每一个人身上，优劣长短都共同存在，既不能只看自己的缺陷，从而妄自菲薄、全盘否定自己，也不能只看自己的优势而狂妄自大，一定要同时看到自己不如人之处以及过人之处，这才是对自身的正确判断。

如果不是特殊事情，也没有明显原因，就要敢于相信别人能做到的事自己最终也能做到，只是目前还有一点欠缺而已。遇到挫折时，要恰当地分析失败原因。心理学认为，人们在工作与生活中，无论是成功还是失败，都会进行归因。许多人的自卑感实际就是由于归因不当而造成的。例如，青少年学生本来对体育运动很感兴趣，经常进行刻苦的训练，但他经历了一次参赛不成功，就失去信心，把失败简单归因于缺乏体育方面的天赋，对自己的前景失去信心。许多优秀运动员参赛前和比赛中特别注重调整自己的心理状态。通常来说，高水平的运动员在身体素质、训练水平、专项技术方面相差无几，其成败的关键还是在于参赛时的竞技状态和心理素质，其中，自信心的强弱是成败的重要因素之一。

其次，还要恰当地表现自己。人的自卑感，通常会出现在自我表现的过程中，自我表现受挫后，容易对自身产生怀疑，从而出现自卑感。因此，要消除不恰当的怀疑，通过正确的自我评价，根据自身情况恰当地表现自我。自卑感又总是伴随着失望而出现，或者讲，自卑是在失望的心理基础上产生的。而失望同事前期望息息相关，正所谓期望越高，失望越大。因此，做一切事情之前都不能产生过高的期待，更不能急于求成。自卑感较强的人可以多做一些递进式练习，从而给自己增强自信心和争取成功的机会。由自我效能感理论可知，成功的经验能增强人的自信，对自卑感强的人而言格外重要。自卑感强的人可以将目标细小化，各个击破，循序渐进，从取得小的成功经验做起，因为，一切大的成功都由无数个细小的成功组成，从小处入手锻炼自己的能力，就会逐渐摆脱自卑感，重建自信心。

最后，要正确补偿自己。功能补偿是人的天然功能，人可以从生理角度补偿自己，更可以从心理角度补偿自己。但是，无论是怎样的补偿，首先要确定它是积极的。有些能力不如别人的人，喜欢幸灾乐祸，自己不成功没关系，但希望别人失败，这是消极的补偿，万万不可取。一般情况下，积极的补偿分为"以勤补拙"和"扬长补短"两种。"以勤补拙"是指，很多时候，事情的结果之所以没有达到预期目的，往往是因为付出的努力不够。看起来"拙"，实际上是"不够勤奋"。第二种是"扬长补短"。一个人总有长处和短处，某些器官有缺陷，其他器官还完整；某些心理功能缺失或发展不足，其他心理功能还正常或有较好发展。只要大脑健全，人总有内在的潜能可以挖掘。另外，一个人获得成功的途径和方式是多元化的，此路不通，还可另辟蹊径。只要下定决心，讲究科学的方法，就一定可以重拾信心，走出一条成功之路。

2.增强自信心的方法

（1）运用积极的自我暗示，树立自信观念。教师可以教给学生经常在心里对自己说"我能行""我比自己想象得要好""我一定会成功"之类的话。每当学习或者一件事坚持不下去时，重复说几遍以鼓励自己。自我鼓励效果很明显，这种自我强化可以让人振奋精神，奋发向上。

（2）调整认知，重新认识自己。过度自卑者往往放大了自己的缺点、短处，对自己的长处视而不见，对自己的弱项耿耿于怀。教师要做耐心细致的思想工作，引导学生对自己有正确全面的评价，让学生明白，每个人都有自己的特长和优势。比如，有的学生虽然语文差，但是英语口语很好，可以流利地与国际友人对话；有的学生地理不好，但心算能力不错，运算速度可以比其他同学快很多。每个人应该正视自己的短处与弱项，善于扬长补短，以勤补拙。

（3）通过鼓励鞭策，树立学生信心。每个人都很在意别人的态度和评价，借此来衡量自己的表现，学生同样如此。教师评价更具有权威性，教师的态度和言行更具有影响力。教师应该以宽厚、爱护、体谅之心去理解他们，对他们倍加爱护，使他们感受到教师的关怀、集体的温暖，并从中吸取战胜困难的精神力量。作为教师，要关注每一个学生，特别是自卑感强的学生，要发现他们身上点滴的进步和微小的闪光点，并及时给予他们肯定与赞扬，帮助他们看到自己的学习成果，感受到自身的不断进步，从而逐步消除自卑，建立自信，敢于渴望成功，并为了获得成功而更好地学习、掌握知识与本领。此外，还要积极发挥他们的特长，对于他们的偏爱和兴趣，抓准时机多加鼓励，激发学生的表达与表现欲望，唤起他们对学习的热情。表扬的同时，教师还要对学生提出一定要求，当学生达到要求后，教师要再表扬，这样，就会形成良性循环，促进学生的不断进步。

第五节 体力与意志力潜能的激发

一、体力潜能的激发

体育锻炼，不仅能够提高人们的身体素质，还能够促进人们的大脑开发，无论是人们的生理成长过程，还是心理发展过程，体育锻炼都产生了积极影响。随着社会经济的快速发展，各行各业都处于激烈竞争的状态之中，一系列负面问题也相继出现，这些问题对学生的心理健康发展造成了不良影响，尤其是最近这些年，学生的心理健康问题逐渐增多，学生的大脑恰好是快速发育的阶段，因此，心理健康教育对于学生成长而言具有至关重要的促进作用。

（一）体力锻炼的心理效益及其获得

健康主要体现在四个方面，分别是身体健康、心理健康、社会适应良好和道德健康，具体而言，健康是指身体无任何疾病，心理处于健康状态，并且具备良好的适应能力。对于人们的身体、心理以及道德等方面的发展而言，体力锻炼具有至关重要的促进作用，体力锻炼不仅是身体方面的活动，也是心理方面的活动，因此，参与体育锻炼能够为个体带来很多益处，比如，身体素质和心理素质的提高、优秀品质的形成、人际关系的改善等。

学生作为国家的希望，应该加强体育教育，提高学生对体育运动的重视程度。体育锻炼既能够提高学生的身体素质，又能够增强学生的人际交往能力、社会适应能力以及随机应变能力等，培养学生养成优秀的意志品质和高尚的道德情操。若越来越多的学生能够积极地加入体育锻炼中，则在不久的将来，人类身体健康的发展将呈现出一片繁荣的景象。

体育锻炼能够使人们产生积极情绪和心理效益，体力锻炼属于有氧活动，在个体进行有氧活动时，其内在心境也会发生相应变化，并且其应激反应程度也会有所降低，常见的有氧运动包括慢跑、瑜伽、气功和太极拳等，这些活动都能够促进个体产生积极情绪和心理效益。此外，将身体活动分类，主要包括非竞争性的身体活动和自控性的身体活动，其中，在进行非竞争性身体活动时，面对失败的结果，虽然运动者不会产生负面情绪，但是可能会减少一些积极情绪，比如，成就感和自豪感等情绪。自控性的身体活动具有明显的特征，即机能的可闭锁性、结果的可预测性、时间的可确定性、动作的可重复性，这些特征有利于个体调节自身的心境状态，比如，慢跑或游泳能够促使运动者高度集中注意力，运动者通过注意力的高度集中，能够达到有效调节自身心境状态的效果，而适度的身体锻炼更加有利于心境状态的调节。身体活动和体育锻炼对参加者的心理效益如表4-1所示[①]。

表4-1　身体活动和体育锻炼对人的心理效益

增加或提高	减少或降低
学业成绩	工作缺勤
情绪稳定	愤怒、焦虑、抑郁
良好心境	神经质表现
知觉能力	应激反应
人际关系	社交恐惧
工作效率	工作错误
独立性	敌意态度

① 李晓红，张向昕.体育锻炼与大学生身心潜能开发的研究 [J].吉林体育学院学报，2010，26（04）：99-101.

（二）体力潜能激发的可行性分析

心理学家通常将潜能分成两种，一种是躯体潜在能力，另一种是心理潜在能力。尽管心理学家对心理潜能的研究结论各不相同，但是，各种研究结论却都普遍存在一个相同点，即每个个体都具备潜在的心理能量和能力，换而言之，心理潜能的开发以生理和心理为科学依据。人们进行体力锻炼的过程中，将会受到各种因素的影响，主要有躯体因素和心理因素，为了有效开发人体的运动能力，首要条件就是开发个体的心理潜能。心理潜能的含义非常广泛，涉及各个领域，具体指个体潜在的心理机能和心理现象。个体的身体素质不仅影响其自身的学习潜力，还会影响其心理潜能，而个体的身体素质与机体的各系统有关，如呼吸系统、神经系统以及循环系统等。

1. 生理层面

从生理层面分析，人脑的结构组成分为左右两个半脑，具体分为大脑、小脑和脑干，左脑主要负责逻辑推理能力、语言表达能力以及数学运算能力，而右脑主要负责思维、空间以及艺术等方面的功能。左右半脑的功能之间形成各自独立且相辅相成的关系。此外，在大脑皮层中，额叶部分与运动中枢相对应，枕叶部分与视觉中枢相对应，顶叶部分与感觉中枢相对应，颞叶部分与听觉中枢相对应。

（1）体育锻炼对循环系统的影响。人体的血液中融合了氧气和大量营养物质，这些物质输出的目的地就是各组织和器官，确保机体活力得以持续。在运动过程中，人体的血液循环呈现加速状况，心脏的跳动频率也随之提高，血液流动的速度是安静时的4~5倍，由此可知，运动时的心肌纤维将摄入更多氧气和营养物质，心肌的发育也随之逐渐增大。总而言之，体育锻炼会对循环系统产生积极影响。体育锻炼既能够加快人体血液循环的速度，又能够促进细胞新陈代谢，强化人体各系统和各器官的功能，更重要的是，它可以延缓人体机能的衰老程度。

（2）体育锻炼对呼吸系统的影响。人们进行体力锻炼时，随着呼吸的逐渐加深，吸入肺部的氧气也越来越多，从而排出大量二氧化碳，在肺活量增加的同时，残气量处于降低状态。体育锻炼既能够增强机体的肺功能，促进肺部与其他组织之间进行气体交换，还能够加强细胞对氧气的利用率，即提高细胞的摄氧能力，从而提高机体的工作效率。

（3）体育锻炼对神经系统的影响。认知功能指个体对各种事物的认知能力，其本质就是通过中枢神经系统，对身体内外环境信息进行加工，常见的认知活动包括记忆、想象和注意等。身体锻炼和认知功能的加强具有显著的正向相关性，也就是说，通过体力锻炼，大脑神经细胞的工作效率能得到显著提升，还能消除大脑所产生的疲劳感，促进其他系统的功能得以增强，确保神经细胞的营养需求得到满足，从而使神经细胞具有明显的均衡性、灵活性以及耐久性等优势特征，因此，适度的体力锻炼能够加强神经系统功能。

2. 心理层面

根据科学的研究成果可知，人类的潜能是无穷且隐性的，尤其是心理层面的潜能，蕴含着巨大的心理能量。人类的心理结构主要包括注意、感知、记忆、思维、想象等心理活动及相应行为，需要注意的是，无论是注意力是否稳定、感知力是否敏捷，这些心理活动都能够通过调节和训练进行改善，当然，也可以进行开发和培养。

（1）体育锻炼与注意力。"注意"作为常见的心理行为，指个体对特定对象的指向与集中，也是心理活动中不可或缺的组成部分。注意行为是所有活动进行的必要条件，若缺乏注意的参与，则任何活动都无法展开。

（2）体育锻炼与自信心。自信心可以反映出一个人对自我价值的肯定，通过体育锻炼可以增强体能，提高心肺能力、神经活动、记忆力等，从而增加自信，让人敢于面对困难，击败挫折，赢得胜利。

（3）体育锻炼与记忆力。记忆作为一种心理现象，是在学习过程中具有一定持续性的能力。学习过程实际上就是个体通过大量实践提高自身能力的过程。在个体认知功能形成过程中，脑力疲劳将会对心理功能产生严重的负面影响，其中，工作记忆是受到损害最严重的心理功能之一。

体育运动与人们的心理现象具有显著相关性，对于个体的心理健康发展而言，体育运动起到了积极的促进作用。体力锻炼既能够加强心脏的功能，还能够改善身体各个系统的功能，比如，呼吸系统、消化系统以及血液循环系统等，个体心理活动展开的前提条件是充足的血液、氧气和营养物质，也就是说，体育锻炼为个体心理潜能的开发创造了有利条件和生理保障。除此之外，体力锻炼还能促进大脑快速发育，改善神经系统的功能，提高个体的记忆力、想象力、观察力以及注意力等，消除大脑所产生的疲劳感，因此，通过体育锻炼而得到增强的神经系统功能，能够为心理潜能的开发提供基本的生理基础，体育锻炼还能够加强学生的感知能力、思维能力和认知能力，培养自信和意志品质，因而体育锻炼可以使人产生积极的情绪体验、心理调解，有利于开发心理潜能。

二、意志力的概念与潜能的激发

（一）意志力的概念与特征

1. 意志力的概念

意志是自觉地确定目的，并根据目的支配、调节自己的行动，克服各种困难，从而实现预定目的的心理过程。例如，学生为了强身健体，不顾严寒酷暑，坚持参加体育活动；运动员在赛场上敢打敢拼，即使有伤痛仍坚持比赛。这些行为均需要依靠意志的努力。

意志是意识积极性、能动性的集中体现，是人类独有的心理现象。意志和行动密不可分，在意志支配下的行动叫意志行动。意志控制、调节着行动，意志力的强弱往往在意志行动中表现出来。

2. 意志力的特征

人的行动不一定都是意志行动。意志行动必须具备以下三个特征。

（1）有明确的预定目的。人的活动有许多种，如与生俱来的本能活动；各种无意识的活动；各种习惯性动作；各种冲动的、盲目的行为等。例如，眼睛遇到强光而立即闭上；手指遇到灼热的物体会不由自主地缩回；有的人当众讲话，感到紧张时会不自觉地摸头发、扶眼镜；有的人走路习惯斜着身子；有的人受人误解之后，不分青红皂白，情绪冲动，甚至伤人等。这些活动都不是意志行动。

人的意志行动是有意识的、自觉的、有目的的活动，即人开始行动之前就预想到行动的意义和结果，并据此控制自己的行动。正是有了这种目的，人才发动自己做出符合目的的行动，并且制止某些不符合目的的行动。

意志行动的目的是人根据对客观现实的理性思考而确定的。目的越明确，意志就越坚定。一个人行动目的的社会价值及自我意义越大，激起的意志水平就越高，行动的盲目性、冲动性就越少。古今中外许多著名的科学家、文学艺术家和体育明星，之所以在自己的领域中取得举世瞩目的成绩，一个重要原因就是，他们始终有崇高的生活目的和明确的奋斗目标，有远大的理想与抱负，或者想在某学科领域填补一项国家空白，推动社会进步；或者想在赛场上摘金夺银，为国争光。

一个人目的水平越高，成就动机就越强，其意志也就越坚定。成就动机是人们希望从事有重大意义的、有一定困难的、具有挑战性的活动，在活动中取得优异成绩，并能超过他人的动机。成就动机强烈的人在生活、学习和工作中会争强好胜，对自己要求严格，向高标准看齐，尽力把该做的事做好。

（2）意志行动以随意动作为基础。人的行动都是由各种动作所组成，动作可分为不随意动作和随意动作。不随意动作是指那些不由自主的动作，例如，咳嗽、打喷嚏等无条件反射动作，睡眠中翻身、蹬被等动作都属于不随意动作。随意动作，是指受意识调节的、具有一定目的方向性的自主动作，是后天学会的、较熟练的、由一定条件刺激的动作系统。学生举手发言、运动员用脚踢球、画家持笔作画、科学家操作仪器做实验以及司机开车等动作都属于随意动作。

意志行动以随意动作为基础。一个刚出生不久的婴儿的动作，多半不是随意动作，因为他根本无法控制自己的手脚和躯体，因而也就谈不上意志行动。人的随意动作水平越高，动作技能越熟练，意志行动就越容易实现。

（3）意志行动与克服困难紧密相连。有些行为虽然有目的，也以随意动作为基础，但是却没什么困难需要克服。例如，学生在身体很舒适的情况下自行去餐厅打饭，这个行动就易如反掌。复杂的意志活动总是与克服困难相联系。如运动员忍受身体疼痛坚持打完比赛，学生身体不佳时坚持学习等。困难的性质（任务的难易程度）和克服困难的能力是衡量意志水平的重要标志。一个人在困难面前低头，是意志薄弱的表现；在困难面前盲动，同样是意志薄弱的表现。

困难包括内部困难和外部困难。外部困难是指外在客观条件的障碍，如资金不足、人员不够、缺乏必要的设备与场地、恶劣的气候、外力的阻挠、别人的冷嘲热讽等。内部困难是指主体的障碍，如消极的情绪、信念的动摇、动机的冲突、缺乏信心、知识经验不足、身体的疲劳与疼痛、竞技状态不佳、技术水平有限等。通常外部困难通过内部困难而起作用，所以，主观上不畏惧困难，并能勇敢地战胜困难，就是意志坚强的表现。人只有藐视困难，并想方设法克服大大小小的困难，才能磨炼自己的意志，最终实现自己的目标与理想。

（二）意志的品质

意志品质是一个人在生活中形成的比较稳定的意志特征。意志品质的好坏直接体现了人意志力的强弱。

（1）自觉性。自觉性是指人在意志行动中具有明确的目的性，自觉认识到行动的积极意义，并有效支配自己行动的意志品质。自觉性表现为根据行动目的的要求，形成积极态度，饱含满腔热情，充分发挥主观能动性，千方百计达到目的。在行动中，既能坚持自己的正确观点和态度，不因外界的影响而轻易改变自己的决定，又能广泛地接受合理的意见和建议。

（2）果断性。果断性是指善于明辨是非，适时而坚决地采取和执行决定的意志品质。所谓适时，指在需要立即行动时当机立断，在情况变化时，又能立即停止或改变原来的决定。果断性表现为以正确的认识为前提，在深思熟虑和勇敢的基础上，毫不动摇地执行决定。

（3）坚持性。坚持性是以充沛的精力和坚韧的毅力，不断地克服困难，达到既定目标的意志品质。坚持性表现为人不但能紧张努力地采取行动，而且锲而不舍地坚持奋斗。工作越艰巨，干劲越大；困难越大，毅力越坚韧。在困难、挫折面前，不望而却步、不半途而废。

（4）自制性。自制性是指自觉控制自己情绪，约束自己言行的意志品质。自制性表现为既能良好克制自身情绪、冲动行为和惰性心理，又能根据任务要求有效调控自身状态，使之不受外界影响的干扰，始终朝既定目标前进。

（三）意志力潜能的激发

只有德、智、体全面发展、具有良好心理素质和坚强意志品质的人，才能更好地适应社会发展需要，才能有更多机会。但是，由于人们的物质生活水平越来越高，许多学生从小受优越生活条件影响，缺少艰苦环境的锻炼，缺乏吃苦耐劳的精神。加之独生子女越来越多，部分独生子女在父母的精心呵护下，逐渐养成一些不良习惯，并且缺乏优秀的意志品质、良好的精神动力、较强的社会适应能力、解决问题能力以及抗击压力能力等，当他们遇到困难时，则容易产生放弃心理，不敢面对失败的结果，更无法鼓起勇气挑战自己，因此，作为教师，一定要让学生充分地意识到加强自身意志力培养的重要性。

1. 明确学习的目的

意志行动与动机目的之间存在着一定相关性，随着目的和动机的改变，个体的意志行动也会随之发生变化，在意志行动的形成过程中，目的和动机具有调节、支配作用，因此，应明确学习目的、提高学习动机，从而促使学生有意识地提高自身意志力。

在体育教学实践过程中，一些学生对这门课程存在错误观点，认为完成学习任务就是充分掌握文化课程知识，忽视了体育学习的重要性，在这种情况下，作为体育教师，首先要转变学生的学习观念，再将体育运动的目的和意义阐述出来，让学生全面了解体育运动的相关知识，并在此基础上加强学生对体育运动的重视程度，体育运动作为素质教育中不可或缺的一部分，在学生成长过程中具有至关重要的促进作用。

意志行动的最显著特点就是与困难相关，一切困难因素都是促使意志行动出现的主要原因，如果某个个体的动力足够强，那么遇到困难时，他将会毫无惧色。

2.发挥榜样的作用

榜样的教育作用是无声的力量。榜样是以他人的高尚思想、模范行为和卓越成就来影响学生的方法。榜样把意志品质和行为规范具体化、人格化，形象而生动，具有极大的感染力、吸引力和鼓舞力。而学生富有模仿性，好的榜样能给学生以正确的方向和巨大的力量，引导他们积极向上，把榜样的精神内化为自己的意志品质。

榜样可以是历史名人、革命导师、著名科学家、优秀运动员及各方面的杰出人才。他们是民族的骄傲、人类的精英，是青少年学习的典范。教师肩负着培养青少年一代的重任，并深得学生信赖。他们的行为规范、言谈举止，都对学生起着示范作用，产生潜移默化的深远影响。而教师如果在教学中不辞辛苦，工作认真负责，同样也可能成为青少年学生崇拜的对像。另外，学生中成绩优异者，特别是德、智、体全面发展的同学对同伴的影响更大。因为他们是同龄人，年龄、文化层次相似，相互交往的机会很多，所以，同学们的榜样是实实在在的身边人，这样的榜样更容易感染、激励学生。

榜样教育法的应用，前提是教师将榜样的精神品质和优秀事迹讲授出来，让学生在对其形成认知的基础上产生情感共鸣，激发学生的学习动力。比如，将榜样教育法应用到训练之中，首先，讲授我国运动员在各种大型比赛中所取得的优秀成绩、训练过程中的感人事迹，还有运动员所具备的顽强拼搏、坚韧不拔等精神。其次，引导学生树立切实可行的学习目标，把榜样人物的精神实质落实到具体行动上。

（四）意志的训练方法

（1）说服解释法。以理服人，做耐心细致的思想工作是培养意志品质的重要方法之一。正确的、强烈的动机是行为积极性产生的源泉。教师要晓之以理，动之以情，让学生清醒地认识到未来社会既是高智能社会，又是竞争激烈的社会，不仅要有丰富的文化知识，也要有强健的体魄。同时，还应该使学生充分认识到坚强的意志、良好的意志品质是完成各种实践任务、实现人生价值的重要心理条件，坚强的意志、良好的意志品质能促成人们到达理想的彼岸。例如体育活动是磨炼意志的有效途径。通过教师入情入理的分析讲解，激发学生对体育学习的内在动力，提高学生磨炼意志的自觉性。

（2）挫折法。所谓挫折法，就是让学生在心理能够承受的前提下，经受挫折和失败，逐渐增强抗挫折能力，以尽快走出心理低谷，增强意志力的方法。有些学生比较脆弱，承受不了竞争带来的压力，经受不了挫折带来的打击，在失败后更是长期无法从阴影中摆脱出来。其实挫折未必总是产生负面影响，关键在于人对待挫折的态度。对学生来说，经受挫折可以使他们产生消极情绪，甚至心理障碍，也可以成为磨炼他们意志的最好契机。但应注意对不同性格的学生，采取不同的方法和手段。对于外向开朗的学生，可采用单刀直入法，明确提出较高要求，设立更高目标，创设挫折情景。对内向敏感的学生，应采取婉转法，渐进提出要求，防止这类学生在挫折面前一蹶不振。

例如体育课上，有的教师在支撑跳跃的教学中，先是在场地上摆设几个不同高度的跳箱，让学生自行选择适宜的跳箱练习，接下来要求已跳过低跳箱的学生跳高一些的跳箱。此时要加强保护力度，避免学生在练习过程中受到伤害。教师不能因学生害怕跳不过跳箱产生畏惧心理而轻易降低要求和难度。部分学生因跳不过去而会产生一定心理压力是正常的，也是抗挫折能力教育所必需的。只要教师恰当地运用激励性语言，必要时亲自保护学生、帮助学生，使学生在心理上感到安全，学生就会信心十足，勇气大增。同时教师示范科学的跳跃方法，学生畏惧害怕的心理自然会消退。在这一过程中，提高跳箱的高度就是教师人为地给学生设置困难、障碍或挫折情景，使学生在一次次练习、一次次失败、一次次鼓足勇气、一次次战胜自我的经历中提高面对困难、勇往直前的意志品质。注意创设挫折情景时，不能操之过急，应遵循循序渐进原则，由简单到复杂，由低级到高级，层层递进，逐步提高。当然，挫折本身不是目的，当学生遇到困难时，教师要及时给予具体的帮助和引导，使学生养成遇到困难、挫折时永不言败的优良品质。

（3）自我强化法。关于意志品质的培养与发展，除了需要借助外在力量，即标准的要求和严格的监督，最重要的还是主体自身的内化。因此，采取一些自我强化方法，对于提高学生的意志力至关重要，经常使用的自我强化方法有使用自我暗示语言，比如，"再坚持一下""我是最棒的"等，既能够提高个体的自信心，又能够加强其意志力。

第六节　"三走"活动对身心潜能激发作用的研究

"走下网络，走出宿舍，走向操场"主题群众性课外体育锻炼活动简称为"三走"活动。机遇与挑战并存是新时代的特点，目前高校教育工作者面临的紧迫任务是在国际环境纷繁复杂、国内环境价值观多元化和经济社会转型的情况下，如何使肩负着伟大历史使命的青年一代去理性思辨、健康成长，并为未来承担历史重任打下坚实基础。

一、"三走"活动的现状与内涵

"三走"活动以"走下网络，走出宿舍，走向操场"为主题，其发展内涵是在团中央的倡导和政策性推动下的群众性课外体育锻炼活动，自活动推出后，全国高校都有很强的参与性，学生覆盖面很广，同时很多鲜活的案例也涌现出来，对活动的理论研究和应用研究起着很大作用。但是该活动近年来却逐渐消失，分析原因，主要有两方面，第一是随着程度不断提高的网络生活化和实用化，人们的生活与网络的连接越来越紧密，继续要求青年学生"走下网络"好像也不符合时代特点；第二是"三走"活动以群众性课外体育锻炼活动为主题，是综合的育人载体，"三走"活动并不是表面意义上的体育活动，不仅仅是体育的事情。"三走"活动之所以未能延续下来，是因为高校学团组织并没有充分挖掘综合育人载体的功能①。

---

① 吕敬，杨瑛."三走"活动与大学生身心健康素质提升研究——以太原工业学院心理运动会为例 [J].中共山西省直机关党校学报，2018，026（003）：57-59.

　　"三走"活动是团中央经过深入调研，针对当前大学生身体素质下降、网络依赖度过高、"宅男宅女""低头族"人数不断上升等现象开展的活动。这一活动着眼于实现中华民族伟大复兴的思想高度，着手于高校立德树人的根本任务，致力于改善青年大学生的身心状况，而不仅仅是简单意义的体育锻炼活动。这是具有战略意义的系统性工程，是提升青年大学生身心健康素质的重要方法，是加强大学生理想信念教育的重要途径，是培养大学生社会责任感的重要渠道，对于实现中国梦具有战略意义。

二、挖掘"三走"活动内涵，激发身心潜能

　　（1）"三走"活动是培育社会主义核心价值观的重要载体，原因在于个体的价值观认知不仅能影响个体的行为方式，还对群体行为和组织行为有重大影响。当代学生所处时代的特点是科技信息飞速发展，社会转型期的互联网和新媒体技术不断发展，呈现扩大价值观多元化的趋势。在网络时代，人们的思想文化交流不受时空边界限制，人们表达自我的道德界限被虚拟化、数字化的身份特征所削弱。匿名且不负责任的"微传播"使得网络信息真伪难辨；人们理性深入的判断被碎片化、情绪化的事件和言论所扰乱。大学时期是人生观、价值观塑造的关键时期，在新时代，高校思想政治工作面临的重大课题是如何引导大学生走下网络，深入思考；利用网络发声要合理、适度、有节；面对网络上的各种文化思潮要清醒、客观、理性；坚定"四个自信"；自觉弘扬伟大的民族精神。培育大学生的社会主义核心价值观，要走下网络，走出宿舍，走进丰富多彩的第二课堂活动，走进寓教于乐的心理团体活动，最主要的是发挥"三走"活动的育人功能[①]。

---

① 宋恒旭，胡洁林，郭之生，等."三走"活动对大学生身心健康素质的影响 [J]. 才智，2017（06）：206.

（2）"三走"活动是大学生综合素质培养的有力推手。当代大学生走下网络，走出宿舍，走向操场，开展形式新颖、参与度高、互动性强的心理团体活动，对于培养自身综合素质具有重要作用。旗帜鲜明地宣传"走下网络"活动的主要目的是引导大学生合理使用网络，而不是要求大学生不触网、不用网。

大学生其实很清楚过多上网和"宅"在宿舍的危害，限制大学生"走下网络，走出宿舍，走向操场"，走向更开阔的空间和场地的主要原因是缺少伙伴和有吸引力的活动平台，因此要利用学校的各项资源为大学生提供内容丰富、形式多样、寓教于乐、喜闻乐见的活动，为他们搭建综合素质培养平台，为他们的成长成才提供条件保障。

（3）"三走"活动是大学生思想政治教育工作的有力抓手。要大力推进大学生思想政治教育的发展，就必须深入挖掘"三走"活动的内涵，发挥"三走"活动身心同炼的特性。

不以知识传授为主要目标的团体心理活动，具有较强的活动性，可以使学生亲身参与，通过形式多样的活动设计和活动组织，使他们获得与真实情境相连接的感觉、感受和体验，并在感受和体验中思考、内省和重构，感受和体验激发了思索，同时亲历事件的真实性和深刻性容易在大脑中留下更加难以磨灭的印象。对于心理运动会的模式不限制，对团体心理活动的选择要符合大学生的特点，设计活动主题要符合生活实际或从生活实际中提取问题，要营造互助互尊、彼此信任、真诚关注、平等交流、积极参与的活动氛围，甚至可以更进一步地探索大学生在自我意识、人际交往、生活适应、意志品质、情绪稳定等各方面的问题，团体之间互帮互助，可以促使大学生正确理解个体与集体的关系，养成良好的行为习惯，提高思想政治品德认知水平，促进学生全面发展。

在新时代，一部分大学生价值观念的选择和树立受到了不良思想的影响，应用方法相对单一、资源缺少整合使大学生思想政治教育工作的实际效果很不理想。因此要创新思想政治教育模式，继续深入挖掘"三走"活动的内涵，使之成为高校育人工作的有效载体，提升青年大学生身心健康素质，为实现中华民族伟大复兴的目标奠定坚实的人才基础。

第五章　身心潜能激发的主要训练手段——拓展训练

随着日新月异的社会变化，人们的物质水平得到了普遍提高，在寻求自己更喜欢的生活方式的同时，面临的精神压力也在与日俱增。尤其是对于伴随着社会快速发展的这一代学生来说，经济水平的提高可以让他们在更好的物质条件里成长，但是也不得不被动接受社会上部分负面情绪带来的影响。学生心理健康程度不仅是当前社会健康稳定发展需要兼顾的问题，也是中国各阶段教育改革的重要组成部分。本章内容囊括拓展训练对心理健康教育的意义、拓展训练课程原理与潜能激发的关联性、拓展训练对亚健康的干预研究、拓展训练对社会适应能力的作用、拓展训练的案例分析。

第一节　拓展训练对心理健康教育的意义

一、拓展训练的概念与特点

（一）拓展训练的概念界定

拓展训练旨在通过一系列活动项目培养受训者的意志，使其充分发挥自我个性，完善自我人格，使受训者能在今后的学习生活中更好地解决问题和应对挑战。这种教育方式不仅能够提高训练者们的凝聚力、领导力，还能加强大家的沟通协调能力。在现如今的大学教育课程中，拓展训练已经成了高校必需的新课程，因为具有良好人际交往力、合作力和领导力的学生，在今后的工作中更能充分展现自己的人格魅力和工作能力，这正是开展拓展训练的意义。

（二）拓展训练的主要特点

拓展训练通常是在培训过程中将理论与实践相结合，让学生全程进行沉浸式体验学习。老师不仅指导学生完成心理拓展培训，还需要补充学生的理论知识，全程跟进学生的学习过程，发现学生的变化，陪伴学生身心成长。拓展训练学习打开了学生的知识面，学生们在训练中积极地学习知识，通过个人经历探索个人潜能，发展学生的创新心理，培养学生的实践技能，让学生形成良好的心理素质，具备更完善的人格。拓展训练允许学生创建与现实世界非常相似的环境并允许学生在虚拟的社交环境中体验外界给予的刺激，从而通过虚拟世界的感官体验和行动反应增强自身的综合能力。

拓展训练不再局限于传统教育的学习方法，在训练过程中，学生在体验中分享，分享时总结，总结后应用。通过这些环节来帮助学生学习知识、挖掘潜能，并在他们快乐和积极参与时提升他们的心理素质。

二、高校开展拓展训练课程的重要意义

（一）有助于促进大学生的身心健康

不同大学对于人才培养和教育目标差异很大，通过系统的专业培训，为社会培养具有特定技术能力的专业人才是高校的教育目标。人才培训极具职业特征，主要是通过技术教育提高学生的专业技能和实践技能。因此，高校培养人

才的同时，不能忽视对学生心理健康的教育，学生进入社会工作时应该具备良好的心理素质。拓展训练教育在大学教育中十分重要，它可以激发学生待发掘的潜能，培养学生的勇气和毅力，帮助学生能以更积极和乐观的心态面对困难。同时，拓展训练可以让学生认识团队合作，学生可以更深刻地体会到团队的意义。拓展训练遵循"积极心理学"理论，目的是培养学生积极的内在动力系统，在训练过程中渗透感恩教育，鼓励学生大胆探索，培养学生的创新实践精神，促进其良好心理素质的形成。

（二）有助于促进高校教学课程的创新

普通大学普遍设置排球、篮球、健美操等流行的相关体育课程项目，在提高学生学习能力的同时，希望能够增强学生的体魄。这些体育课程项目虽然并不单一，但是对学生不具备启发性，因为这些运动在学生生活中也可以开展。此种情况下，学生对于开展的体育课程项目的兴趣通常不高，也无法自觉地训练并享受其中，甚至会产生逃避心理，拒绝开展体育训练，如此就违背了项目开展的初衷。将拓展训练教育课程融入体育教育，充满挑战的课程内容更加具有吸引力，可以调动学生的热情和兴趣，让学生有意识地投入体育锻炼，体验体育的乐趣，提升自己的身体素质。因此，拓展训练的实施有助于带动大学体育改革。

（三）有助于提高大学生的适应能力

高校培养大学生，希望为社会提供专业化的职业人才，对于大学生而言，校园和社会适应能力训练是他们必不可少的经历。高校应考虑提高学生的适应能力，因为只有对环境高度适应的人才能将学到的专业知识更好地发挥出来，应对更多的社会压力和竞争，并在社会中找到位置，更好地生存下去。拓展训练课程可以让学生在走出校园后迅速融入社会，缩短角色转变时间，使他们更好地成为社会人。大学四年生活中，大学生们需要提高人际交往能力，增强环境适应能力，以便为校园和社会生活打下坚实基础。通过提高适应能力和沟通技巧，学生可以保持更稳定和成熟的心态面对困难和挫折，并以乐观的态度积极战胜它们，更好地展现个人价值。

三、拓展训练对大学生心理健康教育的现实意义

拓展训练教育不仅在促进大学生心理健康教育层面具有现实意义，还对大学生的心理健康教育产生重大影响。

（一）有助于促进大学生的心理健康

拓展训练能有效帮助存在如缺乏人际沟通技巧、性格敏感、抑郁和焦虑等问题的人，对他们的心理健康有着有重大的积极影响。拓展训练可以帮助学生更好地与人交往，帮助他们保持对人际沟通的信心，可以帮助他们正确认识并应对在学习生活中产生的抑郁和焦虑等负面情绪。焦虑或抑郁的人，其正常的逻辑思维能力会受到阻碍，因为，在这种心理及情绪下他们逻辑思维混乱，计算能力受损，不能对事物做出合理判断。但是，拓展训练教育内容可以帮助学生战胜抑郁和焦虑对身心带来的负面影响，提高其思维能力。不仅如此，拓展训练教育也能有效缓解学生存在的其他心理问题，并让学生养成积极和乐观的态度。

（二）有助于提高大学生的团队协作与适应能力，培养过硬的心理素质

拓展训练项目内容主要是由多个学生一起合作完成精心设计的活动，其目的是教会学生领悟到帮助和合作对自身的重要性，可以将其更好地运用到今后

的生活中。传统教学法强调提高个人技能，这种侧重式教学会导致学生缺乏团队合作意识，甚至会在学生群体中产生个人主义以及其他不好的心理和行为。具有强大的沟通和协作能力的拓展训练为学生建立了一座信任的桥梁，增加了彼此间的合作，在正确的价值观下培养了学生优秀的心理素质，让学生更有信心面对未来的工作与生活。

（三）有助于培养大学生健康积极的心理素质，倡导积极健康上进心态

心理拓展训练以及"知识与行为统一"和"积极心理学"的理论为教学不断引进新观念，增加新形式，还在教学中注入感恩教育，致力于培养学生积极向上的生活态度，为他们的生活提供源源不断的动力。这种体验式学习方法升级了只局限于"教"的传统教学理念，使学生可以通过个人经验来发掘并利用自我潜能，还能发展学生的创新思维，锻炼学生实践探索的能力，让学生具备勇敢、执着、自信、团结和其他对自身有益的优秀品质。"积极心理学"概念自始至终都贯彻落实在训练中的每个环节，让学生不自觉养成感恩的习惯，拥有积极阳光的心态以及创新动力。学生成为自己成长的主人，关注自己的变化，让自己变得与众不同，成为进取和富有创造力的人。根据大学生的身心发展过程来看，这是能有效促进学生心理积极健康的全面、高质量的培训模式。

四、高校心理拓展训练的实施路径探索

第一，为刚入学的大学生提供素质拓展教育，让他们花费更少时间融入大学校园生活，提高学生的适应能力，为其顺利进入未来社会奠定心理基础，帮助学生实现个人价值。

第二，实施体育改革，将拓展训练计划纳入体育教育。通过课堂设计，将体育内容和扩展项目两者紧密结合。一方面，在项目布置方面，选择具有拓展

训练效果的体育项目；另一方面，选择具有很多体能训练的拓展项目进行训练。拓展训练与体育相结合的教学方式，不仅能增强学生的体魄，还可以全面提高大学生的心理素质。

第三，团体心理咨询。团体心理咨询是从英文 group counseling 翻译而来的。group 可译为小组、团体、群体、集体，counseling 亦可译为咨商、咨询、辅导，所以团体咨询与小组辅导、集体咨询、团体辅导概念相同。从习惯上讲，我国台湾地区多用团体咨商或团体辅导；香港地区多用小组辅导；大陆多用团体咨询、集体治疗。从词义上看，集体指组织化了的团体，而团体的含义更宽泛。团体心理咨询是通过团体内人际交互作用，促使个体在交往中通过观察、学习、体验、认识自我、探讨自我、接纳自我、调整和改善与他人的关系，学习新的态度和行为方式，以发展良好的生活适应的助人过程。

第四，加强大学校园建设，包括改善场地和设备，培训教师各方面的能力。高校开展拓展培训时应注意选址，应在有限的地方采取合理措施开展外展培训，以确保学生安全。同时，为了支持有效的教育发展，有必要根据拓展的培训内容购买高质量的教育设备。由于空间有限，一些大学可以租用郊区适合的地方，在郊区开展外展活动以培训学生。

拓展训练与常规运动训练有很大不同，因此对拓展训练的教师要求更高。拓展训练教师不仅必须在高水平的教学能力下具备较强的创新能力，还应该有严格的逻辑思维。学院必须通过评估教师在心理学、教育学等领域的能力来开展训练，通过考核以后的教师才具备拓展训练教学资格。

简而言之，目前的大学生思想还不成熟，他们的人格还不够完善，面对复杂多样的社会压力，引起的心理健康问题容易导致人格转变，无法很好地学习、生活和工作。在生活和工作中，健康的心理非常重要。因此，高校应在培养学生专业技能之外，促进学生形成健康的心理，促进大学生的人格完善。通过充分把握拓展培训的价值，深入开发拓展训练的积极影响，将拓展训练引进到大学生的教程方案中，帮助学生形成正确的三观，让学生全面发展，具备幸福生活的能力。

第二节　拓展训练课程原理与潜能激发的关联性

一、学校拓展训练课程的起源与相似概念

（一）学校拓展训练课程的起源

拓展训练源自西方，由海员培训学校发展而来，其建立的目的和背景是提升海员在第二次世界大战海战中的求生技能和意志力，减少盟军与德国潜艇战役中的伤亡并激发军队斗志。"outword bound"是西方的名称，直译成中文为"外展训练"。暗喻海员不应甘于平静的生活，应直面暴风骤雨，勇于追逐大海，乘风破浪地去迎接和面对未知挑战，从而不断突破自我。二战结束后，经济大萧条随之而来，西方国家和社会陷入破败的环境中，萧条、荒凉的景象使人们的意志消沉，未来更是遥不可期，人们对生活一度失去信心和方向。但不同的是，经历过"外展训练"的海员不但斗志昂扬，积极面对战后的困苦，而且在各行各业中都做出一番成绩，并脱颖而出。因此，人们开始再次关注海员培训学校并逐渐重视起来，同时，教育界也接受并认可其倡导的体验式培训并进行了积极的宣导和推广。

拓展训练在 1995 年进入中国，并在中国企业培训领域表现出强大的发展态势，直到现在，经过二十余年时间的积淀，形成了相对比较成熟的培训理论和模式。尤其是近些年，拓展训练的作用日趋明显并取得良好效果，一是提升了学员的心理素质，二是强化了学员的社会适应能力，因此，教育界人士提高了对其产生价值及效应的关注。与此同时，我国部分高校以此为契机，在学校

的体育健康课程体系中引入拓展训练课程，采用其教学模式和教学内容，在培养学生身体素质的同时，加强对学生心理素质的教育，实现身心健康的同步发展 [①]。

"外展训练"课程不但能够帮助人们开拓心智、启发思维，而且能够提高人们的积极性，形成阳光、健康的心理素质。因此，在很多早期拓展训练学者的推动下，加之进入中国后本土化的改造，"拓展训练"逐渐取代"外展训练"的称谓，并得到业内人士的认可。而且，一部分从事拓展训练的资深教练和培训师在拓展训练发展趋于稳定时已经开始探讨其本质和属性，在研究的同时反思其教学意义和方法，并得出相关的定义和结论。

对于拓展训练的界定虽然仁者见仁、智者见智，没有统一标准，但是各学者对于其产生和核心思想却一致认可，那就是依据体验式学习理论并在实际行动中学习和成长。学员的知识和经验积累来源于自身操作和实际体验。而建构主义学习理论的基本观点是体验式学习的思想内核。1989 年左右，建构主义学习理论开始出现，其认为知识通过社会和文化两个介质进行内在建构并不断发展，这也是建构主义学习理论的主要观点。学习者知识的来源也是通过对动态世界的认知和理解过程中构建起来的。建构主义主张对知识重新认识和看待，提出在超越二元论的基础上，追求身心统一、不可分割的理论，同时，强调解释过程中应注重理解的重要性和作用的新思想。而且，学习者知识的建构只有在社会性的协商前提下，通过人际沟通和互动才能得以完善。

拓展训练的教学模式在于将具体的问题置于近乎真实的模拟环境中，让学生在体验和实践中，充分发挥主观能动性，利用一切可利用的资源，在发挥自身优势的同时加强与他人的协调合作，共同探讨和寻求解决问题的方式方法，

[①]　闫闫. 我国高等院校拓展训练课程教学理论的研究 [D]. 北京：北京体育大学，2012：25-45.

培养学生独立思考和团队合作精神以及创新性思维。除了注重环境的真实性、复杂性和团队合作的精神外，建构主义学习理论还强调师生角色的调整和互换。其独特的思维方式和方法在一定程度上为拓展训练课程的教学模式提供了新的视角和探索方向。因此，体验式学习和建构主义教学理念均是拓展训练教学过程中的主导思想，不管是作为教师的一方，还是作为学生的一方，教与学任何一方都不可或缺。

综上所述，我国的拓展训练课程由西方发展而来，西方国家早期应用拓展训练主要为了战争需要，培训和提高海员的生存技能，代表了体验式学习模式的开始。以建构主义学习理论教育思想为理论基础，在被我国引进并经过本土化改造后，前期主要用于企业人员综合素质和团队凝聚力的培训和提升。在其培训效果显现并得到认可后，北京、上海等一线城市相继出现大量专门从事拓展培训的教育机构和企业。同时，近几年拓展训练课程在发展和演变过程中被纳入部分高校的体育课程体系，不仅在教学效果上得到良好体现，还得到了教师和学生的一致认可和好评。并且，拓展训练除了保持其原有的教学特色和教学内容，在纳入高校体育课程体系后，依据实际情况和高校学生特点进行调整，不局限于单一地对学生灌输身体素质重要性的知识，而是通过运动技巧和技能的开发，提升学生的运动热情和积极性，促使学生主动参与到运动中来。同时，拓展训练加强了学生心理素质的提升和锻炼，致力于培养身心健康、全面发展的综合性人才。

拓展训练是新型的学校体育课程，其课程体系融合了多学科知识，包括企业培训、户外探险、运动技能、体验式学习以及现有体育活动和传统体育课程等各个方面。因此，其课程内容和教学模式既脱离不了以上学科的相通点，又具有自身的优势和独特性。为了加深对拓展训练的理解，同时更深入地了解其优势和特点，下文将逐一探讨拓展训练和以上课程的区别和联系。

（二）学校拓展训练课程与传统体育课

随着教育的深入发展，学校的各类课程都在随着社会的发展变化而不断丰富完善，除了一些核心课程之外，体育课也越来越受到社会的关注，这主要是由于近年来学生的身体素质存在一定问题，很多学校侧重于知识学习，用于让学生参加体育锻炼的时间较少。为了增强学生体质，让学生有健康的体魄，更好地学习知识，必须逐渐重视学校体育课程的安排。

目前，体育课程在跟随时代的脚步而不断完善，体育知识在不断深入和扩展，体育课程目标的实现方式也在不断创新。体育拓展训练课程就是具有创新性的课程，这一课程与传统体育课程不同，并不仅仅是按照课程安排进行体育活动锻炼，更重要的是让学生从体验活动中学习，让学生在接受体育锻炼的同时互相分享体验的感受和想法，让学生在互相学习中产生兴趣。

传统的体育课程更倾向于中规中矩，学生跟随老师的教学内容和方法学习，学生个性化没有得到充分体现，而且传统体育课程的教学内容也比较单一。与传统体育课程不同，拓展训练课程是一种全新课程，这一课程更加自由，强调学生这一主体，而教师的主要任务是引导学生开展拓展训练，学生通过亲身体验活动习得知识，拓展训练课程并不是一些学校体育专业所开设的拓展专项体育课程，而是采用体育普修课程的形式。拓展训练课程虽然是新课程，但是它与传统体育课程也有一定关联，这一课程并没有完全脱离传统体育课程的教学内容和手段，其中很多教学素材和内容都是来源于传统体育课程。

（三）学校拓展课程与体育游戏

传统体育课程一般主要是安排特定的体育类别活动，但也会根据体育类别的特点进行一定改良，通过有趣的教育形式来实现教学目的，比如排球体育课程，除了日常课上的排球对打以及比赛之外，教师会让学生参与传球游戏进行练习。大部分传统体育课程都会有类似的体育游戏作为一种辅助教学，而在拓展训练课程中，体育游戏是主要的教学方式。体育游戏具有娱乐性，主要是通过游戏活动激发学生的参与热情，一般不会涉及理论知识，除此之外，拓展训练课程也是为了通过游戏锻炼学生在心理学以及社会技能等方面得以加强。娱乐性是拓展训练课程的一大优势，但是也正是因为这一特点，拓展训练课程也有一定的缺陷，由于其娱乐性较强，所以一般开展时间比较短，课程内容完成度较低。

与传统体育课程不同，拓展训练课程不仅是为了完成教学任务，还要进行课程经验的分享与总结。教师会提前设计拓展训练课程教学内容，包括游戏的形式、内容、规则、场景、目的等。在游戏过程中，游戏的进行不仅需要个人的努力，还需要团体合作，这样才能够完成游戏任务，让参与其中的学生在体验游戏的过程中获得经验。通过圆桌会议、头脑风暴等形式，在课程结束之后进行经验的分享与总结。

拓展训练课程与传统体育课程不同，传统体育课程主要是为了通过体育教学让学生学习体育知识，同时增强学生体质。但是拓展训练课程主要是以心理学与管理学为教学依据，让学生在已经设定好的游戏场景中完成游戏活动，在此过程中学生会作为参与者亲身体验极端环境下的矛盾与冲突，感受自己与他人心理状态的变化，并在游戏活动结束之后分享与总结经验，互相学习。

（四）学校拓展训练与户外运动

早期的拓展训练并不像现在的拓展训练课程一样，最初的拓展训练来源于海员培训，早期的海员培训是在大自然环境中进行的培训活动，通过野外生存来训练海员的各种生活技能。随着时代的不断发展，拓展训练将海员培训方式应用于拓展训练课程教学当中，因此，拓展训练的教学场所主要是户外场所，让学生在体验活动的过程中锻炼自身的各项技能，增加知识。这种课程模式是一种体验式学习体系，是以经过设计的户外体验项目为主要教学方式的课程模式。

早期的拓展训练课程体系延续了海员培训模式，而海员培训活动主要以户外活动为主，所以拓展训练也是以户外活动为主，到了现在，拓展训练课程还是以户外活动为主，除此之外，拓展训练课程还主要以体育游戏为主。为了更好地开展游戏活动，完成课程教学，这一课程的最佳教育方式就是进行户外活动，所以，学校拓展训练课程与户外活动密切相关。户外活动主要就是让参与者积极参与到活动之中，在户外活动的过程中亲身体验活动的乐趣，与此同时，让参与者更加深入地感受在大自然中运动的乐趣所在。

目前，大部分学校的拓展训练课程都有户外活动项目，在很多拓展训练课程的教学内容中也加入了户外运动内容，但是学校拓展训练户外运动的教学内容还是与真正的户外运动有一些差异。因为学校的拓展训练课程主要是通过拓展项目启发学生心智，拓展学生的思维，而且，拓展训练教学不仅结合了户外运动知识，还有其他学科的理论知识，比如，拓展训练会将很多心理学与管理学理论运用到拓展项目当中。因此，拓展训练与户外运动互相关联，户外运动对于拓展训练课程而言，既是教学内容又是教学手段。

（五）学校拓展训练与体验式学习

体验式学习理论源于建构主义学习理论的教学思想。建构主义学习理论主要观点认为知识是发展的，是以社会和文化为中介进行内在建构的。学习者在认知、解释、理解世界的动态互动过程中构建知识。建构主义试图采用超越二元论的方式重新看待知识，反对身心分割的内生说和外生说，提供关注实现理解的解释过程的新观点。强调学习者在人际互动中通过社会性的协商建构知识。

著名的体验式学习（experiential learning）理论的建构者和倡导者大卫·科尔布（David Kolb）对体验式学习做出如下定义："人们在以往的经验和知识的基础上，通过自己的经历或对事物的观察，对体验和观察的结果形成有意识或无意识的内化和洞察。"大卫·科尔布于1984年提出著名的体验式学习模式，此模式高度强调一切学习以体验、注意为起点，而后反思、解释与共享，在此基础上深入处理和转化、有效地归纳整合，成为对个人成长有用的信息，最后通过实践来验证它的正确性和可行性，并利用前期的经验又进入另一次学习循环。

体验式学习是拓展训练课程的理论源泉，学员通过自身的体验将感官经验内化，学习效果大大优于传统课程。阅读所获得的信息，人们能记住百分之十；听到或看到的信息，人们能记住百分之二十；但亲身经历过的事，人们却能记得百分之八十。德国籍教育学家库尔特·哈恩（1886—1974）在建构主义思想的启发下开始思考为什么18世纪的大学医学学习从解剖开始，学农从种植开始，学哲学从辩论开始。最后哈恩教授找到了答案，学生的知识来源于实践，经验来自自身体验，会获得长久记忆，甚至终身不忘。于是哈恩设想建一所学校，并将研究结果用于人的生存训练，尤其以应对海员在海难中所遇到的危机为主。哈恩试图借助于"从做中学"的理念来实现愿望，希望在这个学校里，思想和行动的"世界"不再对立。

拓展训练课程主要是以户外活动为主，所以需要学生积极参与到拓展项目中，此外，拓展训练课程又是以体育游戏的形式开展教学，因此，拓展训练更多的是让学生亲身体验的活动课程，是一种体验式学习。体验式学习是先进的教学理念，具有普适性和融合性，近年来，体验式学习已经广泛地运用于不同学科的教学活动当中。体验式学习不仅关注一方面，而且还关注学生生活、学习等各个方面，并且在体验学习的过程中将多个方面相结合，体验式学习能够让学生不仅在课堂上学习，还在教室以外的户外场所学习，学生通过亲身体验的学习能够更加深刻地学会活动中所要传递的知识，能够长久地记忆，不容易遗忘。体验式学习是通过模拟日常生活、学习、工作的场景，在模拟的过程中发散学生的思维，让学生亲身体会各种情景，并总结经验，学会如何应对。体验式学习在拓展训练课程中的应用能够深化教学方式与内容。

（六）学校拓展课程与企业培训

早期的拓展训练起源于海员培训，海员培训主要以户外活动为主，随着社会的不断发展，拓展训练越来越广泛地在学校教学中运用，而最初的高校拓展训练参考了企业拓展培训的模式。企业培训是为了通过各种具有针对性的系统训练活动，培训员工学习高效的工作方法以及各种工作技能，从而丰富员工的知识体系，也是为了培养员工积极的工作态度，改善和提高员工的文化素养和能力，进而提高员工的工作绩效，使员工更多地为公司发展做出贡献。公司培训的主要目的是为了公司的进步和发展，公司培训能够让公司的组织结构等各方面更加优化，同时，公司培训的主体是公司员工，所以公司培训的受益方不仅仅是公司，公司的员工也是受益者，因此，公司培训有利于员工个人和公司组织的共同发展。

高校的拓展训练课程参考了企业培训，所以在高校的拓展训练课程教学中，很多教学内容和方式都是参照公司培训的内容和方式进行，将学校体育教学内容模式与企业培训模式相结合，立足于高校的教学目标，高校教师对学生开展拓展项目训练。企业拓展培训与高校拓展训练不同，前者并不严格要求员工的体质、运动能力等，更多要求员工具备良好的团队精神、管理素质，目的是让员工的各方面技能得到改善、提高；而高校拓展训练课程的主要目的是让学生通过体育运动增强体质，掌握体育技能，积极参与体育运动。

（七）拓展训练与团队学习

高校拓展训练课程是全新的体育课程，是主要依据心理学和管理学进行项目活动的拓展训练，在这一课程中，除了考验参与者个人的能力之外，更要考验团队的协作能力，所以拓展训练课程不是个人能够独自完成的，需要团队共同努力，这一教学过程不仅是个体的学习，还是团队的学习。

团队学习是高校拓展训练的重要学习形式，团队成员要以团队的整体发展为目标，通过不断完善自身，优化团队体系，让团队得以健康成长。团队学习需要强调三方面内容：首先，团队学习是成员与团队的双重发展，团队中的成员都能够完善自我，整个团队就能够更好地发展；其次，团队学习能够改变团队成员以及团队的发展模式，例如，团队成员的知识能够不断丰富，行为也能得到更好的改变，进而改变团队的结构和模式；最后，团队学习是系统的学习过程，这一过程并不是短暂性的，而且，团队学习不是仅学习一方面的知识或者技能，而是学习很多方面的知识和技能，是一种持续性学习。

高校拓展训练课程与传统体育课程有所不同，前者会更多地运用团队学习形式进行教学，在拓展训练课程开始之前，教师会对选择本课程的所有学生进行分组，每组 15~20 人，分成 2~3 个组，每个组是一个团队，之后的课程都是以团队的形式进行，每个人都有所归属的团队，每个团队的个体都要为整体考虑，然后逐渐进入团队学习阶段。

在之后所有的拓展训练课程中，每个团队都要以团队的名义完成拓展任务，在完成任务的过程中，每个团队成员要以团队利益为主，充分为团队的发展考虑，当团队某一成员的想法与其他团队成员的想法存在冲突时，团队的所有成员要通过协商解决，以得出最优的统一方案。在拓展项目结束之后，团队成员之间要分享各自的想法，总结个人的行为以及团队表现。此外，拓展训练课程中，每个团队的成员都与其团队共同"捆绑"，个人利益与团队利益相关联，某一团队成员不遵守规则，整个团队都要接受惩罚。这样做的目的是增强团队成员的团队意识，让学生树立大局观，而不能为了一己私利不管不顾团队的利益。团队学习从更深入的角度来看是一种社会化的学习过程，也有利于增强学生的社会责任感，让学生融入社会角色中去。

综上所述，在参考大量前人研究的基础上，本书将高等院校以体育课形式开展的拓展训练课程定义为：在设定的情景或特定的环境条件下，以提高参与者的能力和素质为主要目的，以心理挑战为主要手段，以团队学习为组织形式，以游戏为主要活动形式和载体，积极促进参与者的身心健康，进而使参与者不断丰富知识、熟练技能、完善人格的以体验式学习思想为主导的新型体育课程。拓展训练的课程特点体现了多学科高度融合的特性，因此从课程分类的角度看，其属于融合课程。

经历本土化过程之后，拓展训练课程从企业培训领域的课程体系中不断分化和发展。近几年被部分高校纳入高校体育课程体系中，并取得了良好的教学效果。拓展训练课程多学科融合的特点和功能符合体育课程的要求，能够实现促进学生身心健康及掌握运动技能等教学目标。在中国，企业拓展培训是学校拓展课程的发源地，体育游戏是拓展训练课程知识的载体和主要活动形式，团队学习是拓展训练课程的主要学习方式，户外运动既是拓展训练的教学内容，又是实现拓展教学目标的手段。建构主义和体验式学习是学校拓展训练的思想内核。

二、学校拓展训练课程的理论基础及原理阐释

新时期的体育课程，特别是五维健康观指导下的体育课程具有很强的综合性，其学科知识内容需要跨越人文社会科学、自然科学、哲学方法论以及体育科学的有关学科知识与方法，综合地考察体育教育这一特殊领域的各种现象及

其发生与发展过程。摆脱传统单一学科的知识局限与狭小视野，由综合创造升华，更客观、更准确地展示体育教育活动的各种本质特征与变化规律。

拓展训练课程是促进学生身心全面发展的素质教育课程，是学校体育课程体系中的新成员。拓展训练课程同时也是一门综合性较强的课程，其课程体系融合了多个不同学科的知识体系。

拓展训练课程理论基础主要包括教育学、心理学、体育科学（学校体育、运动人体科学运动保健、体育游戏）、社会学、管理学（组织行为学）、户外运动、避险求生知识等不同学科不同领域的知识和内容。鉴于开课目的的不同，不同院校选择教学内容的侧重点也不同，有些学校侧重于对学生进行心理健康教育、有些学校侧重于对学生进行身体健康教育、而还有一些学校则可能侧重于对学生进行社会适应等方面的教育。因此，本书力图梳理拓展训练课程的理论基础，以便为不同院校开设拓展训练课程过程中教学目标的设定和教学内容的选择提供依据。

（一）教育学

拓展训练课程是一门新型课程，属于体育课程体系的一部分，以实现和促进学生的全面、综合发展为最终目的，同时，该课程设置的核心和本质功能也强调了这一点，并要求加强学生的"健康教育和素质教育"。因此，学校教育应将拓展训练课程及其教学理论纳入教育体系中并研究和探索，研究内容还包括教学过程中出现或存在的各种教育现象。对这些教育现象的研究，一方面能促进拓展训练课程体系的发展和进步，另一方面，研究得出的成果也为拓展训练课程的完善提供了理论基础和保障。

研究成果包含众多内容，涵盖教育的方方面面，如教育的本质、目的、内容、方法、形式、主体以及它们之间的相互关系和影响；还有人、社会和教育三者的协调与统一；同时，还包括教育制度的建立、教育管理的创新和在中国特色社会主义道路背景下形成的教育理论方法、对教育实践的探索等。

体验式学习理念和建构主义教学理念既是拓展训练课程的理论基础和研究模板，又是教育学对其产生的主要影响。20 世纪 60 年代，行动参与研究在教育学中兴起，保罗·弗莱德的"对话式教育和行动参与式研究"在当时具有代表性。他认为讲解式教育把学生当作知识的容器，一味地灌输知识，并引导学生对所学内容采用机械记忆的办法，只简单地储存了知识而缺乏对知识的理解和认识，表达了其对讲解式教育的批判和不认可。而建构主义学习理论符合体验式学习理论的思想，很多未直接体现或隐藏的知识，通过学生之间的相互学习以及对同一事物多方面的讨论和研究浮现出来并被学生所接受，有利于扩展学生的知识面、丰富学生的知识层次，从而也使建构过程得以实现。

（二）心理学

拓展训练的主要教学目标是促进学生的身心健康发展，因此，对学生心理活动的把控和教学的心理指向性都非常重要。不管是教学活动还是教学环境设计，以及教学内容和教学模式的选择方面都要具备上述特征。而归因理论、社会学习理论、目标设定理论、态度理论和团队学习理论五个方面成为了教学活动过程中研究和采用的心理学理论基础。

第一，归因理论。也就是分析和归结原因的过程，来源于自己或他人的行为或人对外部行为特征的推断。其内容主要包括以下三个方面：①心理活动的归因，也就是人们心理活动产生的原因分析；②行为归因，通过人们的行为和外部表现判断其心理活动；③预测未来的行为，以过去的行为和表现作为基础和依据，当未来出现同样情景时，或在特定情境中，推测其行为。

第二，社会学习理论。简单地说就是人们通过观察而确定模仿对象并加以学习的过程，学习内容是那些人们认为值得被自己信赖并具有渊博知识的人的行为示范，因为那些被强化或褒奖的行为会再次或重复发生，这是社会学习理论的观点，因此，这种被奖励过的行为能吸引着人们不断学习。"自我效能"和"观察学习"是社会学习理论指导拓展训练教学的作用。值得注意的是，"自我效能"不是指技能本身，而是指对自我能力的判断，对自身所拥有的知识和技能与对应问题或任务能否解决的信心和态度。

班杜拉等人将人类学习过程明确地分为直接经验学习和间接经验学习两种。直接经验学习来源于实践活动，其也是人类知识的源泉，即人类在认识和改造世界的过程中积累的知识与经验。而间接经验学习是通过介质学习已有或现成知识的过程，如参考他人的行为和做法、教师及家长的口头传授和教导等，都属于间接经验学习。由此可以看出，间接经验学习过程要优于直接经验学习过程，不但简单易学，而且更加便捷和高效。观察学习就属于其中一种，采用此种学习方式能迅速地复制他人的工作经验、学习方法和人际交往技能等，化为己用。

第三，目标设定理论。它是指设定需要达到的特定行为标准，并在一定时间内完成。目标设定理论来源于对某个特定行为产生的动机倾向，既在时间上有要求，又要在结果上有所体现，因此，强度和方向性是目标的两个特征。而且，目标的设定能激发人们的热情，指导人们的工作，使个体更好地实现人们期望的结果，具体表现为以下三方面：①提高个体对任务的注意力和关注度，引导心理和行为朝着目标方向发展；②激发个体潜能，更好地完成现实而具有挑战性的目标；③培养持之以恒的精神和解决问题的能力，明确的目标能让人直面困难和挫折，并寻找相应的、有效的解决办法，直到目标实现。

因此，目标设定既不能脱离实际，遥不可及，又不能轻而易举就实现，缺乏激励和指导作用。要遵循相关原则，即目标要明确，不能模糊不清，同时要具有技术表现性，而且要将长期目标和短期目标结合，短期目标的达成能提高人们的信心，而长期目标的设定又为其提供持续的动力和努力的方向。

第四，态度理论。态度是一种心理倾向和表现，即主体对人、事物或其他抽象概念由认知到评价再做出价值判断的过程。主要由以下三个要素构成。

（1）认知要素，是态度的基础要素，因为对任何事物的看法首先来源于认知，认知又会反过来影响主体对事物的看法和评价。而且，认知水平不同，对事物的看法和评价也会不同。

（2）评价和情感要素，也是态度的核心要素，当主体对某一事物的评价和情感确定后，将要采取的行为也已经基本决定，因此，行动的关键来源于此。

（3）意向要素，态度的最终表现形式，由主体对事物的情感决定。而社会环境、群体行为、个体人格和态度本身的系统特征等方面都会对态度造成一定影响。这就要求人们加强学习，提升个人综合素质，尤其要加强改变和调整态度相关理论和应用知识的获取，如认知失调理论及应用、沟通改变态度理论及应用、态度变化三阶段理论等，在提升自我能力的同时，更好地适应社会发展的需要。

第五，团队学习理论。即团队的每一个成员通过自身努力，如不断学习新知识、注重改善个人行为、提出团队优化的意见和建议等，以提升团队整体的实力和竞争力，适应不断变化的社会环境并保持持续、稳定、健康的发展。每个个体在拓展训练模拟的社会生活情景和现实工作的环境下都有不同表现，而活动结果由个体之间的相互作用来决定。但个体的能力是有限的，尤其是面对竞争日益激烈的社会环境，加强个体之间的团结协作，实现能力互补是最佳选择和最有效的途径，因此，团队合作也是未来社会生活中个体发展方式选择的永恒话题和必然结果。

（三）学校体育学

学校体育教育的目的是促进学生身心健康发展，采取的手段主要有身体运动和卫生保健等多个方面，其环境以学校教育背景为主，同时实施者在整个过程中保持计划性、组织性和目的性的协调。

学校体育教学包含拓展训练课程，既然是在学校中开展，就决定了其活动方式和培养目标都要依托于学校现有的教学资源，包括学校的环境、场地、设施以及负责体育教学的教师等。同时，开展体育教学，一方面提升学生的运动技能和参与运动的热情，另一方面让学生的身体素质和心态在运动中健康成长，也能更好地适应环境的变化和社会的发展，达到体育教学的最终目的。因此，要充分并善于利用拓展训练课程的理论知识，如人体生理健康知识、运动保健知识、安全防范和自我保护知识、开展形式和技巧等，为学校体育教学提供理论依据和保障。

（四）社会学

社会学是一门综合性学科，它以社会整体为基础，研究社会的结构、功能以及发展规律等方面，其研究依据来源于社会关系和社会行为，并以历史、经济、文化、民族、家庭、城市、乡村以及社会现象，如婚姻、宗教信仰、人口变动和现代化、信息技术等领域为研究对象。同时，社会学有着多元化的方法论和思想，其中以 E.迪尔凯姆为代表的社会唯实论观点认为，人的行为和思想主要受到社会的影响和制约，有时甚至决定于社会和环境，而并非单纯地依照或符合个人的想法和理性思维。

人类组织、社会互动和社会群体是当今社会学研究的重点。不过，近年来，社会阶级、家庭、年龄和种族等微观社会因素成为了社会学的主要研究发展方向，原因在于这些微观社会结构的问题频繁发生，如青少年犯罪比例上升、家庭纠纷和问题的出现，都给社会造成了很多不稳定因素，也增加了社会的压力，急需社会学提供帮助并找寻解决办法。因此，社会学家一方面通过社会关系的量性研究和总结，推测社会后续或未来的发展趋势；另一方采用面谈或小组讨论等质性研究，加深对社会运作的理解和探索。

人的生存和发展都离不开社会，具有社会属性，因此，只要与人相关的话题，就会与社会有关，拓展训练正是在人与社会息息相关的环境和规律中演变和发展的。因此，社会学可以说是人文科学之母，是一切科学发展的基础，不管是个人还是团队，抑或是社会群体活动，都与社会学相关，它们的运行和发展都离不开社会规律的制约。而拓展训练借鉴和参考社会学中的从众心理理论和群体理论，以此加强对学员的社会化教育，提高学生对社会的认识和理解，使其更好地在社会中获得发展和提升。

（五）管理学及组织行为学

管理学和组织行为学相关知识在早期的拓展训练课程中占据相当大的比重，原因在于企业管理培训的方式方法是拓展训练课程进入中国后，前期采用的主要模式。

管理学和组织行为理论体系在拓展训练课程中主要体现在两个方面：一是执行过程中的计划制订、统一协调、过程管理以及领导力和管理者的角色定位和团队创建理论等；二是总结方法的采用，时间管理和目标管理等管理学内容经常被运用于项目总结中。随着拓展训练课程被纳入高校课程体系，学生整体素质的提升逐渐取代企业管理培训的方向，成为教学重点。但这并不是完全舍弃管理学和组织行为学理论，这些知识仍贯穿于整个课程体系，因为每个学校的具体环境不同，教师能力和学生素质也存在一定差异，拓展训练依据实际情况，设置不同的课程内容和目标，以满足各种教学需要。如通过情景模拟，在一定的生活环境和限制要求下，提升学生的计划和决策能力、沟通和时间管理能力以及面对突发状况的随机应变能力等，更好地促进学生的全面发展，使其成为合格的、优秀的综合性人才。

（六）户外运动

户外运动和野外生存知识在早期的拓展训练理论和实践课程中占比较大，因为拓展训练是由西方国家的海员野外求生训练发展而来。虽然将其纳入学校体育课程体系后，娱乐性和教育性相关知识逐渐加入其中，但是为了满足高空项目及山地徒步项目等探险课程的需要，为学生提供更多的安全知识和技能，户外运动的知识仍非常有必要。现阶段，户外运动依然是拓展训练课程的主要形式，通过人工建筑或利用天然环境，同时合理地利用相关设施设备，模拟出真实的自然条件，增强人的体验感。并在实际体验中将探险、野外生存等相关的户外运动知识传达给学生，提高其安全意识和自我保护能力。只要涉及户外运动，就有可能存在一定安全隐患，因此，这些知识和技能的重要性就体现出来了，也成为了拓展训练课程中不可或缺的一部分。

户外运动的知识和理论内容丰富，形式多样，涵盖户外的各个方面。总体来说，可以分为两个部分：一是与技能相关的，如户外运动装备的选择和使用、给养的配备和在野外如何制造或寻找给养、探险项目的技巧、自我保护和保护他人的方法等；二是与知识相关的，如野外生存或定向越野的相关知识、领队的综合素养及户外运动的经验和知识、风险管控和应急预案等。

（七）避险求生知识

我国幅员辽阔，人口众多，许多地区经常出现地震、台风、火灾等自然或人为灾害，给国家和人民的生命财产造成巨大损失。因此教育部制定相应的《公共安全教育指导纲要》中指出：学校要在学科教学和综合实践活动课程中渗透公共安全教育内容。各科教师在学科教学中要挖掘隐性的公共安全教育内容，与显性的公共安全教育内容一起，与学科教学有机整合，按照要求，予以贯彻落实。

拓展训练课程综合性强，包含内容丰富，因此其课程体系在特征上表现出较强的选择性和开放性。而避险求生的知识和技能，因其重要性，目前已有部分院校以拓展课程补充内容的形式将其纳入整个课程体系中。同时，利用现有优势资源，如场地、器材、专业人员等，通过模仿自然风险和灾害，并教导学生如何防范和躲避，提升学生避险求生能力也是拓展训练课程内容的重要部分。

紧急避险和救助课程包括突发情况、公共交通、公共设施、公共卫生、自然灾害、社会治安以及预警措施等各个方面，内容涉及面广，几乎涵盖人们可能遇到的所有灾难和险情。避险求生知识和急救知识虽然在拓展课程体系中只是补充内容，相关课程内容相对于其他课程较少，但却是不可或缺的一部分。

综上所述，拓展训练课程的理论基础是指与拓展教学内容相关的各学科的理论知识、教学思想以及方法和手段，主要包括心理学中的态度理论、归因理论、社会学习、目标设定、团队学习；教育学中的教育本质问题，教育、社会、人三者关系的问题，教育目的、内容、教育实施的途径、方法、形式以及它们的相互关系问题，教育过程问题，教育主体问题，教育制度、教育管理问题以及反映中国特色的各种教育理论和教育实践问题的研究成果；管理学中的计划制订、组织、领导、控制以及管理阶层的角色定位、团队理论、时间管理、目标管理；社会学中的从众心理理论、群体理论；学校体育学中的体育保健知识、体育锻炼方法和手段；户外运动中的野外生存基本知识、器械及高空保护知识等；避险求生中的公共交通、公共设施、自然灾难、公共卫生、社会治安和未雨绸缪等。

三、拓展训练在个人潜能激发与团队建设中的作用

拓展训练的基本目标和功能包括个体和团队两个大方面。

从个体的角度来看，拓展训练对个人的作用主要包括以下几方面。

第一，拓展训练可以发挥个人的潜能，增强自信，这是拓展训练带给参训学员的最突出收获。

第二，拓展训练磨炼意志品质。人生在世，不如意事常八九，不可能事事顺心，甚至很多人难免要经历一定程度或某一方面的逆境。

第三，拓展训练可以培养和启发创造力，提高个体解决问题的能力。现代社会发展日新月异，新问题层出不穷，需要人们有自信、意志坚强、有耐力的同时，还必须富有想象力和创造力。

第四，拓展训练可以改变个体自身形象和人际关系，个人形象在现代社会中非常重要。一方面，个人形象是个人自身生理和精神生存状态的直接体现；另一方面，个人形象也是现代社会中个人进入公众视野、与社会和公众接触的无言广告。

第五，拓展培训可以帮助个体认识群体的作用，学会关心别人、与别人有效沟通，更为融洽地与群体合作。如何对待周围的人和群体，如何与别人有效地沟通与合作，是现代社会中的必修课

从团队建设的角度来看，由于人数的不同，因此，所用的团队建设项目也不同。有些项目大小团队都可以做，比如挑战五分钟、逃生墙、信任背摔、模拟电网、有轨电车、孤岛求生、飞行转轮、依存共渡、雷阵、智闯敌营、激流勇进、穿越沼泽、穿越弯桥，等等。但是另一些项目，比如环游世界八十天、共绘蓝图、扬帆起航、划龙舟、动力绳圈、团队乐章、模拟人生、杯子舞、鼓舞飞扬等大项目就需要人数较多的团队共同执行。

第三节　拓展训练对亚健康的干预研究

亚健康状态也叫机体的"灰色状态"或"第三状态"，指人的机能状态在疾病和健康之间，没有明显、准确的病因，但是生理机能处于消减状态。亚健康常常是疾病来临前的征兆，也是慢性病发展的前期状态。一般而言，亚健康状态的人会因此耽误工作、影响学习。倘若不加以重视，注重调整，最终会引发器质性病变，从而使身体出现更为严重的问题。亚健康状态在中老年群体中较为普遍，但是近年来这一现象逐步呈现低龄化，特别是在校大学生所占比例逐步攀升。这一现象是多种因素共同作用的结果，在校大学生在走向独立自主、成熟稳定的道路上，受到很多外界不确定因素的影响，加上互联网和信息技术的迅猛发展，网络游戏、网络社交等活动的风行，使得很多大学生将很多精力耗费其中，忽视了户外锻炼，从而成为亚健康群体中的一员，大学生的亚健康问题令人十分困扰。

大学生是国家发展、社会进步、民族复兴的脊梁，我们对大学生出现亚健康问题要给予足够重视。近些年，大学教育内容也在日益更新，通过多种多样的教育方式，培养出适应时代发展变化的高素质人才。"拓展训练"就是应对大学生出现亚健康问题很好的办法，它具有独特的运作方式，能为团队和人才带来非同寻常的成效，因此被很多高校引入到体育教育中，既能培养学生的健康心理，又能提高学生适应社会的能力与水平，为高校体育教育做了很好的后备补充。对此，为了给制订科学合理的亚健康干预措施打好理论基础、提高高校学生身心健康状态，学者邓翠莲、李东鹏在《"拓展训练"对高校大学生身体亚健康状况干预效果的实验研究》一文中，探讨了"拓展训练"干预下的大学生亚健康状况，并得出以下结论。

（1）比起常规教学来说，拓展训练教学效果要高于常规教学。它能激发学生的主观能动性，使其自主学习，积极参加体育锻炼和体育活动，与此同时，对学生的身体健康大有益处。

（2）拓展训练课的效果证明其在提高身体素质方面效果显著。

（3）拓展训练课在改善身体状态方面具有积极作用，如对身体疲劳、身体总体状态、肥胖和睡眠等有所改善[①]。

---

① 邓翠莲，李东鹏."拓展训练"对高校大学生身体亚健康状况干预效果的实验研究 [J]. 运动，2015（03）：52-53.

第四节 拓展训练对社会适应能力的作用

现代健康观不仅停留在身体健康层面，还包括心理健康、道德健康和社会适应能力健康，代表人类的健康观念在不断发展进步，这也是时代作用的结果。将拓展训练纳入高校体育教学课程体系中，让拓展训练的社会功能在高校体育中得以发挥并延伸，积极追求大学生身心健康的同时提高其适应社会的能力，也是大学体育课程中的创新和探索。

一、大学体育拓展训练课程及其理论构建

拓展训练在大学体育的教学标准中共包含四大部分，分别是课程内容、课程目标、课程组织以及课程评价。课程目标不仅要体现大学体育教学的总体目标，还要凸显出拓展训练的特殊性。要通过拓展训练，提高学生的身体素质和心理素质，培养其团队协作能力。可见，大学体育拓展训练既能让大学生学习新的技能，增强身体素质，改善心理健康状况，又能提高其适应社会的能力，并培养其团队意识和合作意识。

在增添教学内容时，要有的放矢，将学生的人际关系、心理状况等与教学内容完美结合。建立相应的评价体系，要侧重社会适应能力和心理素质，从拓展训练对学生适应社会能力和心理健康状况的作用角度开展效果评价。

二、大学体育拓展训练与大学生社会适应能力

在构建社会主义和谐社会的要求中，社会适应能力是对人才素质方面最基础的要求之一，同时也是素质教育的重要内容。大学生对于社会的适应分为两

个时期：一是在大学期间与人交往交际、进行学习生活等活动的校园生活时期；二是大学生步入社会之后，通过与社会的交流、互动，进而实现与社会和谐共处的过程，在这一过程中实现角色转换的时期。

大学体育拓展训练中，每一项活动都是在特定情景之下开展的，这些情景往往是一些社会状态的缩影和简化。学习、选择和参与时，不仅涉及个人行为，更关系到团队和集体的成败与荣誉。拓展训练在既定的游戏规则下，营造出适当的环境氛围，学生们在约束中感受合作与竞争、成功与失败。在这种情景式教学过程中，人际关系往往会随着环境变化而变化，在无形中锻炼了大学生的人际交往和适应能力。换句话说，拓展训练过程提升的所有适应能力，包括职业发展、人际关系、生理健康、学习生活等，就是社会适应能力。

第五节 拓展训练的案例分析

案例一：同进同退

一、操作细节

在平整地面画一条宽 30 厘米，长 5 米的小河。全体人员在小河的一边肩搭肩站好，同时过河，步伐必须整齐划一，40 秒挑战 25 次过河次数，也可挑战更多次数。

二、目的

（1）培养团队全体人员的参与意识。

（2）培养团队成员协同一致、完成任务的能力。

（3）增加培训效果和活跃团队气氛，同时提高团队奋勇争先的积极性。

（4）锻炼团队全体人员的体能。

三、项目控制

注意事项：在平整的地面上画一条虚拟的小河，要求地面不能湿滑。

拓展训练方案步骤：

（1）将不同小组带到不同的小河边，彼此并行，肩搭肩或臂挽臂站在河边，活动时，每条小河的宽度基本相同，长度可以有所不同。

（2）全体队员同时迈过小河到达对岸，然后快速回来为一次，脚尖与脚后跟过河后均应在河岸上，不得悬空在河上，避免无法判断造成计数困难，而损失数量。

（3）练习 5~10 分钟后进行每组 40 秒挑战，各组目标按照完成量计算应不少于 25 个。需要至少一个组突破 30 个，否则全体人员将受到小惩罚。

（4）每组进行三轮挑战，取最好成绩进行评比。

四、问题讨论

（1）最初如何设计活动方式，结果如何？

（2）找到方法后熟练练习，在统一指挥下，大家同步进退，个人感受如何？

（3）每轮挑战成绩如何变化？为什么会出现这种情况？

（4）通过团队齐心协力完成活动，取得优异成绩，对增加团队精神有哪些理解？

案例二：解手链

一、操作步骤

第一轮：所有学员围成一圈，伸出双手，将右手臂交叉放在左手臂上，抓住旁边学员的双手，形成一条手链，要求所有学员在不松手的情况下，发挥聪明才智，解开手链（这时所有学员会以最快的速度解开手链，但面部是向外）。

第二轮：恢复原形，这时培训师告诉所有学员，要求所有学员在不松手的情况下，发挥聪明才智，解开手链，同时面部向圆心。

第三轮：所有学员（学员必须是偶数）站成一个向心圈。先举起右手，握住对面人的手；再举起左手，握住另外一个人的手。现在大家面对一个错综复杂的问题，即如何在不松开手的情况下，想办法把这张乱网解开。大家一定可以解开，但结果会有两种：一种是所有学员站成一个大圈；另一种是所有学员站成两个套着的环。

二、目的

（1）打破团队成员的初识的陌生感，拉起手，拉近心理距离。

（2）体会在解决团队问题方面都有什么步骤，了解沟通的重要性以及团队的合作精神。

（3）体会产生领导对解决问题的重要性。

三、总结提升

（1）是否很快找到解决问题的方法？

（2）是否有核心人物出现或者勇敢者站出来发表意见？

（3）是否很快达成共识？

（4）是否在达成共识之后立即付诸行动？

四、注意事项

（1）需要认清自己左右手握着的对象，这恰好映射了工作一定要有明确的为之奋斗的目标。

（2）需要有且只有一个作为施令者的队长，否则队员七嘴八舌一定会让游戏的时间加长，甚至以失败（解不开手链结）告终。

（3）团队中的人一定要懂得听从指挥，如果不听从指挥而自以为是地解手链结，那么一定会影响团队最终完成时间，因此，工作中要懂得服从和执行。

（4）团队的领头人要懂得听取队员的意见和建议，并迅速做出反应，如果队长没有听从组员的建议并迅速做出反应，该队完成任务的时间就要更长一些。一个优秀团队的领导者必须是乐于接受意见和建议的人。

（5）坚持是一个团队能最终完成游戏的重要因素，在工作中，坚持也是团队获得最终胜利的必要素质，游戏中，团队的坚持让游戏完成；生活中，水滴的坚持能让巨石让步；工作中应该多些坚持，胜利就离团队更近一点。

（6）大家协调一致，各自发挥好自己的作用，能最快地完成游戏。工作之中，一个团队要获得优秀成绩，就需要有全体队员的协调一致，大家的心往一处想，劲往一处使，就一定能取得卓越的成绩。

（7）每个人都生活在团体中，人与人之间的关系交错如网，看似杂乱无序，但是只要用心，这张杂乱的网可以变成一个同心圆。

（8）生活在一个大集体中，人们要学会团结起来面对困难并解决困难。

案例三：扑克分组

一、时间

30~40分钟（看需要而定）。

二、器材

普通扑克牌1副（抽去大小鬼，一共为52张）。

三、目的

培养学员在工作中的主动性与对矛盾本质的洞悉力，两利相权取其大，两弊相较取其轻；实现组织内部的信息共享，培养个人的团队精神及顾全大局的精神。

四、操作细节

在3分钟之内，每人将自己抽到的一张扑克牌（代表个人的知识水平、能力结构、专业技能）与另外4张牌组合成一副牌组（这就是大家未来的学习团队了），要力争最快地组成优胜牌组。每个牌组站成纵队，由排头亮出牌组，培训师宣布最优、次优等牌组成绩。每个人记住自己的牌，选出几个代表，将所有牌收集起来，按照优化组合、"岗得其人""人适其岗"原则，每5张组成一个牌组，对比之前的牌组，感受有哪些差别。

牌组名称：

同花顺：五张同种花色牌组成的顺子。如全部是黑桃的A，K，Q，J，10，A，2，3，4，5。

铁支：五张牌中有四张同样大小的牌，如四个A。

葫芦：五张牌中含三条加一对，如三个 A 带两个 8。

同花：五张牌为一种花色。

顺子：五张不同种花色牌按大小顺序组成的牌型。

三条：五张牌中有三个大小一样、另两张大小不同。

两对：五张牌中两副对子。

对子：五张牌中只有一个对子。

散牌：五张牌无法组成以上任何牌型的牌。

比较大小：

牌型比较：同花顺＞铁支＞葫芦＞同花＞顺子＞三条＞两对＞对子＞散牌。

数字比较：A＞K＞Q＞J＞10＞9＞8…2

同为葫芦或是三条时，比较其中三条的大小。

同为同花或是顺子时，比最大的一张牌，如果大小还一样就平手。

同为两对时，先比其中大对子的大小，若一样大，则比小对子的大小。

同为对子时，先比对子的大小，若一样大，再比单张大小。

同为散牌时，按照各自牌的大小依次比较。

五、讨论

（1）单个的牌有没有最好和最差？

（2）怎样才能实现组合的最优化？

六、点评

在游戏的整个过程中让学员感受最深的一点是，单张牌的价值只有经过组合后才能得到体现，没有单张的最好或最差，只有组合后的优胜牌组或是最差牌组。比如孤立的一张 K 和一张 6，K 无疑是较大的牌，但有时牌组里 6 明显更适用，因此只有组合后，其价值才能得到最大实现，组成优胜牌组，或者最差牌组。没有完美个人，只有完美团队。

另外，牌组组合时也会遇到此种情况：需要通过若干张牌的调整，来消除劣势牌组，或是使低优胜位次的牌组得到提升，最终扭转整个牌局。这种情况下，应该尽量避免最优牌组的调动或是将调动最小化，保留其核心价值。

管理者应该以理性而非盲目、人尽其才而非大材小用的原则用人。只有从每一名员工的专长出发，进行与其相匹配的岗位安排，并依据其优缺点灵活调整，才能做到"人适其岗""岗得其人""人岗匹配"，使人岗高度统一，发挥整个团队的最大效能。

案例四：水果蹲

一、目的

热身、活跃气氛。

二、操作步骤

（1）将全体队员分为若干组，每组队员面向内，双手搭住两侧队员的肩膀，形成圆圈。

（2）请每组队员选择一种两字的水果名称作为本组代号。

（3）活动由指定的一组开始，该组的口令是："XX（该组水果代号）蹲，XX（该组水果代号）蹲，XX（该组水果代号）蹲完 YY（本组希望哪组接着蹲，就喊哪组的代号）蹲。"每喊到"蹲"时，应该蹲的小组队员下蹲至马步状。

（4）被喊到的组，继续说出以上口令："YY（该组水果代号）蹲，YY（该组水果代号）蹲，YY（该组水果代号）蹲完 ZZ（本组希望哪组接着蹲，就喊哪组的代号）蹲。"依次重复进行活动。

（5）要求：每组的口令整齐洪亮、动作协调一致，否则视为失败，予以"奖励"。

案例五：动力火车

一、操作细节

所有队员按小组排成纵队站在起点线后，将左手搭在前方队友的左肩上（除车头外），用右手抬起后面队友的右边小腿，每个人为一个车厢，形成一列相连的动力火车。同心协力往目的地出发，当车尾过中线（离起点 15 米）后，立刻把脚放下，全体向后转，右手搭在前方队友的右肩上（除车头外），用左手抬起后面队友的左腿小腿，向终点冲刺，车尾通过终点线即为完成比赛。火车不能断开，如断开要在原地连接上之后才能继续。

二、目的

（1）科学决策，目标明确，上下一致，相互协调，快速到达成功彼岸。

（2）锻炼腿部力量，提高身体素质。

三、安全控制

（1）项目对体能消耗较大，往返距离控制在 30 米左右，左右脚交替。

（2）多组可以轮流比赛，但每组不超过 3 次为宜。

（3）动作不协调、体重较大的队员容易摔倒，可作为观察员身份参加活动。

（4）结束后，要统一进行腿部肌肉放松活动。

案例六：缩小包围圈

一、概述

缩小包围圈是一个会给参与者带来欢笑的不可能成功的任务。

二、目的

（1）让小组更具活力。

（2）营造和谐氛围，为接下来的培训活动奠定基础。

（3）打破队员之间害羞与忸怩的气氛，使大家自然地进行肢体接触与配合。

三、操作步骤

（1）队员们围成包括自己在内的一个紧密圆圈。

（2）每名队员将自己的手臂搭在与自己相邻的同伴肩上。

（3）培训师向大家宣布一项艰巨的任务，就是大家要在保持现有圆圈完整不被破坏的同时一起向圆心迈出三大步。

（4）大家理解游戏要求后，开始一起迈出第一步。之后培训师向所有人给予鼓励和赞扬。

（5）开始迈出第二步。此时培训师大概就不需要绞尽脑汁想怎么鼓励大家，因为此时大家多半已忍俊不禁。

（6）迈出第三步。这可能会导致圆圈断开，队员摔倒。虽然任务无法成功完成，但进行任务的过程会使大家忘掉烦恼，开怀大笑。

四、安全控制

在迈第三步时尤其要注意，很多人都会摔倒，这时要相互帮扶不能摔得过重。在场地选择上，尽量不要在太硬的地方。

案例七：一圈到底

一、目的

（1）培养学员的创新能力。

（2）加强团队合作。

（3）让学员保持积极的心态与竞技状态。

（4）让学员采用非语言的高难度沟通形式，进行低难度活动。

二、器材

2个大呼啦圈（也可以用绳圈代替，难度更大）、秒表、哨子。

三、操作步骤

全部学员用手围成一个圆圈，用呼啦圈从每个人身体穿过后回到原位。活动进行中不得使用语言沟通，只能采用身体语言或眼神交流，全程需保持手拉手状态，不得用手指勾呼啦圈。对每队进行计时，选出最快的队。

（1）将学员分为人数均等的组，每组站成一个面向圆心的手拉手的圆。

（2）共进行两轮比赛，第一轮各组分发一个呼啦圈，并将其套在起点学员的手臂，然后在不用手的情况下，将呼啦圈传递一圈回到起点，过程中只可以利用队友的身体传递呼啦圈。第二轮各组分发两个呼啦圈，沿相反方向传递两个呼啦圈回到起点。

（3）各组可先练习15分钟。

（4）两轮时间累加评出名次。

（5）在第一轮比赛之后给每组3分钟的时间讨论，之后再进行比赛。

四、注意事项

（1）在项目开始前，学员应做好准备活动，并摘下身上的贵重物品和有可能对身体造成伤害的硬物。

（2）在学员找不到有效的方法时，培训师可以给予相应的指导。

五、总结回顾

（1）大家在游戏过程中碰到了什么问题？怎样分析问题？

（2）游戏过程中有无领导者或教练员产生？

（3）哪些因素有助于学员们成功且快速地完成游戏？

（4）此项目说明不改变方法而仅仅改善熟练程度及技巧对结果改善是缓慢的，但是如果有新的创意，则会对结果有质的改善。

（5）此项目让学员们体会到革新和创造力的巨大力量，认识到仅仅通过熟能生巧来提高效率是远远不够的。

案例八：赢走

一、项目简介

以团队比拼的方式来进行，不仅比哪个团队跑得快，更是考验学员在思想与行动逆向而为下的反应力，既可以作为热身项目，又可作为很好的培养团队凝聚力项目。

二、培训目的

（1）诙谐幽默的项目起到热身的效果，塑造紧张气氛。

（2）团队组建初期，培养队员的归属感、为团队奉献自我的精神。

（3）培养队长担当、责任意识，增强团队凝聚力。

（4）在营救过程中，队友通过健身赚取"金币"，感恩、感动对融入团队很有帮助。

三、场地要求

40米见方的草地或土地，一定不能是硬地，居中画上三条线，分别是相距20米的双方阵营线，距离他们各10米的中线。

四、比赛形式

采用双军对垒的形式，对垒双方弓步站在中线，脚尖顶脚尖，身后是己方阵营。先握手，再一起喊"剪刀、石头、布"并出拳，赢了要跑，输了要追，赢的一方转身跑回己方阵营，输的一方要追，努力触碰到赢的一方。

五、输赢的判定标准和惩罚

猜拳赢的一方，反应正确，跑回己方阵营线而没被负的一方碰到，判赢。

猜拳赢的一方，反应错误，主动碰到负的一方，判输。

猜拳负的一方，反应正确，在 20 米范围内碰到赢的一方，判赢。

猜拳负的一方，反应错误，在 20 米范围内未碰到赢的一方，判输。

打成平手继续出拳，但是脚不能移动，否则判输。

输的一方到赢的阵营当"俘虏"，并给赢的一方揉肩放松。

六、营救大行动

通过几轮比赛（可以单纯输赢，也可以加筹码，比如赢的可以带回一个队友等，培训师自己掌握），团队就会有"俘虏"当然也会失去队友。接下来是营救环节，培训师先问他们愿不愿意救同队队友，他们肯定非常爽快回答愿意。接着培训师问如果营救队友付出很大代价的话他们愿不愿意，出于面子或者认为培训师跟他们随意说说不会当真，他们肯定会说没问题。接着培训师宣布他们的代价是每拯救一名队员就要付 100 "金币"，队长需要付 200 "金币"（开个玩笑伸手向他们要"金币"，学员肯定没有），现在有既能锻炼身体，又能快速赚钱营救队员的办法，即做 1 个俯卧撑赚 1 "金币"，一个蹲起赚 1 "金币"，本队队员可以一起营救，但每次只能营救一名被"俘虏"队友，而且要齐声高喊"某某同学我们要救你"直到每队将本队被"俘虏"队友全部拯救。为了达到效果，开始阶段对俯卧撑和蹲起的动作要求到位，失去队员比较少的团队要求限时营救，否则"金币"要翻倍，而且被救回来的队员不能参与营救。

被救回来的同学要面向全体队员发表感言，表达感谢。

七、项目控制

俯卧撑数目可根据班级男女比例适当调整，刚开始体力尚可，要求俯卧撑动作标准。有些男生比较绅士，主动承担任务，不让女生做，但要适可而止。活动主要引导"遇到困难用除法""快乐用乘法"，鼓励全员参与。体力透支后，被救的人如果愿意出手营救，培训师可以答应，因为这种团队精神正是人们需要的。

八、项目总结与分享

（1）生活中没有永远的胜者，即使暂时失败，也能通过奋起直追反败为胜；而胜利后若掉以轻心，则也有最终失败的可能。不论生活还是工作，都是如此。

（2）既锻炼了身体又完成了救人，学员们有何感受？当听到"某某同学我们要救你"时，设想自己在深山老林里迷路了，被救的"俘虏们"感动吗？是谁在为自己付出，日后在团队需要自己时，会怎么做？

（3）不抛弃不放弃不是口头说说，虽然困难和阻力重重，但还是要付诸实际行动。

（4）困难是大家的，人多力量大，要用除法；成绩和欢乐是大家的，一起分享，用乘法。

案例九：一起跳吧（集体跳绳）

一、器材

7米长的跳绳。

二、操作细节

每个团队选两名摇绳手，将长绳摇起来，其他人都在里面跳。全队站好后开始摇绳，全体跳过算完成一次。给每队10分钟进行磨合练习，接着队长抽签确定比赛顺序，每队连续跳三次，以最多的次数记为该队成绩。输的队接受"锻炼体能的奖励"。该项目可以连续多做几次，当队员默契度提高后，随着跳的数目增多，队员越发兴奋，集体荣誉感可以提升到更高。项目也可以换成集体"8"字跳长绳。

三、项目总结

（1）思考统一指挥的重要，是摇绳的学员来指挥还是跳绳的学员来指挥效果更好？

（2）每跳过一次，全体喊"1，2，3…"有什么作用？

（3）对于个别动作不协调的学员有过抱怨吗？

（4）队员站位对比赛成绩有影响吗？当人数较多时怎么站才是合理的？

案例十：驿站传书（数字传递）

一、项目操作细节

全队成员排成一列，这时每个人就相当于一个驿站。培训师会把一个带有7位数以内的数字信息卡片交到最后一位学员的手中，大家要利用自己的聪明才智把这一数字信息传到最前面这位学员手中，当这位学员收到信息以后要迅速地举手，并把收到的信息写在纸片上交给最前面的培训师。比赛总共进行四轮，第一轮计分方法为答案错误不得分，答案正确情况下，假设有 N 个队比赛，第一名获得 N+1 分；第二名获得 N 分；第三名获得 N−1 分……依此类推。第二、三、四轮在第一轮基础上得分别乘以 2，3，4。根据四轮总得分排名先后。

二、目的

（1）培养团队成员沟通能力中的信息源、传递方法和接受能力。

（2）培养学习能力和积极参与的态度。

（3）规则的建立与修正。

（4）了解沟通的过程和要素。

（5）体会沟通中的组织障碍及控制。

（6）认识到突破性思维的益处。

（7）善于利用规则。

三、项目规则

（1）不能讲话和发出异样声音。

（2）不能回头看。

（3）不能使用笔和纸。

（4）不能使用通信设备和软件传递信息。

（5）后面的人不能将身体的任何部位超过前面的人的肩缝横截面和其无限延伸面（前后的判断以位于最前面的物品为参考基准，以白板为例，距离白板近的为前，远的为后）。

（6）最前面的人收到信息后要快速举手示意，同时将信息交于白板旁的培训师处，举手的时刻计为截止时间。

（7）培训师拥有活动最终解释权与裁判权（需说明清楚，当出现有争议的方法时，符合培训中心主旨的判为正确，反之为错误）。

（8）比赛分为四轮，每轮间有5分钟讨论时间。每轮完成时间为第一轮4分钟之内，第二轮3分钟之内，第三轮2分钟之内，第四轮1分钟之内，超过时间视为不能完成。

四、项目控制

（1）要求传递过程中动作不得过重，尤其不能有敲打头部和掐、捏等动作。

（2）初次比赛前可有几分钟练习时间，练习顺利后，可缩短沟通时间。

（3）每次给出不同的数字，例如穿插在6，0，9之间给出题目，同时与当时团队的能力相匹配。

（4）在每轮比赛间隙可以调整队形，破坏原有的传递规律，如全体学员向后转或是指定某一名同学做第一传递者，提高学员的应变能力。

（5）如果是沟通训练主题，培训师最好不要每一轮都变换规则，让学员感觉到是在挑战规则，而不是针对上一轮不足，通过有效沟通制订出合理的对策。

（6）制造合理竞争氛围。

五、回顾总结

（1）当沟通受到阻碍时如何解决，如何提高沟通的效率和准确性？

（2）沟通是双向的吗？是否有第一时间反馈？

（3）选择自己擅长还是对方熟悉的沟通方式？不同的选择会有不同的结果，要注意换位思考。

（4）沟通是相互的，一呼一应，一去一回，关注信息的接收与反馈。

（5）要从每次活动之后的改进中吸取宝贵经验。失败或是成功的经验都为下一次活动打下基础，"失败是成功之母，成功则是再成功之父"。

（6）每轮之间的讨论时间真正发挥了作用吗？每个队员都理解讨论点内容吗？知道团队所做出的决定吗？现实生活中是否被动地开过会？

案例十一：齐眉棍

一、器材

3米长的轻棍。

二、项目操作

齐眉棍是一个考查团队是否同心协力的活动。完成一个看似简单但却最容易出现失误的项目。将团队分为两部分，相向站立，请所有人伸出食指，指腹朝左，高度为队伍中任意一人的眉毛高度。所有人的食指必须轻托着轻棍，不许用手指勾，每个人的食指始终不能离开轻棍，然后一起把轻棍下放到膝盖的位置再上抬至眉毛的位置。如果有人手指离开就算失败，重新开始。几个团队竞争，最先完成的为优胜者，接受大家的祝贺。

三、项目控制

在项目进行中，有的团队"点子"很多（比如在棍子上加个重物；所有人坐在地上双腿弯曲，减少膝盖和眉毛的距离；所有人靠棍的一个端头，另一端头放在地上，等等），有的团队循规蹈矩，办法不多，培训师可根据团队完成的速度，灵活把握规则，但是规则一定在事先定好。有时学生轻易挑战了规则漏洞，（就好比最早的"共享单车"）没什么不要刻意为难学生，可以在其他班级进行完善。做项目的目的在于发现问题，分享感受，和真正的体育比赛意义不一样，导向很关键。

四、项目思考与总结

（1）团队是人多力量大，这时却是人多失误多。这个项目一两个人很容易完成，为什么人一多就难办？

（2）在团队中，如果遇到困难或出现问题，很多人马上会找到别人的不足，却很少发现自己的问题。队员间的抱怨、指责、不理解对于团队有很大的危害。要把焦点放在寻求解决问题的方法上。

（3）统一的指挥加上所有队员共同努力对于团队成功起着至关重要的作用。

（4）做好本职工作就是对团队最好的贡献。

（5）日常工作中，不能经常眼睛盯着别人的不足，而忽略自己的问题。

案例十二：击鼓垫球

一、器材

同心鼓、排球。

二、目的

（1）培养团队齐心协力、"心有灵犀不点通"的默契。

（2）培养学员不怕挫折、不断进取、争创佳绩的意识。

（3）体验互相鼓励完成任务的作用和创造好成绩的愉悦感。

三、操作细节

同心鼓周围放置若干根绳，由本队队员人手 1~2 根拉着，球由队员发出弹在鼓面上，队员用鼓面垫球，球垫起的高度不低于鼓面 20 厘米，否则此球不计数。每队先练习 5 分钟，之后进入正式比赛。正式比赛做三轮，三轮中以最高次数记为本队成绩，几个队比较成绩，分出胜负。

四、总结要点

（1）通过整个过程，感悟团队协作的成长过程，体验目标管理。

（2）在短时间内无法制订出方案时，懂得先做后说比纸上谈兵重要得多。

（3）现在是以结果论成败的时代，人们关注过程，但也注重结果。

（4）默契的培养不可能一蹴而就，而是在慢慢地磨合中形成。

（5）通过整个环节，感悟团队成长过程。

五、项目特点

形成期：最初几乎无法完成，不像一个团队。

动荡期：争论多，练习少，时好时坏，不稳定。

规范期：找到方法，可以相对稳定地达到或超过预期成绩，但会出现不知原因的失误。

运行期：成绩稳定，基本上每次都能达到预期较高的目标，偶尔出现失误。

案例十三：信任背摔

一、项目简介

信任背摔是一个广为人知的经典拓展项目，同时也是高风险的项目，但如果操作得当，安全还是能够得到保证。每一名队员都要站在 1.6 米高的平台上，身体笔直向后倒下，其他人则要伸出双手保护这名队员。每个人都渴望从与他人的相互信任中获得安全感。而在获得他人信任之前，首先要让自己值得信任。猜疑他人的人，也难以从他人处获得信任。这一游戏项目可以提升队员之间的信任感和责任感。

二、场地要求

1.6 米高的平台。

三、需要器材

束手绳。

四、项目目标

（1）培养团队内部的相互信任。

（2）增强学员挑战自我的勇气。

（3）发扬团队精神、互相帮助。

（4）引导组员换位思考，让他们认识到责任与信任是相互的。

（5）感受规则的约束以及对完成任务的保障作用。

五、操作细节

（1）所有人员将身上的所有物品（手表、手机、钥匙、钱包、卡等尖锐物品）解除，包括女士的发卡、钻戒等。确认摘除外部安全隐患后，确认一下各自的身体状况是否适合参加信任背摔。有心脏病、高血压、近期动过大手术、高度近视、医生建议不做剧烈活动或身体感到不适的学员，不能站在高台体验背摔，但是可以以观察员的身份参与该项目。

（2）训练开始，全体人员为站在中间的背摔人员加油，背摔人员登上背摔平台，要用软绳系上双手，防止其背摔过程中双手打开伤及队友。

（3）背摔人员站在平台边缘，背向全体队友，脚后跟露出台面。

（4）全体保护队员成保护位置站好，培训师及时调整位置。

（5）当背摔人员准备好以后要大声询问大家："大家准备好了吗？"全体保护人员集中注意，大声回答："准备好了！"背摔人员再大声告诉他们："我要倒了！"待大家回答"我们支持你！"之后背摔人员尽可能笔直着身体向后方倒下；培训师立即蹲下扶住背摔者的双脚，防止踢伤两边的保护人员。

（6）全体保护人员稳稳接住背摔人员并保持3秒钟，同时大声给予其赞扬。然后将其双脚先放下，再慢慢将其扶正使之安全站立。所有保护人员亮出双掌，背摔人依次击掌致谢。

六、背摔人员的动作要领

（1）学做动作：两手前举、掌心相对，向内翻转手掌、拇指向下，双臂交叉、掌心相对，十指交叉握紧，然后将双手向内掏出，抱于胸前。

（2）适应性练习：两人一组，一前一后，一人做上述动作，另一人双脚成弓步站立，双手伸直掌心对准前面学员的肩胛骨位置，进行保护，注意接住后必须将其扶正才能松手。然后交换练习。

（3）爬上器械：顺梯子爬上背摔台，靠在与保护队员垂直的护栏上，背对保护队员们。

（4）用固手绳捆住背摔队员的手腕，松紧程度以让其打不开手、又不感到疼痛为准。

（5）背摔队员后倒时要始终保持双脚并拢、膝盖伸直、腰挺直、微微低头、身体挺直的姿势。还要背对保护队员，脚后跟探出背摔台，身体缓慢后倒，利用自身重力后倒，不可跳跃。

七、保护人员的动作要领

（1）学习动作：按身高两两分组，每组队员面对面，不同组之间彼此肩膀相靠。双腿做弓箭步，左腿在前，两个膝盖之间靠近。手臂向前平举，始终让对方的其中一只手臂保持在自己的双臂中间，将自己的指尖放在对方锁骨窝，掌心朝上、伸直手臂、夹紧肩膀。从离背摔台最近的组向远处方向挤肩膀，其他组同时挤紧。

（2）在背摔队员准备好后，要严格按照教员的要求做好动作，并调整自己的位置。当背摔队员问"准备好了吗？"时，一定要确认自己真的准备好了，才可以大声地回答"准备好了！"并注意观察其动作，集中注意力，判断背摔队员什么时候接触自己的手臂。

（3）当保护队员看到背摔队员倒下时，手臂一定要用力伸直，重点是在背摔队员接触手臂的瞬间，全力接住背摔队员。

（4）接住后，要将背摔队员的脚先放下，然后再将其扶正站稳。帮助其解开捆手绳，不得抛接。

八、回顾分享

（1）用掌声对出色地完成挑战自我、超越自我的勇士给予鼓励，对认真尽责、辛苦付出的保护人员致以深深的谢意。

（2）站在背摔平台上作为背摔者时，心里有何感受？换位思考，有些困难只有经历才会知道。

（3）当背摔者准备倒下时，保护者有什么感受？

（4）当背摔者倒在保护者的臂弯中时，保护者有何感受？

（5）做保护时的付出，体现了责任和担当，坚持这么做，就值得信任。

（6）束手绳约束手不能自由活动，好比规章制度约束，但却保护学员免受伤害。

（7）信任建立后，承诺不做第一个打破信任的人。失信成本实际是一种很大的资源浪费。

（8）背后容易出现危险的信号，通过背摔发现，只要有信任，背后可以是温暖的，背后始终站着至亲至爱的亲朋好友。

（9）在团队中，相信别人就如同相信自己一样，凝聚团队的力量，才能收获成功！

（10）搭建保护背摔者的"人床"不要忽略每一个人的作用。

（11）一位老妇人过生日，要求村里每人一碗酒倒在缸里，喝百家酒庆祝生日。喝酒时才发现酒水很淡，面面相觑，原来好多人都在想大家都倒酒，我在里面倒一碗水应该不会被发现，于是大家喝到的是水。思考这个故事的深层含义。

（12）信任需要有能力和态度作为保障，不是谁都可以信任。今天只是项目体验，大家别太较真。

案例十四：信任之旅

一、项目概述

项目主要考查团队合作，可加强人与人之间的信任与关心，舒缓压力，拉近距离。

二、场地器材

方便活动的户外场地一块，设有可跨、绕、钻的不同障碍，按学员人数准备相同数量的眼罩。

三、培训目标

（1）锻炼学员的沟通能力，提升沟通技巧。了解并掌握各类沟通方式，同时学会特殊情况下的灵活使用。

（2）体会互帮互助的友爱与协作的重要性。

（3）感受相互信任在任务完成过程中起到的作用。信任别人也让别人信任自己，互相信任是最可贵的。

（4）认识理解与误解，思考应以怎样的态度对待他人，结合实际生活与工作思考。

（5）学会换位思考、感恩与互助，促进团队内部和谐。

四、操作步骤

（1）团队合作项目——信任之旅。假想自己是盲人，要与其他盲人朋友一起走过一段布满荆棘的路程。在活动中全程戴好眼罩。

（2）一组两人，分为引导者和被引导者（蒙眼），被引导者要在引导者的带领下越过设置的障碍，全程不得使用语言交流，引导者只能用手协助被引导者走完全程，在此过程中双方要用心感受，包括被引导者对引导者的心理变化、引导者助人的策略等。

（3）戴上眼罩后，全体人员发誓在项目进行中，不发出任何声音，盲人不摘下眼罩。

（4）全体学员有3分钟的讲话时间，时间结束后直到项目完成都不能再发出声音。学员必须严格遵守活动规则，中途不得摘掉眼罩，不得在规定时间外说话，否则将接受惩罚。

（5）整个活动的路程长度控制在200~300米之间，障碍数量控制在7~10个。

（6）时刻提醒学员安全的重要性，培训师要在学员经过的障碍处等待。

（7）鼓励安慰表现不好的学员，不催促学员，不急于求成。

五、安全控制

（1）道路表面要平坦，障碍物应足够明显，避免设置尖锐的障碍物。

（2）监督戴眼罩的学员不要随意走动。引导员不能刻意增加难度或与被引导者嬉笑打闹。

（3）提示学员不要在摘掉眼罩后立刻睁开眼睛，应闭眼一会儿后缓慢睁开。

（4）在学员戴眼罩经过障碍物时，培训师要时刻注意学员安全。

六、点评要点

（1）对所有人齐心协力完成项目表示鼓励与肯定。

（2）过程中大多"盲人"的肌肉都处在僵硬状态，说明了被蒙眼后的无助、缺乏安全感、对他人还不完全信任。

（3）自己给的不见得是他人想要的。大多学员都是以自己认为对的方式帮助对方，没想过是否适合对方，对他人的感受不足。

（4）信息的传递接受是怎样进行的？正确的信息传递后还没有来得及反馈，下一条信息又到来，信息的叠加会导致什么后果？

（5）思考互相信任对于完成任务的重要性。

（6）学会在生活和学习中如何相互沟通，如何使帮助和被帮助的人，明白相互信任的重要性，同时也理解感恩的含义，懂得如何珍惜幸福生活。

（7）"盲人"学员谈自己的弱势和困难，获得帮助也是他人努力排除困难的结果，要以感恩的心态看待成功。

案例十五：无敌风火轮

一、器材

报纸、胶带。

二、操作细节

12~15人一组，利用报纸和胶带制作一个可以容纳全体团队成员的封闭式大圆环，将圆环立起来，全队成员站到圆环上，边走边滚动大圆环。可以在

20米范围内进行折返滚动比赛，圆环断裂必须重新粘好再前进，所有人的脚必须在圆环内。

三、活动目的

（1）提升学员之间团结合作、共克困难的团队精神。

（2）培养学员计划与组织协调的能力。

（3）培养学员听从指挥、认真严谨的工作态度。

（4）加强学员之间的信任和理解。

四、回顾分享

每个人在团队中的地位和价值都是不可忽略的，一个人的失误会影响整个团队。当每个人的目标和方向一致，以相同的步调在统一指挥下前进，再多困难与阻碍都将变成纸老虎。没有英雄的个人，只有英雄的团队，相信队友，相信团队。

案例十六：穿越雷阵

一、器材

（1）画好的雷阵图。

（2）培训师记录用的雷阵图一张。

二、项目任务

要求全体学员在规定时间内，按照规则在布满地雷的区域中找到一条通道，走出雷区。

三、操作细节

情景模拟：引导学员到项目场地，面对雷阵站成横排。这是一个集体项目，名叫"穿越雷阵"。给大家设计的情景是这样的：团队在执行任务返回的途中遇到了雷阵，里面布满了地雷（地雷的位置不变），周围是悬崖峭壁，但是，这是一条必经之路，无法绕过。大家现在的任务就是在30分钟的时间内在雷区里面迅速找到一条安全通道，通过雷区。过程中，大家必须遵守以下规则。

（1）首先，在宣布规则时，请大家务必认真听，并记住每一个细节，在项目开始之后，培训师不再回答大家的问题。

（2）每次雷区里只能有一个人，而且只能走相邻的格子，不能隔格跨越，不能踏线，不能试探。

（3）每走一个格子都要听培训师的口令，培训师的口令只有两种：第一种是"继续"，第二种是"有雷，请原路返回"。并注意每个队员触雷返回后，必须站在队尾，下一位队员继续探雷。

（4）任何人都不能越过出发线指挥或观察情况。

（5）有两种情况将被扣时间，一是每重复触雷一次扣20秒，二是没按原路返回扣20秒。

（6）大家还存在的问题应在项目开始前问清楚，项目开始后，培训师将不回答大家的任何问题。问题全部解决后，宣布项目开始，并进行计时。

四、项目控制

（1）项目开始后培训师必须遵守"不回答问题"这一规则。

（2）可以采用分组比赛的方式（每组出一名学员，探雷失败就下一组，轮流探雷），看哪一组先走出雷区。引入竞争，有意想不到的效果。

（3）如果学员第一次没按原路返回，务必果断叫停并告诉他们扣20秒。否则学员就处于被动。

（4）常常有学员会做出越过雷区出发线观察情况的行为，要随时提醒他们回到出发线之后。

（5）记录学员在完成项目过程中的表现，便于回顾。

五、项目总结

（1）决策与决策目标。

（2）学习利用工具的方法（好的方法可以事半功倍）。

（3）突破思维定式，进行创新。

（4）学会认真倾听。

（5）"他山之石，可以攻玉。"

（6）不要怕被模仿，别人也会在自己的基础上创新或者为自己扫除前进的障碍。

案例十七：交通堵塞

一、器材

准备比参加人数多一个的塑胶地垫或者用粉笔在水泥地上画格子（必须奇数）。

二、操作细节

（1）把塑胶地垫以"一"字形铺开，全部学员站到地垫上，中间的地垫空出。

（2）全体学员分成两组，每组人数相同（如果总人数是奇数，则留出一人作为培训师助手）。大家面对面站立，利用中间的空地移动。

（3）移动时不能后退，只能向前一格或跳过一格。不能超出与自己朝向相同的人（例如要一直能看到对方的后脑勺）。

（4）将两边的人完成互换，且保持同一方向。

（5）严格遵守只前进不后退的规则，有人后退则全体重来。

（6）每队有10分钟时间分开演练，然后各队进行比赛，在符合规则的情况下，看哪队完成得更快。

三、项目攻略

该项目的关键在于除到达第一个位置的队员外，要始终确保对面的同组队员不能相邻，可以先试着模拟队员移动的结果，如果出现同组队员在对面相邻，则是错误的，应改为另一组移动。

四、回顾分享

（1）发挥团队合作精神是解决问题的很好方法。

（2）谁适合成为小组领导？思考领导的作用。

（3）如何看待团队冲突？当自己的建议不被团队采纳时，会如何反应？

（4）大家在游戏中遇到了什么问题？整个团队运作有效吗？解决问题了吗？

案例十八：合作投篮

一、器材与场地

绑带、篮球、篮球场。

二、目的

团队配合，队员间互相帮助。

三、操作细节

团队以一男一女为搭档，用绑带绑住踝关节形成两人三足组成若干运球投篮组合，规定男队员负责运球和抢篮板球，女队员负责投篮。团队间进行投篮接力赛，每个组合从篮球场底线出发，往返两次投篮都必须要投进，没进要补篮，然后交给本队下一个组合。直至全队每个组合都完成比赛。

四、项目控制

（1）行进过程不能抱球跑。

（2）球运跑了或投篮飞了，不管多远，其他队员不得帮忙，必须由投篮的两个人捡回。

（3）完成的组合解开绑带帮助下一组绑好，中途掉了要绑好才能继续。

（4）两个团队可以面对面同时进行，加入干扰因素，增加比赛难度。

（5）男女人数不同，以少的为准，其他人为团队加油。

（6）项目耗时较长，可以每个团队选四五个组参加比赛，其他学员以观察员身份加油。

五、回顾分享

（1）各有分工，做好本职工作就是对团队最大的贡献。

（2）当女生一直投不进，或球飞得很远要去拣，作为男生有过抱怨吗?

（3）男生自己练习投篮不难，但要教会别人则有一定的难度。老师不好当，要有耐心。

（4）步调一致，默契配合完成投篮后，大家收获了什么?

案例十九：联体足球

一、器材与场地

用来绑两人脚踝的绳子若干、足球场或类似的场地、足球、哨子。

二、目的

（1）加强搭档及整个团队之间的合作。

（2）带动团队的活跃气氛。

（3）使队员对彼此之间的肢体接触与配合不再害羞和忸怩，而是更加自然。

三、操作步骤

（1）全体学员分成两组，每组人数相同。如果总人数是奇数，则留出一人作为培训师助手。

（2）组内根据身材自行组队，队员需选择与自己身材体型相当的人。

（3）每队搭档将各自的脚踝用绳子绑到一起。

（4）每组选出一对搭档成为该组的守门员，两人背对背站立，将腰绑在一起。

（5）规则说明。两队进行足球比赛，分为每场 15 分钟的上下两个半场，上半场结束后交换场地。在比赛进行过程中，队员需全程绑着脚踝，两个人使用三条腿进行游戏，具体的比赛规则参照足球比赛（如有不清楚的可以询问队友，也可以自行制订规则）。

（6）在队员们没有任何疑问后，培训师以吹哨的形式宣布游戏开始。

四、项目控制

让不想参加游戏的人做边线裁判。游戏开始之前，鼓励队员们捆绑脚踝后，练习跑动。

五、回顾讨论

（1）大家在活动中遇到了什么问题，解决了吗？怎么做到的？

（2）搭档们是如何协调工作的？

（3）什么因素有助于团队更加有效地运作？

案例二十：荆棘排雷（雷区取水）

一、器材

一条 25 米长的拔河绳，一次性纸杯，纸箱，多个网球，眼罩一只。

二、目的

让学员体验团队解决问题的能力；培养创新能力。

三、培训目标

（1）培养队员们沟通交流、组织协调的能力与技巧。

（2）让学员学习带领团队的艺术与技巧。

（3）学会如何合理分配和利用人力资源。

（4）事前的讨论与规划是影响一件事成败的重要因素，认识其重要性。

（5）培养队员有计划、有条理地处理事情。

（6）提高队员的集体荣誉感和团队奉献精神。

四、操作步骤

（1）用白灰画一个直径约 6 米的圈，圈中间放一个装满水的纸杯。将 25 米长的拔河绳和一只眼罩放在圈外边。

（2）情景引导。各位同学正处于"战时"，现在是"解放军"的"工兵连"接受的一个艰巨任务——"雷区取水"。在一个山村旁，有一个没有爆炸的"弹头"，给该地区造成威胁，大家作为"工兵"，将执行"炸弹"排除任务。请看这边，有一个白灰画的圆圈，圆圈内为地雷区，中间的水杯就是"炸弹"。大家的任务是尽快找到办法排除"炸弹"。

（3）在排除过程中，所有人员身体的任何部位都不得碰触到白线和圈内的地面。

（4）进入圈内的排除人员，必须要带上眼罩。

五、回顾分享

（1）在团队中，大家共给出多少可行办法？每个人都积极动脑筋，就有更多的好主意可供选择。因此，工作和学习中，面对困难和问题，每个学员都应该认真思考解决问题的方法。

（2）实践证明，哪个主意最好？学员们要不断创新，敢于突破固有模式。

（3）在活动中，一个人的主意再好，但只凭自己，该办法也无法实施，因此，要想获得成功，需要周围同学和朋友的支持。

第六章 潜力激发的创新研究

随着经济、科技的发展，创新理念深入人心，人们对潜力激发的研究也不断更新。本章论述超体能大负荷情况下的潜能激发研究、突发困境中的潜能激发研究、以弱胜强中的潜能激发研究和创新思维中的潜力激发意义。

第一节 超体能大负荷情况下的潜能激发研究

世界各国学者的研究，丰富了人体体能潜力激发的理论依据，使其得到发展。根据创新理论，人类是否拥有无限潜能这个等待着被发掘的问题再一次被推到学者的研究领域。如何在训练中将运动员的潜能发挥得淋漓尽致，又如何让运动员们在一场场比赛中创造出成绩的巅峰，便是学者们研究的方向，是创新原则被提出的根本原因。因为创新思维的出现，教练们因材施教，制订出不同的、根据运动员人体机能而变换的训练模式，从而创造出解决问题的最大概率。

当创新思维结合训练实践又会擦出怎样的火花呢？经常运动的人一定会知道，要尽量避免过度疲劳，超出人体承受范围的运动只会适得其反，会造成运动员人体机能损伤，那么如何才能使运动更加有效、更加持久？人们要利用创新思维，更加深入地了解训练负荷、疲劳适应理论，从而使运动员们在训练过程中避免过度训练，更好地提高身体机能。所以，当创新遇到实践，人类竞技运动才能得到更好发展。

一、体育创新的理念解读

（一）创新与体育创新

何谓创新？创新就是批判、怀疑、破除原有的事物，取其精华，去其糟粕；是跳出现有框架寻找新的事物、新的开发点，以满足现阶段新的需求。运动员的训练需要指导，运动员的成绩需要提高，那么必然不可缺少的便是体育创新。近些年来，体育竞技在训练中积累的经验以及对训练理论的探索，造就了如今的创新思维，这种思维并未在出现后就停滞不前，它在不同的运动员的训练过程中被逐渐完善，升华为更适合训练的方式。正是因为拥有创新思想，人们在训练过程中的潜能才可以被逐渐激发，并且经验表明，在周期性的训练中，利用不同的训练方式可以将人体的潜能无限地激发，这些经验表现出的结果，结合起来组成了创新理念。将其更好地发展起来，能让教练们针对不同的运动员计划出更加适合他们的训练方式，更好地提高运动员们的体育成绩。所以，使运动训练变得更加有效的方式便是创新。创新训练方法，提高训练质量，更好挖掘运动员的潜能。

同其他创新活动相同，体育创新也要求在已有基础上，发现新事物，解决发现的新问题，争取在体育道路上开拓出一些前所未有的新领域，丰富人们的精神文化生活，既可以推动体育事业的发展，又可以丰富社会生活和文化的多面性。对于体育竞技来说，体育创新可以充分开发和挖掘运动员的潜力，将创新活动与运动员的训练活动结合起来，双方相辅相成，两者都能够达到新的高度，运动员能够提高自身成绩，体育创新也能够有优秀的结果。

（二）体能负荷解读

运动员经过运动训练之后，在外界一定程度的刺激下，身体和心理所承受的刺激总和就是体能负荷，也叫作运动负荷。

任何一种运动都不是没有意义的存在，都是有目的、有功能、有选择性的。有运动就会有代谢，代谢都具有相应特点。通常将运动项目中的训练内容和训练手段分为专项性的内容手段和非专项性的内容手段。专项性，就是为了服务某一种特殊人群或者是特定要求而存在的运动；还有非专项性的内容手段，它与专项性不同，是全面发展的、是全方位的，不是为了特别的人群和要求而存在的。

不同的训练任务所采取的负荷内容和手段也不同，采取何种负荷方式主要根据主导因素的任务来决定；负荷手段是通过训练内容手段的专项程度来决定；也可以依据自己的特点，还可以依据代谢的不同、代谢的特点来决定负荷的方式。通过这些不同，可以评定负荷手段的专业程度和水平。外部的负荷量和训练强度都是需要确定的定量因素。运动过程中，不能够片面地、单一角度地看待是否选择该种负荷方式，这不仅不符合负荷手段的选择定律，不符合现代运动的理念，也会对运动的效率、训练的质量造成一定程度的负面影响，还会浪费运动员的休息时间。所以同一水平线上的总负荷，不仅可以突出负荷强度这一手段，还可以控制总负荷量。最重要的是，每次训练前都要做好考察，争取选择最匹配、最恰当的负荷手段。

（三）相关研究的研究依据

相关研究的研究依据，如图 6-1 所示 [①]。

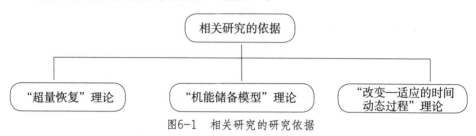

图6-1　相关研究的研究依据

1."超量恢复"理论

"超量恢复"理论是埃博登（Embden）和哈勃斯（Habs）于 1927 年通过研究运动训练发现的。众所周知，机体内部的机能有自身的平衡状态，运动员运动能力的提高，就是打破原有的平衡，通过超负荷训练建立新的平衡。训练要求主要包括以下方面：训练时间要恰当，不能过长或过短；训练强度要适宜；训练效益要根据一定标准加以评判；要通过多方面的训练提高身体机能的运动能力。

该理论的出现引来了不小争议，许多学者用自身坚信的理论论证"超量恢复"理论，这些争议促使人们深入研究体能潜力发展和改变过程。

2."机能储备模型"理论

"机能储备模型"理论是指细胞蛋白质与个体的遗传因素在一定周期内合成、调节和整合，机体的重新适应能力在两者的平衡之间形成。众所周知，人体内蛋白质存活的时间是有限的，分为凋亡期、衰减期、再生期三个过程，所以人体内的细胞蛋白质都有相对标准的代谢率，而且随着超负荷的运动量，运动员体内的细胞代谢率会不断提高。一般情况下，蛋白质的凋亡和再生会处于

---

① 宋恒旭，胡洁林，郭之生，等."三走"活动对大学生身心健康素质的影响 [J]. 才智，2017，017（06）：206.

相对平衡状态，超负荷的运动状态会促进蛋白质的合成，延续蛋白质凋亡的时间和周期。上文提到的运动员运动能力的提高，原因在于合成的蛋白质可以决定线粒体的运动。

"机能储备模型"，就是基于机体中的蛋白质与细胞的结合、调节和适应能力而提出的，这个模型之所以被提出，是由有机体的适应能力、遗传因素以及"最大机能容量"等决定的。同时又因为机体的能力各不相同，其能力的发展水平和延伸空间也有很大不同，所以，在这些综合因素的影响下，身体机能对外界刺激的反应有所不同，这样的反应是暂时的、短期的。

"机能储备模型"理论提倡以下内容：首先，人体机能对外界长期的、短期的或者是暂时的刺激，所做出的反应都与遗传因素有很大关系；其次，对于人体机能来讲，"应激"反应就是逐渐适应的过程；最后，上文提到，要适当地将运动员的负荷能力与潜力结合起来，将其作为测定运动员训练结果的评判标准。

3. "改变—适应的时间动态过程"理论

这一理论可以从"刺激—反应—改变—适应"这一过程加以理解，当机体器官系统受到外界刺激时，会做出相应反应，之后会改变自身的技能来适应刺激的影响，通过反反复复地适应，可以在一定程度上提高机能的能力。

这一理论的本质意义就在于机体原有的平衡状态受到外界刺激而被动发生改变，并采取很多方式去适应这些改变。这一适应过程是量变引起质变的过程。这一过程可以从以下几方面来看。首先，当机体的性能被破坏时，就会产生疲劳状态，当疲劳状态逐渐消失时，机体的性能就会开始恢复。其次，这一过程中的不断适应，就是不断地接受外界刺激的影响，引起机能在形态方面的变化。但是，不管是疲劳状态的消失，还是机能在形态方面的改变，都是逐渐积累的过程，比如运动时，运动员常常会不断地增加训练时间和提高训练强度，来提高肌肉的支配作用。

二、超体能大负荷潜能激发的发展趋势

（一）明确体能负荷的作用

有的理论认为体能逼近极限是不符合事实的，但在科技不断发展的今天，体能发展需要改进训练方法，转变运动员的训练方式和训练时间。众所周知，运动员的成长速度与每天的训练时间和训练方式、自身的身体素质、休息时长、思想状况等因素成正比，会随着它们的变化而发生变化。所以，对运动员的测定和评价要根据一定数据，采用相对科学的方法判断运动员的运动负荷量，尽量避免超负荷训练。

每个运动员的运动量都是有无限可能的，所以，为了不断地提高运动员的体能与身体素质，可以通过一定方法，根据一定的训练模式对运动员进行更高强度的训练，在机体机能已经平衡的基础上，创造新的机体平衡，从而提高运动员的竞赛能力和比赛水平。

（二）潜能激发中对体能负荷的控制

运动员的运动成绩和比赛成绩的提升，与训练时间和训练方式息息相关，运动员进行高强度训练时，会造成超负荷训练，容易使运动员的心理压力和生理发生很大变化，这也是需要解决的问题。运动员在运动过程中所承受的负荷，既包括运动的强度，又包括运动的时间量和运动量，两者的融合与优化组合，可以提高运动员的身体机能和身体素质。在激发对体能负荷的控制过程中，可以创新运动方式，完善运动战术和心理能力的训练，并根据运动项目的竞赛要求、运动规律以及不同运动员的运动特点对运动员进行训练，从而提高运动员

的运动水平。

（三）潜能激发中对不同运动项目的体能负荷控制

当前的运动训练过程以超负荷的训练为主要模式，以激发对体能负荷的控制为主要理念，同时改善训练结构和训练方式，并且照顾到每一个运动的环节。可以加强不同运动员对不同运动项目的认识、对竞赛内容的熟识，同时可以有针对性地弥补自己训练过程中出现的不足，根据自身的运动特点，及时纠正自己的错误，从而激发运动员的无限运动潜力。

第二节　突发困境中的潜能激发研究

每个人在生活中都会经历困境，其中突发困境给人的压迫感较重，也是最能快速激发潜能的困境。突发困境是指突然发生、使人措手不及、难以应对的情况。下面就通过名人案例，来研究突发困境中的潜能激发。

一、世界赛车巨星的案例分析

世界赛车巨星之一的迈克尔·舒马赫，曾七次获得 F1 赛车冠军[①]。许多人认为迈克尔·舒马赫的成功秘诀是制造突发困境，激发自身潜能。赛车比赛中，处处充满突发状况，而赛车手们的真正较量一般不是在直道上，而是在弯道上。迈克尔·舒马赫在每一场赛车比赛中，都通过弯道来累积时间优势。但是在弯道上，需要避免犯规、翻车，不因蹭上异物而导致赛车侧滑、调头等一系列问题，否则就会造成非常严重的后果。

而如果把赛车道比作人生，逆境就好比是人生的"弯道"。人的一生会经历很多"弯道"，每一个"弯道"都可能存在突发困境，突发困境是一个机会，是激发潜能、超越自我的机会，因为"爱拼才会赢"。

面对突发困难是退缩回避还是迎难而上；面对机遇，是拱手相让还是紧紧抓住，往往取决于自己对待突发困境的态度。

---

① 窦义军.创新理念下运动训练负荷的潜能开发 [J].科技信息，2010，017（26）：676+678.

二、危机（突发困境）激发潜能的案例分析

突发困境有时是危机，不同的决定会产生不同的结果。以猎狗与兔子的故事为例，分析危机（突发困境）激发潜能的案例。

一天，猎人带着猎狗去打猎，猎人一枪击中了一只兔子的后腿，受伤的兔子开始拼命奔跑，猎狗在猎人的指示下飞奔去追赶兔子。可是追着追着，兔子就不见了，猎狗只好悻悻而回。猎人开始骂猎狗："没用的东西，连一只受伤的兔子都追不上。"猎狗听了很不服气："我尽力而为了呀！"兔子带伤终于跑回了洞里，它的同伴在庆幸的同时感到很惊讶："那只猎狗那么凶，你还受了伤，怎么跑得过它？"受伤的兔子说："它是尽力而为，而我是全力以赴，它没有追上我，最多挨一顿骂，而我若不全力以赴，就会没命。"

无论这只兔子平时能不能跑，但危机来临时，为了保命只能跑起来，在被猎狗追的时候，它必须把全身的潜能都激发出来，才能在受伤的情况下保住性命。同理，人的潜能也会在最危险的时刻被激发。

三、极限运动的案例分析

（一）跑酷

2002 年，跑酷在英国开始盛行，它属于一种极限运动，运动的场所多为城市。跑酷运动并没有既定规则，参加这项运动的人只是将各种日常设施当作障碍物或辅助，在其间跑跳穿行。跑酷的动作如图 6-2 所示。

图6-2　跑酷动作

作为时下风靡全球的时尚极限运动，跑酷是依靠自身的体能，快速、有效、可靠地驾驭任何已知与未知环境的运动艺术。跑酷是探索人类潜能、激发身体与心灵极限的哲学，它不仅可以强健人类的体质，还可以使人类的动作越发敏捷，反应能力更加迅速。专业的跑酷训练者可以正确地控制危险，并将其减到最小，当陷入火灾、地震、遭遇袭击、车祸、紧急突发事件等危险中，跑酷者的脱险概率将比普通人高出20倍以上。因此，跑酷不仅是一门运动艺术，还是一种生活方式，跑跳攀爬中的自由灵魂在运动中无限伸展。

跑酷的主要动作包括：基本落地、落地翻滚、单脚跳远、精准跳远、快速上墙、双腿冲跳、懒人跳、侧身跳、钻栏杆、单杆飞抓、倒立、凌空倒立、顺风旗、手撑旋转、墙转、侧空翻、前空翻、后空翻、猫爬、猫扑、反猫扑、助跑猫扑、翻滚、鱼跃翻滚、平衡、侧手反抓栏杆、侧手反抓墙。

（二）徒手攀岩

攀岩是一项锻炼综合素质的运动，可以激发人的潜能，使人获得惊人的勇气、过人的力量、极好的柔韧性，还能提高人们的耐力和判断力。徒手攀岩属于攀岩的形式之一，是利用岩石上的裂缝、洞穴、突起等天然把手攀登陡峭岩壁的运动，不借助任何辅助工具攀登，如图6-3所示。攀岩运动对攀岩技巧要求极高，同时也是对心理素质的极大挑战。

图6-3　徒手攀岩

虽然徒手攀岩具有极大的危险性，名列世界十大危险运动，但其魅力令人无法抵挡。徒手攀岩要求人们在各种高度及角度的岩壁上，连续完成转身、引体向上、腾挪甚至跳跃等惊险动作，参与徒手攀岩，会让人在与悬崖峭壁的抗衡中，激发潜能，在征服攀登路线后享受成功与胜利的喜悦。

徒手攀岩作为一项刺激而不失优美的极限运动，被全球的攀岩迷们称为"峭壁上的芭蕾"。越来越多的人从攀岩运动中体验到独特的乐趣，但是徒手攀岩对人的体能、胆量、身体协调性和柔韧性的要求极高，对于没有经过系统专业训练的人来说更是危险重重。

无论是经验丰富的攀登者，还是想要战胜自我的初学者，攀岩前都需要换上适当的衣服、调节身心，使自己处于灵活状态，徒手攀岩的过程中必须时刻保持冷静的头脑，因为任何的困难都有可能给运动者带来危机，造成危险。当危机来临时，需要激发潜能帮助自己。

第三节 以弱胜强中的潜能激发研究

以弱胜强是指凭弱小的力量战胜强大的力量。中国的历史博大精深，其中《三国演义》中就有很多以少胜多、以弱胜强的战役的案例，这些案例可以帮助人们研究潜能激发。

诸葛亮说："兵不在多，在人调遣耳。"司马懿也有同感："兵不在多，在能设奇用智耳。"[①] 教师管理一个班级，要讲究方法、掌握规律、制订谋略，以智慧取胜，尤其是对于暂时后进生的转化工作，更要讲究方法和技巧。

一、暂时后进生的形成

（一）暂时后进生的类型

后进生的"后进"是暂时的，后进生是指学习成绩暂时不好或思想品德暂时不良或两种问题兼有的学生。后进生可以划分为以下三种。①学习后进生。学习后进生指学习成绩不好或学习能力较弱的学生。这类学生有正常的认知活动和心理功能，但不能完成规定的课业要求，成绩比较低。②思想品德后进生。思想品德后进生经常违反校规，是具有较严重的道德过错或轻微违法行为的学生。这类学生生性好动，逆反心理强烈，往往伴随着一定的破坏性或攻击性。③品学双料后进生。品学双料后进生指学习成绩和思想品德都暂时落后的学生。

在实际学习中，后进生常常受到诸多的不公正对待，而家长和教师是后进

---

① 詹凡丰.用三国谋略激励后进生——浅谈激励后进生的技巧[J].基础教育课程，2014，011（02）：58-61.

生的改造者。每个后进生的形成原因和过程都很复杂，因此，教师想有效地转化后进生，必须深入地了解形成原因，逆向思考，正面推动，耐心地引导与鼓励，树立榜样，进行目标激励。在班级管理工作中，教师可以通过了解后进生的基础信息，逆向鼓励，激发其潜能与热情，耐心引导，以诚感人，并与家长合作，提升其学习的潜能，使其成为品学兼优的优秀生。

（二）暂时后进生产生的原因

（1）主观原因。主观原因是后进生形成最关键的因素，包括早期教育不良、青春期影响等因素导致的学生思想和学业成绩比正常水平低，又长期不能自我激励和修正，从而逐渐变成后进生。

（2）家庭原因。家庭因素对后进生影响巨大，其中原因包括家庭学习环境恶劣、家庭气氛不融洽、家庭教育不当以及因父母离异、再婚或亡故而导致的家庭温暖缺乏等方面。

（3）社会原因。该因素最能影响学生成为暂时后进生。社会原因是指当前社会环境中的不良思想对青少年造成了不良影响，如拜金主义思想、各种不正之风、不健康文化等，或多或少地影响着他们。

（4）学校或教师的原因。当学生处在从应试教育向素质教育转变的过渡期，很容易由于学校或教师的教育理念与方法失当，导致一小部分学生在不知不觉中变成暂时后进生。

总之，暂时后进生的成因是多方面的、复杂的，不能孤立地认定是某一原因所造成的。作为教师应该分析后进生产生的最主要的成因，才有利于"对症下药"。

二、以弱胜强激发暂时后进生潜能的方法

根据社会学家的调查结果显示，培养暂时后进生可能会比培养优秀生更有价值，因为被转化后的暂时后进生，情商往往比较高，懂得感恩，社会责任感比较强。下面总结激发暂时后进生的潜能方法。

（一）激将法，逆向赏识促其发展

《三国演义》中，诸葛孔明最爱用的办法之一就是激将法。激将法是让对方进入愤怒、羞耻、不服的激动状态，情绪失控，在毫无防范的情况下受到操纵，去做自己想让对方做的事情。

教师使用激将法，激发暂时后进生的积极性，调动其热情，开发其潜力。教师应该相信每个学生都有闪光点，或许在学习态度和品德上、或许在为人处事和学习方法上等，总会有值得教师肯定之处。但需要谨记的是，欲速则不达。暂时后进生的转化工作需要循序渐进，一切培养方法都需要基于充分了解学生的基础之上。

（二）耐心指引，严爱结合

暂时后进生听到最多的话就是批评，因此，教师需要关爱和鼓励他们，耐心跟踪和不断激励他们。由于人类本质中最殷切的要求是渴望被肯定，因此暂时后进生需要被人欣赏，尤其是得到教师的肯定。这样可以让暂时后进生在轻松愉悦的气氛中转变思想。家长与教师通力合作，让暂时后进生保持积极向上的愿望，并鼓励其付诸行动，激励并引导其独立思考自己与他人、社会之间的关系，正确认识自己，端正态度，以积极的情感，树立正确的价值观、世界观、人生观，主动努力做负责任、品德好的人。

（三）家校合作，以信服人，激励推进暂时后进生发展

《三国演义》中，刘备三顾茅庐，以诚意和耐心获得孔明的认同，同样的，教育暂时后进生，要用诚心打开他们内心的大门，用爱心关注和激励他们，耐心等待，充分信任他们。在制订激励目标之后，要给他们改过的时间。

教师的关爱、尊重和信任是学生成长的第一需要和前进动力，也是防止学生退步的保障。特别是对于品学双料暂时后进生，教师要付出更多的关爱和诚意，纠正其心理偏差，完善其个性品质，而且要对其严格要求，持之以恒。同时，如果学生的自制力差，感情容易冲动，且易出现反复，就需要教师与家长加强沟通与合作。

教师可以利用闲暇时间，与暂时后进生的家长面对面亲切交谈，了解他们在家的情况，这有利于增进师生感情；鼓舞暂时后进生克服困难，振作精神，并引导家长全力配合教师工作；当暂时后进生取得一定进步或获奖后，教师应及时向家长报喜，家长和学生都会受到鼓舞。在此气氛中，教师应借机勉励暂时后进生更上一层楼，或适当指出不足，提出合理建议，成效将会大不一样。因此，家访暂时后进生必须要坚持"四不原则"。①不回避学生的原则。在学生面前与家长对话，可以消除其消极情绪，又可去除学生的冷遇感和自卑感；家访结束时，学生主动送下楼，教师要抓住机会再勉励几句。②不告状的原则。教师需要营造融洽家访的气氛，使家长成为谈话的主角，并对孩子在学校的点滴进步夸奖几句，以便于接下来指出孩子身上存在的问题，共同寻求原因，探索教育措施。③不伤害家长自尊心的原则。④不走过场的原则。

教师面对调皮的暂时后进生，需要宽容，可以采取的举措包括以下几种。①关心。把握每次谈话的机会，提示学生，每一位科任教师都对他很关注和在意，让学生觉得每位教师都很关爱自身；为学生制订学习计划，拉近彼此距

离。②及时鼓励学生。③运用暗示法不断地激励学生。

虽然部分暂时后进生会给教师带来诸多难堪和焦虑，但如果包容他们，多给他们改正的机会，设法激励和帮助他们，他们就有可能转化成优秀生。

（四）重视榜样，制定制度

对于一个班集体而言，榜样的力量是无穷的，要帮助暂时后进生树立正确的榜样。教师可以在班上开展各种榜样学习与实践活动，给暂时后进生带来一系列心理冲击。

（1）榜样具有引发、导向和激励作用，在激励目标的过程中，要正确处理理想与现实、原则性与灵活性的关系；在目标考核和评价上，要对学生进行全面综合考查、定性定量分析。显然，激励是一位教师的基本职责和必备能力，能否充分调动班集体中每个成员的积极性，是衡量一名教师是否成熟和称职的重要标志。只有充分运用激励制度，调动每一位学生包括暂时后进生的积极性和创造性，才能更好地促使班集体有效、健康地发展。

（2）人的任何活动都具有目的性。设定适当的榜样作为目标，能有效地激发人的热情。在良好的激励环境中，同样的学生可以发挥出更大潜力。教师应适当地转换角色，让暂时后进生参与班级管理，不断强化其榜样的作用，在他们充分认识到榜样的作用之后，也可以将任务完成得很出色。

制订互助计划，设置积分奖励，定期举办表彰大会，以求全班足够的关注。在这样的制度下，优秀生为了在德育考核中得高分和锻炼自己，会主动设法帮助暂时后进生。看到暂时后进生充满上进心，优秀生也会产生紧迫感，加劲学习；暂时后进生则会觉得教师在感情上关心他们。"一帮一"互助激励制度是长期性的，把优秀生和暂时后进生组成互助组，充分挖掘同学互助资源，对于暂时后进生的转化有很大效果。

第四节　创新思维中潜力激发的意义

人脑通过思维对现实世界能动的、概括的、间接的一切予以反映。从有关的心理学研究中可以发现，知识只有借助于思维才能由无序变成有序，当知识变成有序知识后，才能进一步被激活从而飞跃成能力。创新思维是一种开创性的探索未知的心理活动，其超越固有常态思维模式而运行，是一种再造性的心理反应，不受固有模式束缚。

思维在已经获得新思维和已经存储知识的前提下，通过客观需要的推动，多方面地运用多种思维形式，使得新理论、新观点、新方法、新形象产生，而后认识和实践得到突破性进展，变成创新思维。创新思维不同于普通性思维，人类通过综合种种思维，才能创造出创新思维。所以要想激发潜能，拥有思维因素是前提。

当现有的方法已经无法再激发潜能时，就需要转化观念，用创新思维看待问题，寻找新的突破口。而且创新思维要建立在具体的实践基础之上，没有更多实践积累，就没有好的创新方法，就无法激发潜能。

当人才一词被创新所修饰时，意味着被称为创新人才的人拥有全面而综合的素质，创新思维与创新实践相辅相成，思维决定实践，实践反映思维。人们必须先有非常强烈的求索欲望和丰富的经验与知识，并且思维灵活，被环境的实际所需要，才能够产生创新思维。或者说，一个人的创新思维水平，被先天和后天因素两方面所影响。

一、提高学生的学习能力

教育追求的目标中，非常重要的一个就是教师能够培养学生的创造精神和创造力。在心理学家看来，人类解决问题能力的最高表现就是创造力。教学应该达到的重要教学目标之一便是培养拥有创新能力的创新人才。这一目标要求老师不仅要注重基础知识的教学，还要将重心平衡在学生的创新精神、思维以及能力培养上。只要提供合适的教育，便能使每一个人都成才，因为每一个人都具备创造的潜力。所以，教师的职责之一就是积极地尝试各种途径和方法来激活学生的创造性思维。由于个人习惯的建立和改变需要一段较长的过程，所以在一定程度上，创新思维的开发也就是创新思维的训练与培养显得格外重要。人们需要持续地改变自己的思路，走出思维定式，特别是在思考"我能够知道什么""我应该做什么"和"我还希望什么时"，突破了思维定式，便能够创造新的奇迹，看到一些不曾看过的人生风景。

知识的总量通过思维创新不断增加，人们的认知能力及认识世界的水平也通过思维创新不断被提高和推进。创新思维使新局面得以打开。知识通过创新思维增值，通过创新思维产生新知识。人类区别于动物的根本主观因素便是创造。创造是人类拥有的一项基本能力，创造水平在一定程度上影响着个人未来的发展方向。知识或许会随着社会的高速发展变得陈旧，但能够产生创新思维的头脑却永远不会枯竭，它会持续发挥无限潜能，使更多、更新的知识得以被创造。

二、营造轻松的学习氛围

通过创建一定的情景，教师对学生的观察、发现、感受和想象能力进行一定观察，且更进一步地对学生进行比较、探究、推理和求异，以培养学生的创造性思维和相关观察力以及想象力。

教师需要用平等的眼光看待学生，需要尊重每一位学生，创设出平等融洽的教育氛围，创造的火花才得以迸发。故而，老师应该竭尽全力满足学生的心理诉求，创造出和谐轻松的氛围，从而提高学生的求知欲以及好奇心，推动其思维处于敏捷、积极和高效的状态。教师可以安排一些小游戏来激发学生的兴趣，将"竞争机制"引入游戏，促进学生产生学习的兴趣和愿望，使他们的竞争心理得以被调动，进而使轻松的学习氛围得以被营造。

三、推动社会发展

现今世界的竞争已经随着人类社会从工业经济时代向知识经济时代转变而成了人才竞争。以人才发展的内在因素以及人才的成长视角观察，创新思维活动是人才创造性活动的主要类别。人只有在思维运动的辩证发展以及生命运动中才能逐渐成长为新型人才。所以，要想在竞争逐渐激烈的社会中谋取自身发展，就需要养成一定的思维技巧以及良好的思维习惯，要能够产生新的思维方式，提高思维的承载量以及突破传统观念的束缚，学会创造性和批判性地思考，并激发潜能，打破常规。思维活动具有独特性、新颖性以及创造性，独辟蹊径、打破常规才算是创新思维。

当今世界，一个民族和国家能否解决自身的生存与发展问题，最直接和客观的标志便是这个国家和民族是否拥有创新能力。创新思维的形成和发展，在一定程度上能够使社会生存方式得到长足发展，从而促进经济发展，使上层建筑得以进步。创新思维由社会生存方式产生，却也促进了社会各种因素的变化，推动了社会各个方面的进步。

四、提高人才的自我素质

在一定程度上，创新实际上代表了人才素质的变化方向和变化性质，确立了不同以往的人才标准。具备一定现代科学文化素质、拥有开拓精神、具备新思想道德素质并充满活力和生机的人，一直被社会所需要。人如果能够激发自身的潜能，就可以使自己的本质力量更上一层，并且进一步发挥自己的创造性、能动性和主体性，从而极大地拓展并丰富自身的内涵。

当为解决某个问题，需要突破固有的思维定式时，困境会产生，这时需要运用各种激发潜能的方法，提高自身能力，产生新思想，并在实施过程中获取社会效益和价值。

参考文献

[1] 邓翠莲，李东鹏 . "拓展训练"对高校大学生身体亚健康状况干预效果的实验研究 [J]. 运动，2015，007（03）：52–53.

[2] 窦义军 . 创新理念下运动训练负荷的潜能开发 [J]. 科技信息，2010，017（026）：676+678.

[3] 冯克诚 . 教育与发展理论与论著选读 [M]. 北京：人民武警出版社，2011.

[4] 耿聪，张伟 . 拓展训练对大学生身心健康影响的实验研究 [J]. 太原城市职业技术学院学报，2012，014（09）：114–115.

[5] 韩云霞 . 个性健康：增进潜能的阶梯 [J]. 教育实践与研究，2003，025（01）：5–6.

[6] 黄力群 . 体育教学中实施体验式学习的探索 [J]. 首都体育学院学报，2010，026（03）：81–84.

[7] 蒋平 . 心理暗示的神奇力量 [M]. 北京：中国物资出版社，2016.

[8] 李娟娟 . 心理学与心理暗示 [M]. 成都：天地出版社，2018.

[9] 李珂 . 暗示教育对学生潜能开发的作用探析 [D]. 开封：河南大学，2009：11–26.

[10] 李克明 . 潜能开发与训练 [M]. 北京：中央民族大学出版社，2002.

[11] 李雷鹏，王立峰，王强 . 创新性实验对大学生就业及其潜能开发的影响 [J]. 黑龙江高教研究，2012，031（02）：127–129.

[12] 李晓红，张向昕.体育锻炼与大学生身心潜能开发的研究 [J].吉林体育学院学报，2010，026（04）：99-101.

[13] 李亚菲.拓展训练对高职学生心理健康教育初探 [J].高教学刊，2017，003（04）：177-178.

[14] 刘朝锋，王晶.教师如何开发学生的潜能 [M].长春：东北师范大学出版社，2010.

[15] 卢成福.把握心理特质 激发发展潜能 [J].现代特殊教育，2013，022（06）：53-54.

[16] 吕敬，杨瑛."三走"活动与大学生身心健康素质提升研究——以太原工业学院心理运动会为例 [J].中共山西省直机关党校学报，2018，026（03）：57-59.

[17] 吕薇.人格特质、应激与身心健康 [M].西安：陕西师范大学出版总社，2017.

[18] 麻彦坤，赵娟.具身认知：心身关系的新思考 [J].徐州师范大学学报（哲学社会科学版），2010，036（05）：138-142.

[19] 马琴.激发成功就是唤醒潜能 [M].苏州：古吴轩出版社，2012.

[20] 明德璋.唤醒学生的潜能 [M].上海：东方出版中心，2013.

[21] 邱章乐，杨春鼎.潜能教育 [M].北京：线装书局，2012.

[22] 曲宗湖.体育与心理潜能开发 [M].北京：人民体育出版社，2004.

[23] 宋恒旭，胡洁林，郭之生，等."三走"活动对大学生身心健康素质的影响 [J].才智，2017，017（06）：206.

[24] 孙瑜.体验式学习理论及其在成人培训中的运用 [D].上海：华东师范大学，2007：16-21.

[25] 谭昆智，韩诚，吴建华，等.创新潜能开发研究 [M].广州：中山大学出版

社，2016.

[26] 王福强 . 挖掘学生潜能：教师必备的唤醒艺术 [M]. 长春：吉林大学出版社，2017.

[27] 王文洪，倪永辉，周晓菊 . 拓展训练对高职院校学生心理健康影响的实验研究 [J]. 昆明冶金高等专科学校学报，2012，028（04）：25-28+42.

[28] 王小兵 . 激活创新思维挖掘创新潜力 [J]. 基础教育参考，2012，010（08）：51-52.

[29] 吴强 . 拓展训练对大学生身心发展的积极作用 [J]. 浙江体育科学，2009，031（01）：83-85.

[30] 肖峰 . 大脑潜能开发脑灵有术妙招 . 修订版 [M]. 北京：人民军医出版社，2012.

[31] 小羽，赵觉林，周梅，等 .F1 赛车之王——迈克尔·舒马赫 [J]. 儿童故事画报，2010，041（01）：12-15.

[32] 徐玲 . 挖掘教材潜力，激发课堂生机 [J]. 华夏教师，2015，004（12）：85.

[33] 闫闯 . 我国高等院校拓展训练课程教学理论的研究 [D]. 北京：北京体育大学，2012：12-27.

[34] 杨明珠 . 站上巨人的肩膀：享受学习放飞梦想 [M]. 武汉：湖北教育出版社，2015.

[35] 叶浩生 ."具身"涵义的理论辨析 [J]. 心理学报，2014，059（07）：1032-1042.

[36] 易莎 . 学生潜能开发与基础教育改革 [D]. 武汉：华中师范大学，2011：26-33.

[37] 尤文静 . 论"历奇"体验式拓展训练对心理潜能的开发 [J]. 内蒙古财经学院学报（综合版），2010，008（05）：38-41.

[38] 詹凡丰．用三国谋略激励后进生——浅谈激励后进生的技巧 [J]．基础教育课程，2014，021（02）：58-61．

[39] 张弛．暗示心理学 [M]．北京：煤炭工业出版社，2015．

[40] 张娣．具身认知理论研究述评 [J]．长春师范大学学报，2018，037（03）：114-118．

[41] 张海涛．大学生身心健康理论与实务 [M]．镇江：江苏大学出版社，2018．

[42] 张宏如，王雪峰．拓展训练的理论与实务 [M]．北京：企业管理出版社，2007．

[43] 周久璘．独立人格·创新品质·潜能开发——兼论校本课程的功能与特点 [J]．江苏教育研究，2011，028（10）：58-61．

[44] 朱静．创建和谐、民主的课堂氛围激发学生学习潜能的尝试 [J]．黑龙江科技信息，2011，014（02）：204．